آپ کا سعادت حسن منٹو

(منٹو کے خطوط)

اشاعتِ دوم مع اضافہ وحواشی

مرتب:

محمد اسلم پرویز

عرشیہ پبلی کیشنز، دہلی

نام کتاب	:	آپ کا سعادت حسن منٹو (منٹو کے خطوط)
مرتب	:	محمد اسلم پرویز
سالِ اشاعت اوّل	:	۲۰۱۲ء
سالِ اشاعت دوم	:	۲۰۱۹ء

پتہ	:	۱۶/ ۳ صنوبر منزل، ہال روڈ، کرلا (مغرب) ممبئی-۷۰-۴۰۰۰۷۰
فون	:	۷۷۳۸۹۴۰۰۴۶
ای میل	:	parvez45@gmail.com

ناشر	:	عرشیہ پبلی کیشنز، دہلی

AAP KA SAADAT HASAN MANTO

(Manto ke khutoot)

Compiled by Mohammed Aslam Parvez

Address: 16/3, Sanobar Manzil, Hall Raod, Kurla (W), Mumbai - 70.
Mobile: 7738940046

Year of Publication : 2017
Publisher: Arshia Publications-Delhi.

انتساب

منٹو کے تین پتوں

بلراج مین را، وارث علوی

اور

شمس الحق عثمانی

کے نام

جہاں منٹو آج بھی رہتا ہے۔

حرفِ اوّل

منٹو کی زندگی... اس کے افسانوں کی طرح نہ صرف دلچسپ بلکہ مختصر بھی تھی...

محض بیالیس سال آٹھ ماہ اور چار دن کی اس مختصر زندگی کا بڑا حصہ لاپرواہی اور لااُبالی پن سے بتانے کے باوجود منٹو نے اپنی زندگی ایک کھیل کی طرح بسر کی... کبھی زندگی اس کے ساتھ کھیلتی رہی تو کبھی وہ زندگی کے ساتھ کھیلتا رہا... جینے کا یہی وہ اسلوب تھا جس نے اردو فکشن کے منظرنامے پر اس کی شناخت سب سے اہم، معنی خیز اور خوشگوار واردات کے طور پر درج کی۔ گوکہ منٹو کی عظمت کو اس کی زندگی ہی میں تسلیم کرلیا گیا تھا مگر موت کے بعد اس کی شہرت اور مقبولیت برصغیر کی حدود سے گزر کر عالمی سطح پر جا پہنچی۔ یہ کہا جائے تو غلط نہ ہوگا کہ غیر اردو داں طبقہ اردو شاعری کو غالب کے حوالے سے جانتا ہے تو اردو فکشن کو منٹو کے افسانوں کے وسیلے سے... آج بھی منٹو کی شخصیت اور فن پر نت نئے مضامین لکھے جارہے ہیں اور اس کی افسانوی وغیر افسانوی تحریروں کو بدلتے ہوئے تناظر میں سمجھنے اور سمجھانے کی کوشش جاری ہے۔ ظاہر ہے اس سے تو یہی نتیجہ نکلتا ہے کہ منٹو شناسی کا دائرہ روز بروز وسیع تر ہوتا جارہا ہے لیکن وسیع ہوتے اس دائرے کا ایک پہلو یہ ہے کہ بیشتر مضامین منٹو کی نمائندہ تحریروں اور بدنام و متنازعہ افسانوں کے آس پاس ہی ٹامک ٹوئیاں مار رہے ہیں جبکہ حقیقت یہ ہے کہ اس جینئس کے پیچیدہ احساسِ نظام کے بارے میں بہت کچھ ہے جسے جاننا ابھی باقی ہے۔

منٹو کی شخصیت اور آرٹ سے متعلق اگر تمام اہم مضامین کو جلد بند کیا جائے تو بلاشبہ ایک ضخیم

وجیم کتاب مرتب کی جاسکتی ہے مگر ان مشمولات میں جہاں ایک ایک افسانے پر درجن بھر تحریریں اور تجزیے دستیاب ہو جائیں گے وہیں منٹو کی خطوط نگاری، ڈرامہ نگاری اور خاکہ نگاری پر اتنے مضامین بھی نہیں ملیں گے کہ دو ہاتھوں کی انگلیوں پر گنے جاسکیں۔ منٹو کی شخصیت پر لکھنے والوں نے بھی اس کے خطوط کو در خود اعتنا نہیں سمجھا جبکہ اس کی داستانِ حیات کے اہم حصے ان خطوط میں پنہاں ہیں۔ پھر بھی محمد محسن نے اپنی کتاب ''منٹو کا نفسیاتی جائزہ'' میں خطوط کو بنیادی متن بنا کر منٹو کی تحلیل نفسی کی، تو وارث علوی نے اپنے مضمون ''منٹو کا ادبی وتنقیدی شعور'' میں خطوط کے حوالے سے اس کے ادبی وتنقیدی شعور کا جائزہ لیا۔ منٹو کی مکتوب نگاری پر لکھے گئے مضامین میں ''منٹو خطوط کے آئینے میں'' کے عنوان سے سلیم اختر نے خطوطِ غالب اور مکتوباتِ منٹو کے تقابلی مطالعہ کے ذریعے دو عظیم فنکاروں کی مشترکہ خصوصیات پر تبصرہ کرتے ہوئے بتایا ہے کہ بُعدِ زمانی کے باوجود دونوں کے خطوط میں ایسی نفسیاتی جھلکیاں ملتی ہیں جو ان کی شخصیت کے نفسی اساس کو سمجھنے میں معاون ہو سکتی ہیں۔ احمد ندیم قاسمی نے مذکورہ مضمون کو اپنی کتاب ''منٹو کے خطوط ندیم کے نام'' کے دوسرے ایڈیشن میں بطور مقدمہ شامل کیا تھا۔ سلیم اختر کے علاوہ اسی عنوان کے تحت انور سدید نے بھی منٹو کے خطوط کا تجزیہ کیا اور جس طرح قاسمی صاحب کو طنز کا نشانہ بنایا ہے وہ مذاقِ سلیم پر گراں گزرتا ہے۔ احمد ندیم قاسمی سے انور سدید کی دشمنی جگ ظاہر ہے۔ خود احمد ندیم قاسمی نے ساقی فاروقی کو لکھے اپنے ایک خط میں انور سدید کے حوالے سے لکھا تھا کہ آغا صاحب (وزیر آغا) کے دستِ راست ان پر گالیوں کا طومار مارنے کا کوئی موقع نہیں چھوڑتے۔ یہاں بھی انور سدید نے منٹو کی مکتوب نگاری کے اوصاف بیان کرتے ہوئے قاسمی صاحب کو نشانہ بنانے کی کوشش کی اور ایک جگہ یہاں تک کہہ دیا کہ: ''منٹو کے اس وسیلے سے احمد ندیم قاسمی بھی زندہ رہیں گے۔'' بلاشبہ ان خطوط کی اشاعت کے لیے اردو دنیا احمد ندیم قاسمی کی ہمیشہ ممنون رہے گی لیکن منٹو کے خطوط کے بہانے قاسمی صاحب کے جا و بے جا وبیداں ہونے کا جواز تلاش کرنا بدنیتی اور بدتوفیقی کا مظہر ہے... اِدھر جن نئے لکھنے والوں نے منٹو کے خطوط کو تحقیقی وتنقیدی جائزے کا موضوع بنایا ان میں ہمایوں اشرف اور محمد فاروق اعظم کے نام اہم ہیں۔

منٹو کے خطوط پہلی بار ۱۹۶۲ء میں ''کتاب نما'' لاہور سے شائع ہوئے حالانکہ منٹو کے

انتقال کے ایک سال بعد ہی احمد ندیم قاسمی منٹو کے خطوط کو کتابی صورت میں شائع کرنے کا ارادہ کر چکے تھے لیکن ان خطوط کے ساتھ وہ ان تمام خطوں کو ترتیب دینا چاہتے تھے جو ان کے علاوہ منٹو نے اپنے دوسرے دوستوں، عزیزوں اور شناساؤں کو لکھے تھے۔ اس ضمن میں انہوں نے روزناموں کے مراسلاتی کالموں میں اپیل کی، متعدد ادبی رسائل میں اس اپیل کو دوہرایا۔ منٹو کے دوستوں سے رابطہ قائم کیا، ہندوستان کے احباب کو بھی خط لکھے مگر ہر طرف سے حوصلہ شکن جواب ملا۔ چنانچہ سات سال کے طویل انتظار کے بعد مجبوراً انہوں نے ''منٹو کے خطوط'' کے عنوان سے ۱۹۳۷ء سے ۱۹۴۸ء کے درمیان منٹو کے لکھے ۹۱ خطوط شائع کر دیے۔ بعد میں اس کتاب کا دوسرا ایڈیشن ''منٹو کے خطوط احمد ندیم قاسمی کے نام'' کے عنوان سے ''پاکستان بکس اینڈ لٹیریری ساونڈ سز، لاہور سے ۱۹۹۱ء میں شائع ہوا۔ اس میں احمد ندیم قاسمی کے علاوہ محمد طفیل، ہاجرہ مسرور، محمد یوسف اور شاد امرتسری کے نام منٹو کے لکھے ایک ایک خط بھی شامل تھے۔

خط کو گھر کا بھیدی بھی کہتے ہیں اور گھر کے بھیدی سے زیادہ معتبر راوی بھلا کون ہو سکتا ہے؟ احمد ندیم قاسمی کو لکھے منٹو کے یہ خطوط ہمیں ایک ایسی سعادت ضرور عطا کرتے ہیں کہ ہم ان کے شانوں پر ہاتھ رکھ کر شخصیت اور مزاج کے اعتبار سے دو مختلف بلکہ متضاد ادیبوں کے آپسی رشتوں کی equation کو سمجھ سکیں۔ دو تخلیق کاروں کے مابین جو رشتہ، جو ناطہ ہوتا ہے اس کی کوئی سنہیتا نہیں ہوتی کوئی دستور نہیں ہوتا یہ رشتہ دونوں اپنے لیے تلاشتے اور اپنے طور پر تراشتے ہیں۔ لطف کی بات یہ ہے کہ یہ سارا معاملہ اس قدر نجی ہوتا ہے کہ قریب کے جاننے والے بھی صرف اس کے باہری خول اور اوپری پرت کو ہی دیکھ پاتے ہیں۔ منٹو نے احمد ندیم قاسمی کو پہلا خط اس وقت لکھا تھا جب ادبی دنیا میں مبتدی کی حیثیت رکھتا تھا اور آخری خط پر وہ تاریخ درج ہے جب ''نیا قانون''، 'ہتک'، ''منتر''، ''دس روپے''، ''بو''، ''بابو گوپی ناتھ''، ''کالی شلوار''، اور 'دھواں' جیسے بیسیوں ناقابل فراموش افسانے وہ لکھ چکا تھا۔ اس دوران دونوں میں دوستی اور خلوص کا رشتہ جاری رہا مگر ۱۹۴۸ء میں منٹو کے بمبئی سے ہجرت کر کے لاہور چلے جانے کے بعد رفاقت کا یہ دھاگا ٹوٹا نہیں تو میلا ضرور ہو گیا۔ ایک دوسرے کو اچھا اور اچھی طرح سمجھنے کے باوجود نظریات کی جنگ کی وجہ سے مٹی کے یہ دو ڈھیلے جو بقول منٹو ''لڑھک لڑھک کر ایک دوسرے کے قریب آنا چاہتے ہیں۔'' اچانک دور

ہوتے چلے گئے اور ان کے رشتوں پر اجنبیت کی پرت چڑھتی چلی گئی۔

یہ وہ وقت تھا جب ترقی پسند تحریک بری طرح انتہا پسندی کا شکار تھی۔ ادیبوں سے ترقی پسند نظریات اور تصورات کے لیے غذا فراہم کرنے کا مطالبہ کیا جا رہا تھا۔ ترقی پسند کانفرنس میں یہ قرارداد منظور کر لی گئی تھی کہ ان ادیبوں کی تحریریں ترقی پسند رسائل میں نہ چھاپی جائیں جو ترقی پسند نظریات کے حامل نہیں۔ کہنے کی ضرورت نہیں ایسے میں منٹو اور حسن عسکری کی قربت ترقی پسند خیمہ کو مضطرب کرنے لیے کافی تھی۔ حیرت ہوتی ہے احمد ندیم قاسمی جیسے متوازن، معتدل اور متحمل مزاج کے شخص نے بھی دوسرے ترقی پسند ادیبوں کے ساتھ سُر میں سُر ملاتے ہوئے منٹو کی بعض تحریروں کو رجعت پرست قرار دے دیا۔ منٹو کے نام لکھے ایک کھلے خط میں نام نہاد ادبی بے راہ روی کو نشان زد کرتے ہوئے اُسے راہ راست پر لانے کی کوشش اور تلقین کی۔ پشاور سے فارغ بخاری اور رضا ہمدانی کی ادارت میں شائع ہونے والے ادبی رسالے ''سنگ میل'' میں منٹو کے نام ایک کھلا خط'' میں احمد ندیم قاسمی لکھتے ہیں: ''آپ زندگی کے عکاس اور نباض رہیں۔ (جیسا کہ آپ اب تک ہیں) آپ کی ذات سے پاکستان کو ان گنت توقعات ہیں۔ اس تعمیری دور میں ادب برائے ادب کی افیون سے بچیے۔'' اس کھلے خط کے ردِّعمل میں منٹو کا لفافے سے باہر آجانا کوئی حیرت کی بات نہ تھی۔ غصے اور درد سے بلبلاتے ہوئے منٹو نے احمد ندیم قاسمی سے کہا تھا ''تم نے میرے نام کھلی چٹھی لکھی ہے میں تمہارے نام کسی اور رسالے میں بند چٹھی لکھوں گا'' خیر منٹو نے احمد ندیم قاسمی کے نام بند یا کھلی چٹھی تو نہیں لکھی مگر اپنے نام قاسمی صاحب کے لکھے خطوط کا بنڈل نذر آتش کر دیا۔ بقول احمد ندیم قاسمی منٹو نے میرے لکھے کھلے خط کو فراڈ قرار دیا اور میرے خطوں کو نذر آتش کر دیا جبکہ اسد اللہ اپنی کتاب ''منٹو میرا دوست'' میں منٹو کے حوالے سے لکھتے ہیں کہ:

> ''میرے ہاں قاسمی کے کوئی ہزار خط تھے اور ہر خط پندرہ پندرہ سولہ سولہ صفحے کا تھا۔ میں وہ سارے خط بمبئی سے آتے وقت ضائع کر آیا ہوں۔''

ادھر منٹو کی صاحبزادی نصرت منٹو اپنے ایک انٹرویو میں (مشمولہ روزنامہ ایکسپریس ،لاہور) میں کہتی ہیں ''قاسمی صاحب جب منٹو کے اپنے نام خطوط چھاپنا چاہتے تھے تو وہ امّی سے (منٹو کے نام) اپنے خط یہ کہہ کر لے گئے تھے کہ وہ اپنے اور منٹو کے خطوط کو اکٹھا چھاپنا چاہتے

ہیں۔لیکن وہ چھپے نہیں۔‘‘ غرض کہ یہ معمّہ اب بھی قائم ہے کہ آخر قاسمی صاحب کے لکھے خطوط کدھر گئے؟ جی سی یونیورسٹی کے پروفیسر محمد سعید صاحب نے ان خطوط کو شائع نہ کرنے کی کسی اور ہی وجہ کی طرف اشارہ کیا، جو ظاہر ہے ان کی اپنی رائے ہے۔اصولی اعتبار سے اس معاملے میں ہمیں احمد ندیم قاسمی کی بات کو ہی زیادہ معتبر سمجھنا پڑے گا۔

قاسمی صاحب کے خطوں کے بنڈل کو نذرِآتش کر دینے کے باوجود دونوں میں خلوص اور اُنسیت کا جو رشتہ پہلے تھا، برقرار رہا اور جو کسوف اس کھلے خط سے آیا تھا وہ زیادہ نہ رہا۔منٹو کی شخصیت سے انہیں جو پیار اور اس کے فن سے جو عقیدت تھی، اس کا کس قدر اندازہ خود منٹو کے لکھے خطوط سے بھی ہوتا ہے۔اہم بات یہ ہے کہ منٹو نے اگر ایک سطر کا بھی خط لکھا تو قاسمی صاحب نے اسے محفوظ رکھا اور یوں نہ صرف منٹو کے خطوط کا یہ قیمتی سرمایہ ضائع ہونے سے بچ گیا بلکہ منٹو شناسی کے باب میں اس نے ایک تاریخی ضرورت کو بھی پورا کر دیا۔

ہر چند کہ منٹو بسیار مکتوب نگار نہیں تھا مگر احمد ندیم قاسمی سے اس کی خط و کتابت لگ بھگ دس سال تک جاری رہی اور جس کثرت او رتواتر سے اس نے خط لکھے ہیں اس سے اندازہ ہوتا ہے کہ وہ خط کا جواب دینے میں بہت مستعد نہ ہو تب بھی باقاعدگی سے جواب دیا کرتا تھا۔ لگ بھگ پچیس برسوں پر محیط اپنی ادبی زندگی میں منٹو امرتسر، لاہور، بمبئی، پونا، دہلی میں رہا۔مگر منٹو نے زیادہ تر خطوط اس زمانے میں لکھے جب وہ بمبئی میں مقیم تھا۔افسانے لکھنے کے علاوہ بمبئی کی فلم نگری میں اپنی جگہ بنانے کے لیے تگ و دو کر رہا تھا۔اس دوران کئی افراد سے اس کے دوستانہ تعلقات رہے اور ان میں سے بہت سوں کے ساتھ اس کی خط و کتابت بھی رہی ہو گی ،جن میں اس کے دوست شیام، اشوک کمار کے علاوہ عصمت چغتائی، شاہد احمد دہلوی، فیض احمد فیض ،ساحر لدھیانوی، حمید اختر ،نریش کمار شاد، ن۔م۔راشد، چودھری نذیر احمد، فکر تونسوی، چودھری اقبال، سید نسیم، گوپال متل ،قتیل شفائی، امرتا پریتم کے نام شامل ہیں۔منٹو جیسے کثیر الاحباب شخص نے جو خطوط لکھے ہوں گے، ان کی تعداد ہزاروں میں نہ سہی سیکڑوں میں تو ضرور ہو سکتی ہے۔مگر کم نصیبی سے ابھی تک وہ خطوط ہمیں دستیاب نہیں ہیں۔اگر یہ خطوط دریافت ہو جائیں تو منٹو شناسی کے باب میں ہمارے ہاتھ کیا لگے گا اس بارے میں سر دست قیاس آرائی

ہی کی جا سکتی ہے مگر ایک بات طے ہے اس کے بعد شاید منٹو کی سوانح کو خود اپنے پیروں پر کھڑے ہونے میں مدد ملے گی۔

ایک زمانے تک ہمارے پاس منٹو کے خطوط کی کُل کائنات قاسمی صاحب کی مرتب کردہ کتاب ''منٹو کے خطوط'' ہی تھی، جو لاہور سے شائع ہوئی تھی اور ہندوستان کے عام قاری کی پہنچ سے دور تھی۔ حیرت اور افسوس کی بات یہ ہے کہ عنوانات بدل بدل کر منٹو کے افسانے، خاکے، ڈرامے اور مضامین کے اصلی و جعلی ایڈیشن چھاپنے والوں نے کبھی منٹو کے تحریر کردہ خطوط کی اشاعت میں دلچسپی نہیں دکھائی۔ شاید اس کی وجہ یہ رہی ہو کہ ان خطوط میں وہ چونکانے والے عناصر موجود نہیں جو اس کے افسانوں، خاکوں و دیگر غیر افسانوی تحریروں کا طرۂ امتیاز رہے ہیں۔ منٹو کے خطوط کی دنیا اتنی رنگا رنگ، دلچسپ اور چونکاؤ نہیں جتنی کہ اس کے افسانوں، مضامین اور خاکوں کی دنیا ہے۔ لیکن یہ خطوط منٹو کے فن اور شخصیت کے کئی مخفی گوشے وا کرتے ہیں۔

منٹو کے موضوع پر میرے تحریر کردہ مختلف مضامین کے مجموعہ کو شائع کرنے کی پیش کش جب ممبئی کے ''بلیک ورڈس'' جیسے پبلشنگ ادارے نے کی تو ظاہر ہے مجھے بے انتہا خوشی ہوئی۔ لیکن میری خواہش تھی کہ ان مضامین سے قبل ''منٹو کے خطوط احمد ندیم قاسمی کے نام'' کتاب کسی طور re-print ہو جائے کہ منٹو کے خطوط کی یہ اہم کتاب گزشتہ کئی برسوں سے ہندوستان میں آؤٹ آف اسٹاک بھی تھی اور آؤٹ آف پرنٹ بھی... ''بلیک ورڈس'' نے میری درخواست قبول کی اور اس طرح احمد ندیم قاسمی کی مرتب کردہ کتاب کے محفوظ ہونے کی ایک بامعنی صورت نکل آئی۔ جب بلیک ورڈس والوں نے میری درخواست قبول کی اور ''منٹو کے خطوط احمد ندیم قاسمی کے نام'' کتاب کو دوبارہ شائع کرنے کا فیصلہ کیا تو میں نے سوچا کیوں نہ ادھر ادھر رسائل میں بکھرے منٹو کے دوستوں، رفیقوں اور شناساؤں کے نو دریافت شدہ خطوں اور رقعوں کو بھی اس مالا میں پرو دیا جائے۔ لہٰذا ''آپ کا سعادت حسن منٹو'' کے پہلے ایڈیشن میں احمد ندیم قاسمی کے ۹۱ خطوط کے علاوہ مہدی علی صدیقی، نصیر انور، بی اے حلیم، عزیز احمد، سلام مچھلی شہری، عبدالوحید، ڈاکٹر محمدؐ باقر، اے اے حلیم، شاد امرتسری، ہاجرہ مسرور، محمد یوسف مالک ''شاہراہ'' کے ایک ایک خط جبکہ محمد طفیل مدیر ''نقوش'' کے نام دو اور ممتاز شیریں کے نام تین خطوط

شامل تھے۔منٹو کے یہ خطوط اگر نقوش، شاعر، سویرا، دریافت، شعور، اردو ادب جیسے رسائل کے مدیران نے اپنی مختلف اشاعتوں میں شائع نہ کیے ہوتے تو انہیں جمع کرنے میں میرے لیے آسانیاں پیدا نہ ہوتیں، میں تہہ دل سے ان کا ممنون ہوں۔

''آپ کا سعادت حسن منٹو'' کا پہلا ایڈیشن سنہ ۲۰۱۲ میں شائع ہوا تھا اور بہت قلیل مدت میں ختم ہو گیا تھا اب سنہ ۲۰۱۸ میں دوسرے ایڈیشن کی اشاعت میں تاخیر کا اصل سبب منٹو کے مزید خطوط کی تحقیق و جستجو اور تمام مطبوعہ خطوط حاصل کرنے کا دشوار گُن مرحلہ رہا ہے۔ایک بات کا تذکرہ کرنا یہاں غیر مناسب نہ ہوگا کہ ''آپ کا سعادت حسن منٹو'' کی اشاعتِ اول پر جہاں میرے قریبی دوستوں اور ادیبوں نے اس کی پذیرائی کی تھی وہیں کچھ غلطیوں اور کمیوں کی جانب اشارے بھی کیے، کچھ مشورے بھی دیے۔جناب شمس الحق عثمانی میری ادبی کاوشوں میں دلچسپی لیتے رہے ہیں۔انھوں نے اس کتاب کی ترتیب اور تدوین میں بعض اہم نکات کی جانب اشارے کیے۔'' منٹو کے خطوط احمد ندیم قاسمی کے نام'' میں منٹو کا تحریر کردہ ''کیچڑ'' فلم کا خلاصہ اور فلم ''دھرم پتنی'' کا ایک سین بھی شامل تھا جسے میں نے ''آپ کا سعادت حسن منٹو'' میں شامل نہیں کیا تھا مگر اب اس اشاعت میں عثمانی صاحب کے ایما پر انہیں شامل کر رہا ہوں۔اسی مناسبت سے محترمی عبدالوحید صاحب کو لکھے خط میں منٹو نے نہایت اختصار کے ساتھ اپنی سوانح بھی لکھ کر بھیجی تھی اسے بھی شامل کیا جا رہا ہے۔اشاعت اِولین میں حواشی درج نہیں تھی مگر اس اشاعت میں حواشی کا اضافہ قارئین کو متن تک رسائی میں آسانی پیدا کرے گا۔

اب دوسرے ایڈیشن میں منٹو کی والدہ سردار بیگم (دو خط) ہمشیرہ ناصرہ اقبال، خواجہ حسن عباس، غلام حسین مصطفیٰ خان (تین خط) مولانا حامد علی خان صاحب (چودہ خطوط) مجید امجد، اختر الایمان اور بہنوئی ایم یو خان کے نام لکھے منٹو کے ایک ایک خط کو داخل دفتر کیا جا رہا ہے۔یہ خطوط نقوش کے خطوط نمبر، باقیات منٹو (سنگ میل پبلی کیشنز، لاہور) منٹو نامے (مرتب پرویز انجم) منٹو کے نادر خطوط (مرتب فاروق اعظم) سے ماخوذ ہیں۔ضروری معلوم ہوتا ہے کہ یہاں میں اس کی وضاحت کر دوں کہ ''آپ کا سعادت حسن منٹو'' کے دوسرے ایڈیشن کو تیار کرنے لیے فاروق اعظم کی مرتب کردہ کتاب ''منٹو کے نادر خطوط: کچھ اپنوں اور کچھ اوروں کے نام''

بہت معاون رہی۔ چہ جائیکہ بیشتر خطوط میں مختلف رسائل اور کتابوں سے نقل کر چکا تھا لیکن حواشی کی تیاری میں ڈاکٹر علی ثنا بخاری کی ''سعادت حسن منٹو۔تحقیق''سن اشاعت اوّل ۲۰۰۶ اور فاروق اعظم کی مرتب کردہ کتاب ''منٹو کے نادر خطوط: کچھ اپنوں اور کچھ اوروں کے نام'' سن اشاعت اول ۲۰۱۶، میرے ساتھ پوری طرح شریک رہیں۔اس کے لیے میں ڈاکٹر علی ثنا بخاری اور فاروق اعظم کا تہہ دل سے سپاس گزار ہوں۔اس کتاب میں شامل منٹو کے خطوط کو دو حصوں میں تقسیم کیا گیا ہے پہلا حصہ احمد ندیم قاسمی کے نام منٹو کے خطوط کو محیط ہے۔اختر شیرانی کے نام لکھے منٹو کے خط کو اسی حصے میں شامل کیا گیا ہے۔جبکہ دوسرے حصے میں باقی ماندہ خطوط شامل ہیں۔بہر حال ''آپ کا سعادت حسن منٹو'' کا تازہ ایڈیشن اس لحاظ سے منفرد ہے کہ اس میں اب تک دریافت شدہ منٹو کے سبھی خطوط منظر عام پر لانے کی کوشش میں نے کی ہے۔ میں اپنی اس کوشش میں کہاں تک کامیاب ہوا ہوں اس کا فیصلہ آپ سے بہتر بھلا کون کر سکتا ہے؟

احمد ندیم قاسمی کو لکھے منٹو کے خطوط تو ہمیں دستیاب ہیں لیکن منٹو کے نام احمد ندیم قاسمی کے خطوط چونکہ وہ نذر آتش ہو چکے تھے،اس لیے ہماری دسترس سے دور ہیں۔ادھر منٹو کے نام احمد ندیم قاسمی کے تین خطوط دریافت ہوئے ہیں، جو ضمیمہ میں درج کیے جا رہے ہیں۔

ان خطوط کو کتابی شکل میں شائع کرنا ہر گز ممکن نہ ہوتا اگر شمس الحق عثمانی، الیاس شوقی شاہد ندیم، وجاہت عبدالستار صاحب کی کرم فرمائیاں شریک حال نہ ہوتیں۔اظہر خان اور وقار قادری صاحب کا جنھوں نے پروف کو پڑھنے کی زحمت اٹھائی۔میں پردیپ مہاپسکر کا خصوصی طور پر شکر گزار ہوں کہ انتہائی کم وقت انہوں کتاب کا اس قدر پُر معنی اور خوبصورت سرورق تیار کیا۔میں اگر اپنی بیگم نجمہ اسلم سے اظہار تشکّر نہ کروں تو شاید مناسب بات نہ ہو جنھوں نے میری ہر کاوش پر خوشی کا اظہار کیا۔

محمد اسلم پرویز
ممبئی

مضطرب روح کا تنہا سفر

(منٹو اپنے خطوط کے حوالے سے)

شخصیت کو اگر انسان کی ذہنی سر گزشت کا سب سے بڑا مظہر مانا جائے تو خطوط کسی بھی فنکار کی شخصیت کی تعمیر و تشکیل کو سمجھنے کا سب سے بہتر اور معتبر وسیلہ ہی نہیں بجائے خود شخصیت کا بلیو پرنٹ کہے جا سکتے ہیں کیونکہ کوئی بھی فنکار اپنی سیرت و سوانح کو اس طرح بے کم و کاست کہیں اور پیش نہیں کرتا جیسا وہ اپنے دوستوں اور عزیزوں کو لکھے گئے خطوط میں کرتا ہے اور اسی لیے خطوط کے حوالے سے کسی بھی فن کار کی شخصیت اس کے ذہنی وقوعوں و ذہنی آویزشوں کو سمجھنا نہایت اہم، دلچسپ اور نسبتاً کم گمراہ کن ہوتا ہے۔

گو کہ خطوط اور کچھ نہیں محض دو افراد کے مابین ایک پرائیویٹ گفتگو کی تحریری دستاویز ہیں لہذا انہیں پڑھنا دوسروں کی نجی زندگی میں جھانکنے کے مترادف ہے۔شاید اسی لیے رشید احمد صدیقی نے کہا تھا کہ میری نظر میں اچھے اور پسندیدہ خطوط وہ ہیں جنہیں پڑھ کر فوراً تلف کر دیا جائے اور شمس الرحمٰن فاروقی نے صفیہ اختر کے نجی اور ذاتی نوعیت کے خطوط کی اشاعت کو فحاشی قرار دیا تھا۔جبکہ رشید حسن خان کے مطابق قابلِ ذکر افراد کے ہر طرح کے خطوط کو چھاپا جا سکتا ہے۔ وہ تو یہاں تک کہتے ہیں کہ اگر کسی نے زبانی یہ وصیت کر دی ہو یا لکھ کر رکھ دیا ہو کہ میرے خط نہ چھاپے جائیں تب بھی شائع کرنے میں تکلف نہیں کرنا چاہیے۔ظاہر ہے یہ دو باہم مختلف بلکہ متضاد خیالات بجائے خود اس حقیقت پر دال ہیں کہ زندگی کی طرح ادب اور آرٹ کی دنیا میں بھی کوئی سچ حتمی نہیں ہوتا۔

ادب کے طالبِ علم کی حیثیت سے اس مقام پر یہ سوال ذہن میں ضرور اُبھرتا ہے کہ کیا مکتوب نگاری کو فنِ لطیف کا درجہ دیا جاسکتا ہے اور پھر یہ بھی کہ کیا مکتوب نگاری کے جداگانہ اصول اور شعریات مرتب کی جاسکتی ہے؟ اس حقیقت سے انکار مشکل ہے کہ فن ایک سماجی مظہر ہے اور اس مخاطبہ کوئی فردِ واحد نہیں ہوتا جبکہ خط اپنی ہیئت، خوشبو اور مزاج کے اعتبار سے مخصوص ومحدود اظہاریہ ہے۔ خطوط عوام کے لیے نہیں لکھے جاتے اور ان کے لکھے جانے کا مقصد اور منشا محض یہ ہوتا ہے کہ کاتب اپنی زندگی کے کسی حصّے میں مکتوبِ الیہ کو شریک کرنا چاہتا ہے جسے وہ اس کے لیے قابل بیان تصور کرتا ہے، لہٰذا اِسے بالعموم فن کا درجہ اور رتبہ عطا نہیں کیا جاسکتا۔ ایک ذاتی اور بے ساختہ اظہارِ رائے کو ممکن ہے آرٹ کا درجہ ہم نہ دیں لیکن اس کے حوالے سے حقیقت کے ان منطقوں کو ہم بلاشبہ منکشف کر سکتے ہیں جن کا تعلق فن کار کے تخلیقی وجود سے ہے۔ لیکن ممکن ہے انہیں یہاں بھی تامل ہو جو تحریر کو شخصیت کا اظہار نہیں شخصیت سے فرار مانتے ہیں۔ تو کیا منٹو کے آرٹ کو اس کے خطوط کے حوالے سے سمجھنا سعی لاحاصل ہے۔ اپنے بارے میں منٹو نے ایک جگہ لکھا ہے:

''یہ بھی ہوسکتا ہے سعادت حسن مر جائے اور منٹو نہ مرے۔''

اس کا مطلب یہ ہوا کہ منٹو خود اپنی شخصیت اور اپنے آرٹ کو دو الگ خانوں میں بانٹتا ہے مگر منٹو متن کا مطالعہ کرنے والے اس حقیقت سے انکار نہیں کریں گے کہ سعادت حسن اور منٹو، دونوں نے اپنے آپ کو ایک دوسرے میں اس طرح سجوئے رکھا ہے کہ دونوں کا علاحدہ علاحدہ کرنا ممکن نہیں رہا۔ سعادت حسن کے ہر atom میں اگر منٹو موجود ہے تو منٹو کے بھی ہر particals میں سعادت حسن اپنی موجودگی درج کرواتا ہے۔ اس بات کو یوں بھی کہا جاسکتا ہے کہ منٹو نے ہی محض اپنے آرٹ کو خلق نہیں کیا بلکہ اس کے آرٹ نے بھی منٹو کے تشخص کی تعمیر وتشکیل کی۔ زندگی کے بعض سچے جذبات اور احساس سے منٹو محروم رہتا اگر اس نے اپنی افسانوی کائنات میں سانس لینے والے کرداروں کی باطنی صداقتوں کو دریافت نہ کیا ہوتا۔ وارث علوی نے اپنے ایک مضمون میں یہ لکھا تھا کہ انسانی زندگی میں پھیلی ہوئی مہیب تنہائی اور ہولناک سناٹا کیا ہوتا ہے منٹو کبھی نہیں سمجھ پاتا اگر اس نے ''ہتک'' جیسی کہانی نہیں لکھی ہوتی۔ کہہ سکتے ہیں منٹو

کے افسانوں کی دنیا سے ہم جو رشتہ قائم کرتے ہیں یہ خطوط اس رشتے اور رابطے کے بنیادی رمز کو منکشف کرنے میں ممد ثابت ہوتے/ ہو سکتے ہیں۔

مجموعی طور پر منٹو کی ادبی زندگی کے دو اہم phase ہیں... تقسیم سے پہلے اور تقسیم کے بعد... زندگی کا پہلا دور منٹو نے امرتسر، بمبئی، پونا اور دہلی میں گذارا جبکہ دوسرا دور اس کی زندگی کے اس عہد کا احاطہ کرتا ہے جب وہ ہندوستان سے ہجرت کر کے پاکستان چلا گیا تھا۔ منٹو کی مرقع نگاری اگر اس کی زندگی کے دوسرے حصے کی یادگار ہے جب وہ مملکت خداداد میں بیٹھ کر ماضی کی چمک دمک اور بمبئی کی فلم نگری سے وابستہ اپنے ہم پیالہ ہم نوالہ دوستوں اور عزیزوں سے متعلق لکھ رہا تھا تو خطوط اس وقت کی، جب وہ بمبئی اور دہلی میں مقیم تھا اور اپنی والدہ سردار بیگم، بہن ناصرہ اقبال، اپنے دوست احمد ندیم قاسمی حسن عباس اور اپنے محسن حامد علی خان اور غلام مصطفیٰ خان سے مراسلاتی مکالموں میں مصروف تھا۔ لطف کی بات یہ ہے کہ مکتوبات منٹو میں ہمیں بمبئی اور دہلی کے حالات زندگی سے متعلق زیادہ معلومات موصول نہیں ہوتی۔ ان شہروں سے منسوب آپسی رقابتیں، رنجشیں، دشمنیاں، انتقامی جذبے، معاصرانہ چشمک، ادبی وسماجی وفلمی سیاست اور مسائل کا عکس اور موڈ بیان کرنے میں منٹو نے زیادہ انہماک نہیں دکھایا۔ اس کی تفصیل ہمیں اگر کہیں ملتی ہے تو اس کے تحریر کردہ خاکوں میں ..... ''گنجے فرشتے'' کے خاکے منٹو نے بے شک افسانہ نگار منٹو کے قلم سے تحریر کیے ہیں، لیکن یہ فقط ان فرشتوں کی ہی داستان نہیں ہے جن کے مونڈن کی رسم کو بڑے سلیقے سے ادا کرنے کا دعویٰ اس نے کیا تھا بلکہ گنجے فرشتوں پر لکھے گئے یہ قلمی مرقعے اس ارضی جنت کا منظر نامہ بھی پیش کرتے ہیں جن میں وہ فرشتے اپنے دن کو رات اور رات کو دن کر رہے تھے۔

منٹو کے تحریر کردہ خاکوں کا امتیازی وصف یہ ہے کہ ان میں ہمیں اس دور کی سماجی، ثقافتی ذہنی اور جذباتی زندگیاں بھی سانسیں لیتی ہوئی نظر آتی ہیں۔ جہاں تک خطوط کا تعلق ہے، یہ نہ تو اُس کی زندگی اور زمانے کے بھیدوں کو ٹٹولتے ہیں نہ دوستوں اور دشمنوں کی محبت اور نفرتوں کی تہوں کو کھولتے ہیں... زیادہ تر خطوط واقعاتی اور اطلاعاتی انداز میں لکھے گئے ہیں۔ کچھ خطوط ان ذہنی آویزشوں سے عبارت ہیں جن سے منٹو بحیثیت فن کار نبرد آزما تھا... اور یہی وہ لمحات ہیں جب وہ اپنے وجود کی بے معنویت اور معنویت کو از سر نو متعین اور دریافت کرنا چاہ رہا

تھا۔گویا یہ کہا جاسکتا ہے کہ منٹو کے تحریر کردہ خاکے اس کی فلمی زندگی اور اس عہد کی جیتی جاگتی تصویروں کا نگارخانہ ہیں تو خطوط اس کی باطنی اور ذہنی زندگی کا آئینہ خانہ... ہر چند کہ سوانحی ہونے کے باوجود دونوں کے دائرے اور طریق کار بڑی حد تک ایک دوسرے سے مختلف ہیں۔

منٹو کُل وقتی مکتوب نگار نہیں تھا مگر جس کثرت اور تواتر سے اس نے قاسمی صاحب اور حامد علی خان کو خط لکھے ہیں اس سے پتہ چلتا ہے کہ وہ خط کا جواب دینے میں بہت مستعد نہ بھی ہو تو بھی باقاعدگی سے جواب دیا کرتا تھا۔منٹو اور قاسمی صاحب کے مابین خط وکتابت کی شروعات قلمی دوستی سے ہوئی اور پھر یہ قلمی دوستی جذباتی وابستگی کی تمہید بن گئی۔منٹو نے جس شیفتگی، انہماک، خلوص اور برادرانہ شفقت سے خط لکھے ہیں اس سے کاتب اور مکتوب الیہ کے تعلقات کی قربت کا پتہ چلتا ہے گو کہ مزاج کے اعتبار سے دونوں ایک دوسرے سے مختلف بلکہ متضاد تھے۔ وقت کے دھڑکتے لمحوں میں منٹو جو محسوس کر رہا تھا اُسے پوری جامعت اور رچاؤ کے ساتھ معرضِ اظہار میں لا رہا تھا... مکتوبات منٹو میں احمد ندیم قاسمی کو لکھے گئے ۹۱ خطوط میں پنڈت کرپا رام کے حوالے سے لکھا گیا صرف ایک خط ایسا ہے جس میں عتاب، جھنجھلاہٹ، طنز اور احتجاج self indulgence کا شاخسانہ معلوم ہوتا ہے وگرنہ بیشتر خطوط میں اس نے بالکل غیر جذباتی انداز بیان اپنایا ہے۔اس کی باتوں میں نہ کہیں رعونت ہے اور نہ ہی بے جا انکسار ہے۔ دل کی بات اصل زبان اور فطری انداز میں وہ لکھتا چلا گیا ہے۔ان خطوط کے توسط سے منٹو کی جو تصویر قاری کے ذہن میں تیار ہوتی ہے اسے ایک جملے میں بیان کرنا ہو تو A man without mask کہہ سکتے ہیں ۔بحیثیت ایک سماجی فرد اور بحیثیت فنکار جو کروکشیتر اس کے باطن میں جاری تھا اس کی جھلکیاں اور جھانکیاں بھی ان خطوط میں ہیں... کئی بار تو یہ محسوس ہوتا ہے جیسے منٹو خود سے مصروف گفتگو ہے ... نجی زندگی میں وہ جن تجربوں سے گزر رہا تھا اسے فنکارانہ تجربے میں محفوظ کرنے کی خواہش کا اظہار منٹو اپنے ایک خط میں اس طرح کرتا ہے:

> ’’میں بہت کچھ لکھنا چاہتا ہوں مگر نقاہت...... یہ مستقل تھکاوٹ جو میرے اوپر طاری ہے کچھ کرنے نہیں دیتی۔اگر مجھے تھوڑا سکون بھی حاصل ہو تو میں وہ بکھرے ہوئے خیالات جمع کرسکتا ہوں جو برسات کے پتنگوں کے

مانند اڑتے رہتے ہیں۔ مگر... اگر اگر... کرتے ہوئے کسی روز مرجاؤں گا اور آپ بھی یہ کہہ کر خاموش ہو جائیں گے کہ منٹو مر گیا۔ منٹو تو مر گیا صحیح ہے... مگر افسوس اس بات کا ہے کہ وہ خیالات بھی مر جائیں گے جو اس کے دماغ میں محفوظ ہیں۔

اگر کوئی صاحب میرے ساتھ وعدہ کریں کہ وہ میرے دماغ میں سے سارے خیالات نکال کر ایک بوتل میں ڈال دیں گے تو منٹو آج مرنے کو تیار ہے۔ منٹو، منٹو کے لیے زندہ ہے... مگر اس سے کسی کو کیا... منٹو ہے کیا بلا... چھوڑو اس فضول قصّے کو۔ آئیے کوئی اور بات کریں"

منٹو میں جبلتِ زیست اور جبلتِ مرگ بہت شدید اور آپس میں متصادم تھی۔ اسی تصادم اور کشمکش نے اس کے یہاں ایک آہنگ پیدا کر دی تھی اور اُس آہنگ نے ایک انتشار... ظاہر ہے یہ خطوط اس وقت کی یادگار ہیں جب وہ بحیثیت ادیب ایک تشکیلی دور سے گزر رہا تھا۔ جو تجربے اپنی فکری جستجوؤں اور تخلیقی آوارگیوں کے توسط سے وہ حاصل کر رہا تھا، اس کے نشانے اور اشارے ان خطوط میں جابجا ملتے ہیں۔

"میری زندگی ایک دیوار ہے جس کا پلستر میں ناخنوں سے ادھیڑتا رہتا ہوں۔ کبھی چاہتا ہوں کہ اس کی تمام اینٹیں پراگندہ کردوں۔ کبھی جی چاہتا ہے اس کے ذریعے ایک نئی عمارت کھڑی کردوں۔ اس ادھیڑ بن میں لگا رہتا ہوں۔ دماغ ہر وقت کام کرنے کے باعث تپتا رہتا ہے۔ میرا نارمل درجہ حرارت ایک ڈگری زیادہ ہے جس سے آپ میری اندورنی تپش کا اندازہ لگا سکتے ہیں۔"

اضطراب کا یہی مرکب اس کی فنی و تخلیقی تحریروں میں اپنے اظہار کے لیے منفرد راستے تلاش کرنے میں سرگرداں تھا۔ کہہ سکتے ہیں منٹو کے یہ خطوط اس ادبی و فنی روایت سے مربوط ہیں، جو بعد میں "ٹھنڈا گوشت"، "کھول دو"، "ٹوبہ ٹیک سنگھ" اور "سیاہ حاشیے" کے افسانوں میں

متشکل ہوئی۔ جو پروفائل ان خطوط کے پردے پر ابھرتا ہے وہ بظاہر افسانوں، خاکوں اور مضامین میں ابھرنے والی منٹو کی شخصیت سے مختلف ہے کہ ان میں منٹو کی شخصیت کے ہشت پہلو نظر نہیں آتے۔ بیشتر خطوط میں اضمحلال کی کیفیت ایک پرت کی طرح تنی ہوئی ہے۔

''کچھ بھی ہو مجھے اطمینان نصیب نہیں۔ میں کسی سے مطمئن نہیں ہوں۔ ہر شے میں مجھے ایک کمی محسوس ہوتی ہے۔ میں خود اپنے آپ کو نامکمل سمجھتا ہوں مجھے اپنے سے کبھی تسکین نہیں ہوتی۔ ایسا محسوس ہوتا ہے کہ میں جو کچھ ہوں، جو کچھ میرے اندر ہے وہ نہیں ہونا چاہئے۔ اس کے بجائے کچھ اور ہونا چاہئے۔''

ان خطوط کے مطالعے سے اندازہ ہوتا ہے کہ خود کو تنہا، نہتا اور دوسروں سے الگ اور اجنبی محسوس کرنے کی ناقابل فہم بے قراری سے منٹو کس طرح نبرد آزما تھا، حالانکہ ابھی اس کی زندگی میں شامِ غم کا آنا اور عذاب ِ دربدری میں مبتلا ہونا باقی تھا۔ ابھی تو غریبی اور تنگدستی نے اپنے کڑوے کسیلے ذایقوں کا احساس اور تجربہ اس کی زبان پر چھوڑا نہ تھا کہ ابھی تو زندگی کے وہ نسبتاً خوشگوار دنوں سے گزر رہا تھا۔ مگر ان خطوط میں زندگی کے بے معنی ڈرامے کی آوازِ بازگشت ہمیں یہ احساس کراتی ہیں کہ ایک انجانے اور ان دیکھے اضطراب نے منٹو کو زندگی بھر مسلسل سفر میں رکھا۔

''بعض اوقات ایسا محسوس ہوتا ہے کہ دنیا ساری کی ساری مٹھی میں چلی آئی ہے اور بعض اوقات یہ خیال پیدا ہوتا ہے کہ ہم ہاتھی کے جسم پر چیونٹی کی طرح رینگ رہے ہیں۔ یہ ایک ایسا complex ہے جو لفظوں میں بیان نہیں ہوسکتا۔ اس سے روح اور دماغ کو سخت تکلیف پہنچ رہی ہے۔ سمجھ میں نہیں آتا کہ کیا کیا جائے۔''

منٹو اپنی باتوں میں جس قدر بے تکلّف اور غیر رسمی تھا خطوں میں بھی اُس کا یہی رنگ ہے مگر زندہ دلی اور شگفتگی سے کس قدر خالی... سب جانتے ہیں منٹو طبعاً خوش دل اور شگفتہ مزاج تھا۔ روزمرہ کی زندگی اور مجلسوں میں اس کی حاضر جوابی اور شگفتہ بیانی کا جادو سر چڑھ کر

بولتا تھا۔عام گفتگو میں وہ ایسے فقرے اور جملے کہہ جاتا جس میں اعلیٰ ظرافت اور بذلہ سنجی کا پورا حُسن ہوتا۔خوش طبعی، خوش گفتاری اور خوش مذاقی نے اس کی شخصیت، تحریر اور گفتگو کو پُرکشش بنا دیا تھا۔ باتوں میں نت نئی شرارت کے شگوفے چھوڑنے والے منٹو کے یہ خطوط اس کی خوش مزاجی کی شہادت نہیں دیتے۔خوش گفتاری کے بجائے بیشتر خطوط میں منٹو اداس نظر آتا ہے اور یہ اداسی اس آدمی کی اداسی ہے جو زیادہ حساس ہے، زیادہ سوچتا ہے اور زیادہ ذہین واقع ہوا ہے۔غور کرنے والی بات یہ ہے کہ خطوط میں ابھرنے والے اضطراب اور الم کی کیفیت لمحاتی نہیں بلکہ اس کے طرزِ احساس اور زاویہ ادراک سے مربوط ہے۔ یہاں اس کا رویہ الم اور اضطراب کو بے دلی سے قبول کرنے کا نہیں، نہ ہی اسے زندگی کی ایک ایسی سچائی کے طور پر اپنے اندرون میں جذب کرنے کا، بلکہ یہ مخاطبہ الم و اضطراب کو تخلیقی و ذہنی تجربے جذب کرنے کا ہے۔

میں یہ چاہتا ہوں کہ میرے پاس ایک سوئچ بورڈ (switch board) آجائے جس سے میں حسبِ خواہش روشنیاں پیدا کرسکوں جس وقت چاہوں گھپ اندھیرا کردوں اور جس وقت چاہوں روشنی کا سیلاب بہا دوں۔کیا ایسی چیز مل جائے گی...... کچھ کہا نہیں جاسکتا۔"

ان خطوط میں ابھرنے والے حسی پیکر منٹو کے تخلیقی وجود سے نامیاتی ربط رکھتے ہیں۔یہی وجہ ہے کہ مسرت اور انبساط کے لمحات میں بھی ایک بے چینی، بے کیفی، بے اطمینانی اور اضطراب وہ محسوس کررہا تھا۔بظاہر صحیح وسالم منٹو کے باطنی وجود میں تنہائی اور بے چارگی کا کرب تخلیقی لہروں کی صورت میں کروٹیں لے رہا تھا۔اس اضطراب اور بے کیفی و بے زاری کی ایک وجہ اس کی صحت بھی تھی۔صحت تو منٹو کی کبھی اچھی نہیں رہی۔تپِ دق سے لے کر جنوں تک چھوٹے موٹے بیسیوں عارضے اسے لاحق رہے، دو تین بار باضابطہ قسم کا بیمار بھی پڑا۔ان خطوط میں منٹو نے اپنی گرتی صحت اور بیماری کا ذکر تفصیل سے نہ سہی مگر ایسی اپنائیت اور چاؤ سے کیا ہے کہ لگتا ہے جیسے بیماریوں سے اسے پیار ہوگیا ہے:

آپ کے دونوں محبت نامے مجھے مل گئے تھے۔میری طبیعت چونکہ

ناساز تھی اس لیے میں ان کی رسید نہ بھیج سکا۔ کچھ تو یہاں کی آب وہوا نے مجھ پر اثر کیا ہے اور کچھ ناموافق واقعات نے۔ خصوصاً والدہ صاحبہ کی اچانک موت نے جسمانی اور روحانی طور پر مجھے بہت ہی صدمہ پہنچایا ہے۔ پرسوں مجھے ایک سو پانچ درجے کا بخار تھا۔ آج درجہ حرارت ننانوے ہے۔ جس کا مطلب یہ ہوا کہ بخار بدستور موجود ہے۔

چار پانچ روز ہوئے میں نے یہاں کے ایک بڑے ڈاکٹر سے مشورہ لیا تھا۔ اس نے بتایا ہے کہ میرے Abdomen میں خرابی ہے۔ اس خرابی کا باعث صرف میرے جسم کی ساخت ہے۔ میرا پیٹ نیچے سے بہت تنگ ہے جس کی وجہ سے انتڑیاں ٹھیک طور پر پھیل نہیں سکتیں۔ ڈاکٹر نے ایک خاص قسم کی پیٹی باندھنے کو کہا ہے جس کو آج کل میں استعمال کر رہا ہوں۔ بارہ روپے میں خریدی ہے، اس کا یہ فائدہ ہوگا کہ انتڑیاں اوپر کو اٹھی رہیں گی...... بخار اس کے علاوہ ہے جس کے متعلق کل پھر اُس سے بات چیت کروں گا آپ بے فکر رہیں، مجھے ابھی زندہ رہ کر بہت سے تماشے دیکھنا ہیں۔

حالانکہ تمام تر بیماریوں کے باوجود منٹو نے چاق و چوبند زندگی گزاری۔ اپنی ترنگوں میں چلتے ہوئے بھی وہ آخری لمحوں تک زندگی کے ٹھوس حقائق سے جوجھتا رہا۔ غربت اور تنگدستی سے دو چار منٹو زندگی بھر پیسوں کے ہاتھوں پریشان رہا لیکن اپنی زندگی میں ایک خوش گوار ترتیب اور سلیقہ پیدا کرنے کی کوشش سے اس نے کبھی منہ نہیں موڑا۔ ظاہر ہے ایک مزدور کی طرح کام کرنے اور اپنی محنت اور صلاحیتوں کے مطابق وموافق معاوضہ نہ ملنے کا دکھ، قلق اور بے چینی تو اسے تھی ہی جس کا اظہار ان خطوط میں کئی مقامات پر اس نے کیا ہے۔

''مجھ سے پوچھو یہ افسانہ نگاری بکواس ہے۔ جس کا عوض صرف شکریہ ہے۔ میرا ڈاکٹر جو ہر روز دوا بھیجتا ہے شکریہ کے علاوہ روپے بھی مانگتا ہے۔ کل اس نے ایک روپیہ واپس بھیج دیا۔ اس لیے کہ اس میں کھنکھناہٹ کم تھی۔ خیال تھا کہ کل افسانہ شروع کروں گا مگر اس کم کھنکھناہٹ والے روپے کو

ہتھیلی پر رکھا تو میری سب کھنکھناہٹ غائب ہوگئی۔"

اصل بات یہ ہے کہ منٹو جو زندگی جی رہا تھا اس کا باطن اسے پوری طرح قبول نہیں کر رہا تھا۔ وہ نہ تو اس زندگی کو دھتکار پا رہا تھا اور نہ ہی پوری طرح اس کا حصّہ بن پا رہا تھا۔ اس نے اپنی ساری قوت ان دونوں میں ایک خوشگوار سلیقہ پیدا کرنے میں جھونک دی تھی۔ ایک طرف غیر تخلیقی ماحول سے سمجھوتا تو دوسری طرف اپنے وجود کے تحفظ کی تگ و دو... یہی وہ کشمکش ہے جس سے منٹو اپنے خطوط میں نبرد آزما نظر آتا ہے۔

جس وقت منٹو یہ خطوط احمد ندیم قاسمی صاحب کو تحریر کر رہا تھا، وہ دور ایک ساتھ کئی سطحوں پر تبدیلیوں سے دو چار تھا۔ لیکن حیرت ہوتی ہے منٹو کے ان خطوط میں اُس اتھل پتھل، انتشار اور سیاسی و سماجی اکھاڑ پچھاڑ کا کوئی اشارہ نہیں ملتا۔ ایک ایسے دور میں جب دوسری جنگِ عظیم چھڑ چکی تھی، ہر طرف افراتفری کا عالم تھا، مہاتما گاندھی کے ستیہ گرہ نے جنگِ آزادی میں نئی روح پھونک دی تھی اور اسی کے ساتھ ساتھ فرقہ وارانہ سیاست بھی اپنی زمینیں تلاش رہی تھیں، منٹو کے ان خطوط میں نظریوں کی کشمکش، سیاسی معاشرتی اتھل پتھل کا کوئی عکس نظر نہیں آتا۔ سوائے ایک خط کے جس میں وہ ہیروشیما بم دھماکے کے حوالے سے انسانی نسل کی تباہی اور زندگی کی بے معنویت پر فقط ایک اُڑتا اُچٹتا ہوا سا فقرہ کہتا ہوا آگے بڑھ جاتا ہے۔ گویا زمانے کے بدلتے ہوئے حالات سے وہ بالکل بے خبر ہو یا دانستہ طور پر اپنے دامن کو اس میں الجھانا نہیں چاہتا۔

سیاسی و سماجی ہنگاموں سے قطع نظر منٹو اپنے تخلیقی وجود کے ہیجان و اضطراب اور ارتعاش کو جذب کرنے میں منہمک تھا، جبکہ اس وقت اس کی عمر محض ۲۵، ۲۶ سال تھی۔ اور ابھی "ٹھنڈا گوشت"، "کھول دو"، "ٹوبا ٹیک سنگھ" اور "بابو گوپی ناتھ" جیسے تخلیقی معجزے اور دھماکے اس کے قلم سے برآمد نہیں ہوئے تھے۔ اسے یہ احساس بڑی شدّت اور حدّت سے ہونے لگا تھا کہ اس کے پاس ہر اس چیز کا فقدان ہے جو زندگی کے لیے خوش آئند ہے لیکن اس کے باوجود اپنی تحریر میں اس نے انسانی وقار کو مٹ میلا ہونے نہیں دیا۔ ذہنی شکست، اُداسی اور افسردگی کے احساس کے باوجود وہ سادہ، سلیس اور سجل انداز میں قاسمی صاحب سے یہی کہتا رہا کہ "آپ بے فکر رہیں مجھے ابھی زندہ رہ کر بہت سے تماشے دیکھنے ہیں۔" موت سے زندگی کے مطالب

کشید کرنے کی کوشش اس کے خطوط میں جا بجا ملتی ہے۔ زندگی سے معمور کہانیاں لکھنے والے منٹو کی تخلیقی بصیرت اپنی ادبی زندگی کے ابتدائی دنوں میں بھی موت سے بیک وقت برسرِ پیکار بھی تھی اور اس سے فلرٹ بھی کر رہی تھی۔

''دراصل اس دنیا میں آرٹسٹوں کے لیے کوئی جگہ نہیں ہے۔''

''مجھے کسی کی موت پر غم کا اظہار کرنا نہیں آتا۔ جب میں ایسا کرنے لگتا ہوں تو مجھے یوں محسوس ہوتا ہے کہ میں خود کو اس شخص کے مقابلے میں کھڑا کر رہا ہوں جسے اصلی غم ہوا ہے۔''

''کسی کی موت کی خبر سن کر مجھے ان لوگوں کی موت کا احساس ہوتا ہے جو میرے عزیز تھے۔ اس کے بعد یہ احساس دوسری شکل اختیار کرتا ہے اور سچ پوچھیے تو موت کے بارے میں، میں سوچ ہی نہیں سکتا۔''

''خودکشی کرنا بڑی ہمت کا کام ہے۔ مجھ سے اتنی ہمت نہیں ہو سکتی تھی۔''

ویسے تو موت بہت سے لکھنے والوں کے لیے ایک بڑا obsession رہی ہے اور منٹو بھی اس سے محفوظ نہ تھا۔ موت کا یہ obsession ہی تھا جو سامنے سرکائی ہوئے آٹو گراف بُک پر دستخط کرنے سے قبل اپنی قبر کا کتبہ لکھنے پر اُسے مجبور کر رہا تھا۔ ''یہاں سعادت حسن منٹو دفن ہے...'' زندگی کے آخری ایام میں موت کی یہ آرزو اپنے راز اور جواز بھی مہیا کرنے لگی تھی۔ شاید اسی لیے آخری ایام میں اپنے بارے میں بار بار دوہرانے لگا تھا کہ ''اب یہ ذلّت ختم ہونی چاہئے'' مگر اپنی موت سے بہت پہلے منٹو جس وقت بمبئی میں مقیم تھا تب بھی موت اس کے لیے زندگی کی معنویت تلاش کرنے کا جھروکہ اور قدروں اور کیفیتوں کو دوبارہ جانچنے کا ذریعہ رہی تھی۔ جس کے نتیجے میں کبھی وہ موت کو زندگی کی توسیع قرار دیتا تو کبھی لکھتا:

''زندگی کا معنی جیسا کہ میں سمجھتا ہوں ایک طویل موت ہے۔''

ایک جگہ وہ لکھتا ہے:

"میں یہ سمجھتا ہوں کہ زندگی اگر پرہیز میں گزاری جائے تو بھی قید ہے، اگر بد پرہیزیوں میں گذاری جائے تو بھی قید۔کسی نہ کسی طرح ہمیں اِس اُونی جراب کے دھاگے کا ایک سرا پکڑ کر اسے ادھیڑتے جانا ہے اور بس۔میں اپنا کام آدھے سے زیادہ کر چکا ہوں۔ باقی آہستہ آہستہ کروں گا۔اس لیے کہ میں بہت جلد مرنا نہیں چاہتا۔جس روز مجھے معلوم ہوگیا کہ میں کیا ہوں تو میں موت کو بلانے میں کوئی پس و پیش نہ کرونگا۔"

سب جانتے ہیں منٹو کے لیے اس کے بیٹے عارف کی موت کسی اندہناک سانحہ سے کم نہ تھی۔ بیٹے کی موت کا دُکھ زندگی کی ایک محرومی اور ہمیشہ رہنے والی کسک بن کر اس کے ساتھ رہا۔اس کرب و احساسِ محرومی کا کس قدر اندازہ کرشن چندر اور عصمت چغتائی کے اُن مضامین سے کیا جاسکتا ہے جو انہوں نے منٹو کی شخصیت پر تحریر کیے تھے۔عارف کی موت کے سانحہ نے منٹو کے باطن میں جو دھمک پیدا کی تھی اس کی گونج احمد ندیم قاسمی کو لکھے گئے یک سطری خط میں بھی سُنی جا سکتی ہے۔جو ذیل میں درج ہے:

(اپریل ۱۹۴۱ء)

برادرِ مکرّم

میرا عارف صرف دو دن بیمار رہ کر کل رات کے گیارہ بجے ارون ہسپتال میں مرگیا۔

آپ کا

سعادت حسن منٹو

یہ یک سطری خاموش فقرہ بیٹے کی موت کے باعث اس کے باطن میں برپا شور انگیز واویلوں کی بخوبی عکاسی کرتا ہے۔اقتباس کے چوکھٹے میں یہ ایک سیدھا سادا اطلاع رسانی کا فریضہ انجام دینے والا بے ضرر سا فقرہ معلوم پڑتا ہے لیکن قاسمی صاحب سے منٹو کے رشتوں اور

ان کو لکھے اگلے پچھلے خطوط کے پہلو بہ پہلو رکھ کر دیکھیں تو اس کے بین السطور میں ہمیں وہ ویرانگی اور اکیلا پن دکھائی دے گا جو عارف کی موت کی وجہ سے منٹو کی زندگی میں پسر گیا تھا۔ احمد ندیم قاسمی کو لکھے گئے خطوط میں منٹو کا یہ سب سے مختصر خط ہے جبکہ انہیں لکھا گیا سب سے طویل خط بھی داخلی اضطراب کا ایسا ہی اظہاریہ ہے۔ ۲۳ر ستمبر ۱۹۴۰ء کو پنڈت کرپارام سے متعلق تحریر کیا گیا یہ خط اس اضطراب کو ظاہر کرتا ہے جس کے تحت منٹو نے انہیں اپنے دل کی سلطنت پر ایک ڈکٹیٹر بنا کر بٹھایا تھا، وہ بھی صرف اس لیے کہ ایک بار کبھی منٹو کی مرحومہ والدہ سے انہوں نے کہا تھا کہ ''سعادت میرا بچہ ہے۔'' عارف والے خط میں جو اضطراب مخفی تھا وہ یہاں ہنگامہ محشر بن گیا کہ اس خط کا ہر لفظ زندہ متحرک اور سیماب پا ہے۔ یہ پورا کہ پورا خط منٹو کے مضطرب باطن کا مونتاژ ہے۔ جس کے فقرے بجلی کے کوندے کی طرح لپکتے ہیں اور ہر لفظ دھڑکتا ہوا محسوس ہوتا ہے۔ اس طویل خط کے کچھ اقتباسات ملاحظہ ہوں۔

> آپ کا خط پڑھ کر معلوم ہوا کہ پنڈت کرپارام نے آپ کو میرے متعلق ایک مفصل خط لکھا ہے۔ ان کی بڑی مہربانی ہے کہ آپ کو انہوں نے میرا دوست سمجھا اور مجھے اس بات سے بھی حوصلہ ہوتا ہے کہ انہوں نے مجھے فراموش نہیں کیا۔ پنڈت جی سے میرا تعارف مسٹر نذیر کی معرفت ہوا تھا۔
>
> ''ایک بار خلش صاحب سے مسٹر نذیر کے تعلقات خراب ہو گئے تھے تو اسی بنا پر پنڈت جی نے خلش صاحب کو ایک پچوڑی ہوئی ہڈی سمجھ کر پھینک دیا تھا...''
>
> ''اس لیے میں پنڈت جی کو موردِ الزام قرار نہیں دیتا کیوں کہ وہ دوستی کو گزوں سے ناپتے ہیں۔ میری دوستی، نذیر صاحب کی دوستی کے مقابلے میں کئی میل کم تھی۔ اس لیے میں سمجھا کہ پنڈت جی نے ایک ہی جھٹکے میں میری دوستی کی گردن علیحدہ کر دی ہو گی۔ مگر آپ کے خط سے یہ معلوم کر کے خوشی ہوئی کہ میں ابھی تک ان کے اندر زندہ ہوں... یہ میرے حقیر اخلاص کا ایک ادنیٰ سا کرشمہ ہے، ورنہ پنڈت جی کے سینے میں تو ایک قبرستان آباد ہو گا۔''

''ایک بار جب انہوں نے والدہ مرحومہ سے کہا تھا ''سعادت میرا بچہ ہے'' تو میں وہاں سے اٹھ کر بالکونی میں چلا گیا تھا کہ میری آنکھوں میں آنسو دیکھ کر میری کمزوری کا اُن کو پتہ چل جائے گا۔ میں دل ہی دل میں ایک خاص قسم کا سرور محسوس کرتا تھا۔ مجھے اُن کی بہت سی باتوں سے اختلاف رہتا تھا مگر میں نے ہمیشہ جبر کیا اور اپنے دل کی سلطنت پر اُن کو ڈکٹیٹر بنا کر بٹھا دیا۔''

''اب کرپارام جی سے پوچھوں گا کہ بھئی آپ نے میری دوستی کو کس بناء پر طلاق دی ہے؟ مجھے یقین ہے کہ وہ وجہ نہیں بتا سکیں گے، اس لیے کہ کوئی وجہ ہے ہی نہیں اور اگر ہے تو وہ اتنی مبہم ہے جو صرف کرپارام جی ہی سمجھ سکتے ہیں۔ میں آپ سے کیا عرض کروں... اتنے واقعات ہیں کہ خط میں درج نہیں کیے جا سکتے...''

''کرپارام جی کبھی تخلیے میں سوچیں تو انہیں معلوم ہو جائے گا کہ میں کسی سے برائی کر ہی نہیں سکتا۔ البتہ وہ کر سکتے ہیں، وہ اس کے اہل ہیں۔ وہ اپنی طبیعت خوش کرنے کے لیے جس کا چاہے گلا گھونٹ سکتے ہیں...''

''وہ میرے خلاف ایک لفظ بھی نہیں کہہ سکتے۔ اگر وہ کچھ کہہ سکتے ہیں تو صرف یہ کہ سعادت شراب پیتا ہے۔ سعادت شراب پیتا ہے اس لیے کہ شراب صرف میرے جسم کو نقصان پہنچاتی ہے روح کو نہیں۔ کرپارام جی نے تو میری روح کو تکلیف پہنچائی ہے...''

''میں بے حد ذکی الحس ہوں۔ میں نے سارے کا سارا سعادت ان کی میلی جھولی میں ڈال دیا مگر اُس کے بدلے میں انہوں نے کرپارام کا صرف ایک ٹکڑا مجھے دیا...''

''وہ دنیا سے کسی قسم کا بھی سلوک کریں مجھے اُس کی پروا نہیں۔ وہ جانیں اور ان کا کام۔ لیکن میرے ساتھ انہیں امتیازی سلوک روا رکھنا ہوگا اس لیے کہ وہ اپنے منہ سے مجھے بیٹا کہہ چکے ہیں۔ میں بہت ضدی بچہ ہو گیا

ہوں۔ طفل تسلیوں سے اب میں نہیں بہلوں گا۔ انہیں اپنے قصور ماننا ہوں گے تا کہ مجھے اطمینان نصیب ہو اور میرے اندر جو انقلاب کا طوفان پیدا ہو رہا ہے ٹھنڈا ہو جائے۔ ان کی بے رخی نے مجھے بہت دکھ پہنچایا ہے۔ بخدا بہت دکھ پہنچایا ہے۔

لگ بھگ آٹھ صفحات کو محیط اس طویل خط میں غم، غصّہ، جھنجھلاہٹ،، بے چارگی اور اداسی کی ایک برقی رو دوڑتی چلی گئی ہے۔ ہر لفظ بغیر کسی روکاوٹ، لڑکھڑاہٹ اور حجاب کے پڑھنے والے کے دل میں اترتا چلا جاتا ہے۔ احساس اور احساس سے پھوٹنے والے تصورات اور ان تصورات کو تصویر پذیر کرنے والے الفاظ نے یہاں ایک نامیاتی آہنگ پیدا کر دیا ہے۔ معلوم ہوتا ہے قاسمی صاحب کو بیان کرتے ہوئے منٹو کرپارام سے اپنے رشتے کی چھان پھٹک کے دوران کئی سوالیہ نشانات اور استفہامیہ کیفیات سے خود بھی پہلی بار روبرو ہو رہا ہے۔ یہی وجہ ہے کہ وفور جذبات کے تحت ایک ہی سانس میں وہ کہتا چلا جاتا ہے مگر سانس کہیں نہیں اکھڑتی۔ منٹو چونکہ زندگی کی حقیقتوں کا ادراک رکھتا تھا اور اپنے اندر شدید ردِّ عمل بھی... اس لیے فطرت اور بدلتی دنیا کی سچائیاں اُسے بہت جلد مضطرب کر دیتی تھیں۔ معاشرتی سطح پر خود کے displace ونے کا کرب، انسانی معاشرے اور اس کے انتظامیہ کی بڑی مشین کے ایک بے مصرف اور بے کار کل پُرزے کی حیثیت سے وہ خود کو دیکھنے مجبور پا رہا تھا۔ ان ہی لمحات میں اپنے وجود کو تورگنیف کے الفاظ میں چھکڑے کے پانچویں بے معنی پہیے کی مانند فضول سمجھنے لگتا ہے، ایسے میں احمد ندیم قاسمی کے کام آجانے کو اپنی بے مقصد زندگی کی معنویت سے تعبیر کرتا ہے۔ وہ لکھتا ہے

''کھائی میں پڑی ہوئی اینٹ اگر کسی دیوار کی چنائی میں کام آسکے تو اس سے بڑھ کر اور کیا ہو سکتا ہے۔''

دوست بنانے اور دوستیاں نبھانے میں اٹوٹ ایقان رکھنے والے منٹو کی جھلک ان خطوط میں جگہ جگہ نظر آتی ہے۔ خاص طور سے احمد ندیم قاسمی اور حامد علی خان کو تحریر کردہ خطوط میں... وہ کبھی احمد ندیم قاسمی سے فلموں کے لیے گیت لکھواتا ہے تو کبھی فلمی گیتوں کے رموز سے

آگاہ کرتا ہے۔ کبھی فلم تکنیک کے اسرار آشکار کرتا ہے۔ کبھی ریڈیو کے لیے opera لکھنے کی پیش کش کرتا ہے تو کبھی مکالمے لکھنے کا فن اسے سمجھاتا ہے۔ منٹو کے خطوط میں یہ ساری تفصیلات بھری پڑی ہیں۔ یہی نہیں قاسمی صاحب کی کہانیوں کے مسودے صاف کرتا ہے اور ان کی تحریروں کی نوک پلک سنوارتا ہے۔ غرض کہ اس وقت منٹو ہمیں احمد ندیم قاسمی اور حامد علی خان کی اسی طرح سے رہنمائی کرتا ہوا دکھائی دیتا ہے جیسے کبھی باری علیگ نے اس کی رہنمائی کی تھی۔

باقر مہدی نے اپنے ایک مضمون میں لکھا تھا کہ منٹو اپنی کہانیوں کا آپ عکس تھا۔ اس کے بارے میں کہا جاتا ہے کہ حقیقی زندگی میں اس کا برتاؤ اپنی کہانیوں کے کرداروں کا سا ہوتا تھا جو کہانی سے نکل بھاگا ہو۔ منٹو کے مختلف افسانوی کردار سوگندھی، خوشیا، کیشو لال جس داخلی تصادم سے نبرد آزما تھے اس کی جھلکیاں خود منٹو کے کردار میں بھی ملتی ہیں۔ اپنے ہی ایک افسانے ''ٹیڑھی لکیر'' کا کردار جو آدابِ محفل کی پرواہ بغیر اپنے دل کی بات کہہ سکتا تھا کہ ''مجھے آپ سے مل کر کوئی خوشی نہیں ہوئی''۔ جھوٹ، فریب، بناوٹ ریاکاری اور مروجہ مصنوعی اخلاق اقدار کو منٹو کا یہ کردار نہ صرف دشمن کی نظر دیکھتا تھا بلکہ ان کے کھوکھلے پن کا پردہ چاک کرنے پر بھی اتارو نظر آتا تھا۔ ہم کہہ سکتے ہیں کہ یہ 'ٹیڑھی لکیر' خود منٹو کی شخصیت میں موجود تھی۔ دیوندر ستیارتھی کے تعلق سے اپنی رائے کا اظہار قاسمی صاحب سے دیکھیے کس طرح بے دریغ کر رہا ہے۔

''دیوندر ستیارتھی کا فون آیا تھا۔ میں نے اس کو گالیاں دیں۔ میرے دل میں اس کے متعلق جو خیالات بھی تھے ان کا اظہار کر دیا۔ اور اسے کھلے لفظوں میں کہہ دیا کہ میں تم سے ملنا نہیں چاہتا۔''

منٹو بدتمیزی کی حد تک منہ پھٹ تھا۔ لگی لپٹی نہ وہ خود رکھتا تھا نہ رکھنے والوں کو بہت پسند کرتا تھا لہذا یہاں بھی جو بات اس کے دل میں تھی قاسمی صاحب کے سامنے رکھ دی۔ اسی طرح جب احمد ندیم قاسمی اپنی موافقت میں ایک توصیفی نوٹ لکھنے کی فرمائش کرتے ہیں تو منٹو مصلحت اور مصالحت کو بالائے طاق رکھ کر منٹوی انداز میں انکار کر دیتا ہے۔ وہ لکھتا ہے:

''مصور میں آپ کی نظم شائع ہو رہی ہے آپ نے جس نوٹ کے

بارے میں لکھا ہے وہ میں شائع نہیں کر سکتا۔اس کی وجہ یہ ہے کہ میں آپ کے بارے میں اُس وقت تک کچھ نہیں لکھنا چاہتا جب تک مجھے خود اس کی ضرورت محسوس نہ ہو۔اس کا یہ مطلب ہے کہ آپ کے کہے پر ایسا کرنا پسند نہیں کرتا... میں اپنے قلم سے کوئی ایسا مضمون نہیں دیکھنا چاہتا جو بعد میں مجھے پسند نہ آئے۔"

ظاہر ہے منٹو یہ باتیں کسی احساسِ برتری، رعونت یا جذبہ تکبر کے تحت نہیں کہہ رہا تھا بلکہ یہ شخصیت کا بے ریا اور بے باکانہ اظہار ہے، ہر طرح کے تصنع، احتیاط اور مصلحت سے عاری... نقوش کے مدیر محمد طفیل نے منٹو پر ایک مضمون لکھا تھا اس کا پہلا حصہ منٹو کی زندگی میں ہی شائع ہو چکا تھا۔اس مضمون پر پہلے اپنی ناپسندیدگی اور بعد میں پسندیدگی کے جواز کا اظہار محمد طفیل کو تحریر کردہ خط میں جس طرح کیا ہے، وہ بجائے خود اس کی سیرت اور شخصیت کا اظہار یہ ہے۔

کل رات مجھے صفیہ نے بتایا کہ آپ نے مجھ پر "نقوش" میں مضمون لکھا ہے...... زیادہ پینے کی وجہ سے مجھ سے ٹھیک پڑھا نہیں جا رہا تھا۔چونکہ صفیہ کو مضمون پسند تھا اس لیے اُس نے میرے کہنے پر اِدھر اُدھر سے سنایا جو مجھے قطعاً پسند نہ آیا۔یہی سبب ہوا کہ میں نے آپ کو آدھی درجن گالیاں دیں اور اس کے بعد مجھے نیند آ گئی۔

صبح اٹھ کر اپنی آنکھوں سے مضمون پڑھا تو مجھے پسند آ گیا...... آپ نے جو کچھ لکھا ہے اس سے مجھے انکار نہیں۔اپنی کمزوریوں کے باوجود بے حد خوش ہوں کہ آپ نے جو کچھ لکھا ہے اس میں ہچکچاہٹ کا شائبہ تک نہیں۔جو کچھ میں ہوں، وہ اس مضمون میں موجود ہے بلکہ وافر موجود ہے......

منٹو کے لکھے اس خط پر کوئی تاریخ درج نہیں ہے لیکن دوسری شہادتوں سے پتہ چلتا ہے کہ منٹو کا یہ خط اس کی زندگی کے آخری برسوں کا ہے۔گویا ہم کہہ سکتے ہیں کہ خود کو جھاڑتے پھٹکتے رہنے کا عمل اس کے ہاں زندگی کے آخری ایام تک جاری رہا۔بقول محمد طفیل اس کا قلم جس طرح دوسروں کے لیے بے لگام رہا ہے، وہی قلم اپنے لیے بھی اتنا ہی بے رحم ہے۔جبکہ منٹو کے

بیشتر دوستوں اور ساتھیوں کا خیال تھا کہ منٹو کو اپنے دوستوں پر رعب جمانے کا بڑا شوق تھا۔اس کو ہمیشہ یہ احساس رہتا تھا کہ وہی سب سے اچھا لکھنے والا ہے اور یہ کہ وہ اپنے آگے کسی کو نہیں گردانتا... جس کا اظہار اوپندر ناتھ اشک سے لے کر عصمت چغتائی اور شاہد احمد دہلوی تک نے جا بجا اپنے مضامین میں کیا ہے۔مگر منٹو کے یہ خطوط اس کی سختی سے تردید کرتے ہیں۔احمد ندیم قاسمی اور حامد علی خان کو ہی نہیں محمد طفیل، مہدی علی صدیقی، نصیر انور کو لکھے گئے خطوط میں کہیں کوئی لائن اکڑی یا اینٹھی ہوئی نہیں ہے اور نہ ہی وہ کسی personality problem میں مبتلا نظر آتا ہے۔گوپی چند نارنگ اپنے ایک مضمون میں لکھتے ہیں:

"منٹو کو دوست احباب تو بہت ملے لیکن اس کا سفر مضطرب روح کا تنہا سفر تھا جسے اس کی زندگی میں بہت کم کسی اور نے سمجھا بلکہ بالعموم منٹو کو غلط ہی سمجھا گیا۔"

بے تکلف دوستوں کو لکھے گئے خطوط اپنے جذبہ نرگسیت کی نکاسی کا سب سے موثر، محفوظ اور معتبر سہارا ہوتے ہیں مگر خطوطِ منٹو میں ایسے کسی جذبے کی تسکین نہیں جھلکتی۔اپنے افسانوں کا ذکر منٹو کے خطوط میں جا بجا ہے مگر اس سے زیادہ نہیں کہ یہ افسانہ آپ کو پسند آئے گا اپنے افسانوں پر رائے کا بھی وہ بے صبری اور بے چینی سے منتظر ہوتا تھا مگر افسانے کو پروجیکٹ کرنے کی کوشش کہیں نہیں۔"ہتک"، "نیا قانون"، "خوشیا"، "نعرہ" جیسے افسانوں کا ذکر بھی اطلاعاتی انداز میں کر رہا ہے۔یہی نہیں جب احمد ندیم قاسمی "نیا قانون" کی بڑھ چڑھ کر تعریف کرتے ہیں تو وہ کیا کہتا ہے اس کی زبانی سنیے:

"نیا قانون کے متعلق آپ نے ضرورت سے زیادہ تعریف کی ہے۔ شکریہ۔لیکن یہ خیال رکھیے گا میں اپنی تعریف سن کر بہت جلدی پھول جایا کرتا ہوں یہ میری ایک کمزوری ہے۔"

دوستوں کو لکھے گئے اکثر خطوط جذبہ نرگسیت کی نکاسی کے علاوہ واش بیسن کے فرائضِ منصبی بھی بخوبی انجام دیتے ہیں۔جہاں کاتب، مکتوب الیہ سے اپنے دوستوں اور عزیزوں سے

متعلق بے چینی اور فرسٹریشن کو بلا تکلف خطوں میں اگل دیتا ہے۔منٹو کے لکھے گئے ان خطوط میں کرپارام کے حوالے سے لکھا گیا ایک اکلوتا خط ہے جس میں احمد ندیم قاسمی کے روبرو منٹو کرپارام سے اختلاف اور اپنے جذباتی ردعمل و ذہنی کیفیت کا اظہار بے دریغ کیا ہے وگرنہ منٹو کے خطوط ان آرائشوں و آلائشوں سے یکسر پاک ہیں۔آل انڈیا ریڈیو (دلّی) کی ملازمت کے دوران منٹو دوستوں سے متعلق جس جذباتی اور ذہنی صدمے سے دوچار تھا اس کا ذکر اس طرح کرتا ہے کہ دوستوں اور ان کی دوستی کے بارے میں بالکل استفسار نہ کرنا کہ اس کا اعادہ بہت مشکل ہے۔ایک طرف اوپندر ناتھ اشک اپنی تحریروں اور دوستوں میں منٹو کو برا بھلا کہہ رہے تھے، اس کے خلاف سازشیں کر رہے تھے اور اُدھر منٹو اشک کے روبرو تو اس کی ''کپال کریا'' (ہندوؤں میں داہ سنسکار میں کھوپڑی توڑنے کی رسم) ادا کرنے کی اپنی خواہش کا اظہار تو کھلے بندوں کر رہا تھا مگر احمد ندیم قاسمی کو لکھے گئے خطوط میں اشک یا دوسرے دوستوں سے متعلق اس سے زیادہ نہیں کہتا کہ:

> ''بمبئی کی زندگی اور یہاں کی زندگی میں زمین آسمان کا فرق ہے۔وہاں میں دوست نما دشمنوں سے الگ تھلگ تھا لیکن یہاں ایسے بے شمار لوگوں سے ملنا پڑتا ہے جس کے باعث کوفت ہوتی ہے۔یہی باعث ہے اس اضمحلال کا اور یہی باعث ہے آپ کو خط نہ لکھنے کا۔''

ایک ایسا شخص جو اپنے آگے کسی کو خاطر میں نہیں لاتا ہو اور جولیس سیزر کی طرح جو دوست نما دشمنوں میں گھرا ہوا ہو، ظاہر ہے اس کی رعونت اپنے غم اور غصّے کا اظہار اور دل کا بخار کم سے کم اس پیرائے میں نہیں نکالے گی۔ان خطوط میں اوپندر ناتھ اشک ہی نہیں دیوندر ستیارتھی، فیض، بیدی، ن۔م۔راشد اور دوسرے دوستوں و ہم عصروں کی شکایتوں کی گونج ملتی ہے اور نہ ہی professional rivalry کی بوباس۔

اپنی زندگی میں منٹو الگ تھلگ رہنے والا شخص نہیں تھا۔دوستوں کی محفل میں کچھ تو وہ بولتا تھا، کچھ اس کی باتیں بولتی تھیں۔لہٰذا دوستوں پر رعب جمانے کا شوق بھی منٹو کا ایک فراڈ سے زیادہ کچھ تھا۔حقیقی زندگی میں منٹو کا احساسِ برتری اور کچھ نہیں محض ایک فریبِ نظر ہے۔

منٹو چونکہ ذکی الحس تھا، اس کی انا کی دھار بھی بہت تیز تھی اسی انا نے اگر اسے عظمت کا احساس عطا کیا تھا تو اسی نے اس کے نفس کی حفاظت بھی کی، اس کی انفرادیت کو چمکایا بھی۔ منٹو کے احساس خودی نے خود پرستی کا نقاب نہیں اوڑھا، کم تر سے کم تر آدمی سے بھی اس کی سطح پر آ کر ملنے کی جو صلاحیت منٹو کو حاصل تھی وہ بہت کم فنکاروں کو نصیب ہوئی ہے۔ منٹو کی عمر کا ایک بڑا حصہ نہایت محدود دائرے میں گزرا مگر عوام الناس سے اس کا رشتہ بہت سہج، سرل اور گہرا تھا۔ بقول محمد حسن عسکری منٹو اپنے چھوٹے سے چھوٹے احساس اور جذبے کو دبانے یا رد کرنے کا قائل نہیں تھا۔ ہر چیز اس کے اندر کوئی نا کوئی رد عمل پیدا کرتی تھی اور وہ اس ردعمل کو قبول کر لیتا تھا۔ یہی وجہ تھی کہ اس زمین اور آسمان کے بیچ منٹو کے لیے کوئی بھی شخص، کوئی بھی تجربہ حقیر یا دلچسپی سے خالی نہیں تھا۔ میرے خیال میں جن میلانات نے سعادت حسن کی شخصیت کی تعمیر کی تھی تو اسی نے منٹو کے آرٹ کی تشکیل بھی کی تھی۔ سعادت حسن اور منٹو دو اکائی نہیں بلکہ ایک ہی فنومینا کے دو پہلو ہیں جو ایک دوسرے کو مسلسل توڑتے پھوڑتے رہتے تھے۔ اس کی تحریریں وہ آئینہ اور وسیلہ ہیں جہاں سے ہم absolute منٹو کو دریافت کر سکتے ہیں، اس کے لیے اسے کہیں باہر سے ڈھونڈ کر لانے کی ضرورت نہیں ہے۔ اپنی زندگی کے تشکیلی دور میں اپنے رشتہ داروں، دوستوں اور رفیقوں کو لکھے گئے منٹو کے یہ خطوط ان تخلیقی وارداتوں اور باطنی آویزشوں کے شاہد ہیں جن سے سعادت حسن اور منٹو دونوں نبرد آزما تھے۔

☆☆☆

(ا)

اختر شیرانی کے نام

(یہ خط منٹو اور احمد ندیم قاسمی کے درمیان تعارف کا ذریعہ بنا)

ایڈیٹر انچارج

مصور ویکلی

سیکنڈ پیر خان اسٹریٹ۔ بمبئی۔ ۸

(جنوری ۷ ۱۹۳ء)[۱]

مکرمی و معظمی جناب اختر صاحب

السلام علیکم۔ علالت اور مصروفیت کے باعث آپ کی خدمت میں کوئی خط ارسال نہ کرسکا ،جس کا مجھے افسوس ہے۔ مجھے امید ہے کہ اب آپ کی صحت اچھی ہوگی۔

''رومان''[۲] کے پرچے باقاعدہ مل رہے ہیں۔ شکریہ۔ سالنامہ، مضامین اور ترتیب کے لحاظ سے بہت بلند ہے۔ رومان صحیح معنوں میں ''جوان افکار'' کا علم بردار ہے۔ اس شمارے میں جتنے بھی افسانے شائع ہوئے ہیں سب کے سب فنّی نقطہ نگاہ سے معیاری ہیں۔ خاص کر'' بے گناہ'' مجھے بے حد پسند آیا ہے اور یہی وجہ ہے کہ میں اس کے قابلِ مصنف جناب احمد ندیم قاسمی، بی۔ اے سے تعارف حاصل کرنا چاہتا ہوں۔ براہ کرم ان کے پتے سے بواپسی ڈاک مطلع فرما کر ممنون فرمائیں۔

مصور کے آئندہ پرچے میں ''رومان'' پر مفصّل ریویو شائع ہو رہا ہے۔

میرے لائق کوئی خدمت ہو تو بلا تکلف تحریر فرمائیں۔ میں ان دنوں امپریل فلم کمپنی کا بھی کام کر رہا ہوں اور اگر آپ فلم کے لیے کوئی اسٹوری دینا چاہیں تو میں اس کا انتظام کرسکتا ہوں۔ احمد ندیم صاحب قاسمی کے پتے سے ضرور آگاہ فرمائیں۔

ہندی صاحب[۳] یہاں بمبئی میں تشریف لائے ہوئے ہیں۔

خاکسار

سعادت حسن منٹو

(۲)

احمد ندیم قاسمی کے نام

ایڈیٹر انچارج

مصوّر ویکلی، سیکنڈ پیر خان اسٹریٹ۔ بمبئی ۸

(جنوری ۱۹۳۷ء)

برادرِ مکرّم

آپ کا گرامی نامہ ملا۔ میں اختر صاحب کا بے حد ممنون ہوں کہ انہوں نے خاکسار سے آپ کا تعارف کرایا۔ میں عنقریب ان کو شکریے کا خط لکھوں گا۔

آپ کا فسانہ ''بے گناہ'' واقعتہً میں نے بے حد پسند کیا ہے۔ سچ تو یہ ہے کہ اس قسم کے جذبات میں ڈوبے ہوئے فسانے اردو میں بہت کم شائع ہوئے ہیں۔ آپ کے ہاتھ Plastic کے ہیں اور معلوم ہوتا ہے کہ افسانے کے موضوع کو آپ نے نہ صرف محسوس کیا ہے بلکہ اُس کو چھو کر بھی دیکھا ہے۔ یہ خصوصیت ہمارے ملک کے افسانہ نگاروں کو نصیب نہیں۔ میں آپ کو مبارکباد دینا چاہتا ہوں کہ آپ میں یہ خصوصیت بدرجہ اتم موجود ہے۔

افسانے میں Objective ٹچ بہت پیارے اور موزوں و مناسب ہیں۔ کچھ عرصے سے میں فلمی افسانوں کی ماہیّت پر غور کر رہا ہوں، چنانچہ میں نے آپ کے فسانے کو غیر ارادی طور پر فلم ہی کی عینک سے دیکھا اور اسے بہت خوب پایا۔ Atmospheric ٹچ بے حد اچھے ہیں۔ مثال کے طور پر:۔

''اس دن شام کو رحمان آٹا گوندھ رہا تھا، چڑیوں کے لاتعداد غول ''شی'' کی آواز سے اُس کے مکان پر سے گزر جاتے تھے۔ چمگادڑیں بیری کی سوکھی ہوئی ٹہنیوں سے ٹکرا کر پھڑ پھڑاتی تھیں اور پھر ہوا میں تیرنے لگتی تھیں۔ بیل جگالی کر رہے تھے۔ ایک بکری اپنے ننھے سے بچے کے ماتھے پر منہ رکھے کھڑی تھی۔ رحمان دھیمے دھیمے سروں میں یہ گیت گا رہا تھا:

کوئی نہیں سندا دکھ چا جمع کراں ماہیا''

فلمی افسانے میں اس قسم کی تفصیل بہت کارآمد اور مفید ہوتی ہے اور میرا خیال ہے کہ

آپ منظر نامہ بطریق احسن لکھ سکتے ہیں۔

اس کے علاوہ آپ کے مختصر افسانے میں دو تین عروجی مناظر بہت Appealing ہیں۔

میں آپ سے درخواست کروں گا کہ آپ ''بے گناہ'' جیسا کوئی اور فسانہ لکھیں اور میں کوشش کروں گا کہ وہ فلم ہو جائے۔ یہاں کے چند ڈائریکٹروں سے میرے اچھے مراسم ہیں۔ فسانہ لکھتے وقت یہ خیال رکھیے کہ اس میں پبلک کی دلچسپی کا کافی سامان ہو۔ دیہاتی رقص، دیہاتی گانے اور اسی قسم کی دوسری چیزیں آپ بڑی آسانی سے اپنے فسانے میں رکھ سکتے ہیں۔ یہ بھی خیال رہے کہ فسانہ بالکل سیدھا سادا ہو یعنی Smooth ہو۔ اور کہیں الجھن نہ ہو۔ ہمارے یہاں کے فلمی افسانوں میں عام طور پر Jerks ہوتے ہیں جو ناقابل عفو سقم ہے۔ عام طور پر ٹریجیڈی زیادہ پسند کی جاتی ہے۔

میری اس درخواست کو عام نہ کر دیجئے گا کیونکہ پھر لوگ میرا جینا محال کر دیں گے آپ اسٹوری لکھ کر مجھے جلد از جلد روانہ فرمادیں۔

''مصور'' کے لیے اگر کچھ روانہ کر سکیں تو بے حد ممنون ہوں گا۔ امید ہے آپ بخیریت ہوں گے۔

اگر ہو سکے تو اپنا فوٹو ضرور ارسال فرمائیے۔ آپ کے فسانے کے ساتھ شائع ہو جائے گا۔

خاکسار

سعادت

(۳)

ایڈیٹر انچارج

مصوّر ویکلی، سیکنڈ پیرخان اسٹریٹ۔ بمبئی ۸

(فروری ۱۹۳۷ء)

برادرِ مکرم

وعلیکم السلام۔ گرامی نامہ ملا۔ ''بے گناہ'' واقعتہً اچھا افسانہ ہے اور ہر آرٹسٹ اسکی تعریف کرے گا۔

فلمی دنیا میں قدم رکھنے کی خواہش کالج کے ہر طالب علم کے دل میں ہوتی ہے۔ آج سے کچھ عرصہ پہلے یہی جنون میرے سر پر بھی سوار تھا چنانچہ میں نے اس جنون کو ٹھنڈا کرنے کے لیے بہت جتن کیے اور انجام کار تھک ہار کر بیٹھ گیا۔ احمد ندیم صاحب! دنیا وہ نہیں جو ہم اور آپ سمجھتے ہیں اور سمجھتے رہے ہیں۔ اگر آپ کو کبھی اسٹوڈیو سیاسیات کا مطالعہ کرنے کا موقع ملے تو آپ چکرا جائیں۔ فلم کمپنیوں میں ان لوگوں کا زیادہ اثر ہے جن کے خیالات بوڑھے اور پیش پا افتادہ ہیں، جو جاہلِ مطلق ہیں۔ اور وہ لوگ جو اپنے سینوں میں فن صحیحہ کی پرورش کرتے ہیں انہیں کوئی نہیں پوچھتا۔ اس کی وجہ یہ ہے کہ اوّل الذکر فلم کے عواقب وعواطف سے آشنا ہیں اور آخر الذکر کی نگاہوں سے یہ چیزیں پوشیدہ ہیں اور پوشیدہ رکھی جاتی ہیں۔ کیوں؟...... اس لیے کہ وہ ان بوڑھوں کی جگہ پر قابض نہ ہو جائیں۔

میں اگر فلم کمپنی کے دروازے کے اندر داخل ہونے میں کامیاب ہو گیا ہوں تو یہ ایک معجزے کے مترادف ہے۔ مجھے خود اس بات کی خبر نہ تھی کہ میں کبھی کسی فلم کمپنی میں کام کروں گا، خیر!...... فلم کمپنی میں داخل ہو کر مجھے مطالعہ ومشاہدہ کا جو موقع بھی ملا وہ خود میں نے پیدا کیا اور اپنے دماغ کے زور سے وہاں کے کام کرنے والوں سے اپنے مطلب کی چیزیں نکال لیں۔ جو کچھ میں نے سیکھا ہے میں چاہتا ہوں کہ آپ بھی اس کو سیکھ لیں مگر مشکل یہ ہے کہ تحریر کے ذریعے سے یہ نہیں ہو سکتا۔ منظر نگاری ایک فن ہے جس کو باقاعدہ سیکھنے کی ضرورت ہے۔ بہر حال میں آپ کی خواہش کے مطابق آپ کو چند نمونے بھیج رہا ہوں، شاید آپ ان سے کچھ سمجھ سکیں۔

اسٹوری لکھتے وقت یہ امر ضرور پیشِ نظر رکھیے گا کہ جو کچھ آپ کہنا چاہیں وہ آپ اپنے کیریکٹروں کے ذریعے Establish کراتے چلے جائیں۔ مثلاً آپ لکھتے ہیں "فضل بڑا ظالم تھا" تو یہ چیز سکرین پر دکھانے کے لیے ایک Incident کی ضرورت ہے۔ فقط ڈائلاگ سے کام نہیں چل سکتا اسٹوری Smooth اور وقائع ومناظر سے بھری ہوئی ہو۔ قدم قدم پر ایک Grip ہو۔

یہ تمہیدی باتیں بتانے کے لیے بھی ایک طویل مقالے کی ضرورت ہے جو میرے جیسے مصروف آدمی کے لیے ناممکن ہے۔ مجھے افسوس ہے کہ میں اس ضمن میں آپ کی اچھی طرح خدمت نہیں کر سکوں گا۔ اگر دنیا میں مخلص آدمی خال خال نہ ملتے تو میں آپ کے لیے بہت کچھ کر

سکتا تھا۔ جو چیزیں بھی میں آپ کو روانہ کر رہا ہوں، وہ آپ کو شاید ہی کوئی اور روانہ کرے...... دنیا اسی ڈھب پر استوار کی گئی ہے۔

آپ اسٹوری لکھیے اور جو نمونے میں روانہ کر رہا ہوں ان کو سامنے رکھ لیجئے گا۔ اسکے بعد میں آپ کو کوئی اور مشورہ دے سکوں گا۔ مجھے آپ سے بے حد ہمدردی ہے۔

نظم کا شکریہ۔ مصور آئندہ سے آپ کو ملتا رہے گا۔

ممکن ہے آپ مجھ سے چھوٹے ہوں، مگر میری عمر بائیس برس سے زیادہ نہیں ہے۔ آپ نے جو اسٹوری لکھ کر رکھی ہے۔ اسے نامکمل صورت ہی میں روانہ فرمادیں۔ میں اُس کو دیکھ کر شاید آپ کو کوئی مفید مشورہ دے سکوں۔

خاکسار

سعادت حسن منٹو

(۴)

بمبئی

(فروری ۱۹۳۷ء)

ندیم صاحب

وعلیکم السلام۔ آپ کا خط ملا۔ اگر میں اپنی گوناگوں اور تھکا نے دینے والی مصروفیتوں میں گھرا ہوا نہ ہوتا تو یقیناً مجھے آپ کے جواب کا انتظار ہوتا۔ لیکن جب زندگی کچھ اس طور سے گزر رہی ہے کہ مجھے اپنے وجود ہی کے متعلق یقین نہیں تو ایسا کیونکر ہو سکتا تھا...... بے رحم قدرت کے ہاتھوں کیا کیا ستم سہنے نہیں پڑتے!

آپ کے خط نے میرے دل و دماغ کو راحت پہنچائی ہے۔ میں آپ کے تکلیف دہ ماحول کو اچھی طرح محسوس کر سکتا ہوں اس لیے کہ میں بھی اسی تگ و دو میں ہوں جو ہم لوگوں کی رگوں سے جوانی کی تمام امنگیں باہر کھینچ رہی ہے۔

آپ نے میری قابلیت اور اہلیت کا اندازہ لگانے میں بہت جلدی سے کام لیا ہے۔ شاید آپ کو معلوم نہیں کہ میں نے خود کو کبھی ادیب کی حیثیت سے پیش نہیں کیا۔ میں ایک

شکستہ دیوار ہوں جس پر سے پلستر کے ٹکڑے گر گر کر زمین پر مختلف شکلیں بناتے رہتے ہیں۔

خدا کرے کہ آپ کے سینے میں اخلاص بدرجہ اتم موجود ہو،لیکن میں چلتے چلتے ایسے مقام پر آگیا ہوں جہاں انسان Septic بن جاتا ہے۔

آپ زیادہ الجھنوں میں گرفتار ہونے کی کوشش نہ کریں۔بہتر یہی ہے کہ آپ اپنی مرضی کے مطابق اسٹوری لکھیں اور میرے پاس روانہ کر دیں۔اس طرح میں جو ہدایت یا مشورہ دوں گا وہ زیادہ قابل فہم ہوگا۔انگریزی کی عبارت صرف اس لیے لکھنا ضروری ہوتی ہے کہ یہاں کے ڈائرکٹر اردو زبان سے بالکل ناواقف ہوتے ہیں۔آپ اردو میں لکھیں،کوئی ہرج نہیں۔

میں نے حال ہی میں ایک اسٹوری لکھی ہے جو ڈائرکٹروں کو پسند آئی ہے،اور امید ہے کہ کل پرسوں تک مالک اس کے Film version کا فیصلہ کر دیں گے۔اس کے مصنف کی حیثیت میں مَیں اپنے آپ کو پیش نہیں کر رہا ہوں،اس کی خاص وجہ ہے۔جو آپ کو بتانے کی ضرورت نہیں۔

میں اپنی قسمت کے ساتھ عنقریب ایک بازی کھیلنے والا ہوں،اگر میں جیت گیا تو آپ بصد شوق میرے پاس تشریف لا سکتے ہیں۔

آپ کبھی کبھی ''مصوّر'' کے لیے کچھ بھیج دیا کریں۔حیرت ہے کہ مصوّر کا پرچہ آپ کو کیوں نہیں ملا۔حالانکہ رجسٹر میں آپ کا نام میں نے پچھلے ہفتے لکھوا دیا تھا۔

آپ اپنی اسٹوری (ڈرامہ) جلد بھیجنے کی کوشش کریں۔حسبِ ارشاد فوٹو بھیج رہا ہوں۔اس سے آپ کو معلوم ہو جائے گا کہ میں ایک Wreck intellectual ہوں۔کیا آپ اپنا فوٹو روانہ نہیں کر سکتے؟

میری صحت ان دنوں خراب ہے۔امید ہے کہ آپ بخیریت ہوں گے۔

خاکسار

سعادت حسن منٹو

(۵)

بالسرابنگلہ

جیکسن گارڈن ۔ناسک شہر

(اپریل ۷ ۱۹۳ء)

برادرِ محترم

وعلیکم السلام ۔آپ کا خط کل لوکیشن پر ملا جہاں ہم شوٹنگ کر رہے تھے ۔آپ نے میرے متعلق جو بلند رائے مرتب فرمائی ہے، اُس کا شکریہ ۔مگر میں اتنا ضرور کہونگا کہ آپ کو ایسی باتوں میں اتنی عجلت نہیں برتنی چاہیے، یہ میں تجربے کے بنا پر کہہ رہا ہوں ۔مجھ میں جو چیز آپ کو پسند آئی ہے اور جسے آپ خلوص کا نام دیتے ہیں اُس کو میں اپنی ناقابل اصلاح کمزوری یقین کرتا ہوں ۔ایسی کمزوری جو میری صحت، میری روح پر برا اثر کرنے کا موجب بنی رہی ہے۔

حضرت اختر شیرانی سے آپ کو عقیدت ہے، کسی سے عقیدت رکھنا بری بات نہیں لیکن میں سمجھتا ہوں کہ آپ غایت درجہ سادہ لوح ہیں ۔اور ہڈیوں کے گودے تک جذباتی...... ذرا لطف دیکھئے کہ میں آپ پر تنقید کر رہا ہوں اور میں خود آپ سے کہیں بڑھ کر جذباتی ہوں۔

''بے گناہ'' چند معمولی اسقام کے باوصف بہت اچھا افسانہ تھا ۔خیالات وافکار کی تشکیل میں سادگی تھی جو میکسم گورکی مرحوم کے افسانوں کا طرّہ امتیاز ہے۔''بے گناہ'' پڑھ کر آپ کو ایک تعریفی خط لکھ کر میں خاموش ہو جاتا مگر چونکہ میں ایک عرصے سے اپنے وجود کو ''تورگنیف'' کے الفاظ میں چھکڑے کے پانچویں بے معنی پہیے کے مانند فضول سمجھتا ہوں اس لیے میں نے چاہا کہ کسی کے کام آسکوں ۔کھائی میں پڑی ہوئی اینٹ اگر کسی دیوار کی چنائی میں کام آسکے تو اس سے بڑھ کر وہ اور کیا چاہ سکتی ہے۔

میری صحت اچھی ہے، لیکن مجھے خدشہ ہے کہ بمبئی جا کر میں پھر مریض بن جاؤں گا ......اللہ رحم کرے!

یہ پڑھ کر خوشی ہوئی کہ آپ نے اسٹوری مکمل کر لی ہے ۔میں اس کو خوب غور سے دیکھوں گا اور اس بارے میں آپ کو مزید تاکید کی ضرورت محسوس نہ ہوگی ۔بہتر ہوگا کہ آپ اسٹوری کو میرے

بمبئی کے پتے پر روانہ فرمائیں۔ میں کہہ نہیں سکتا کہ ہم کب یکا یک بمبئی چل دیں۔

مصور آپ کو شاید لاہور کے پتے پر جاتا ہوگا۔ بات یہ ہے کہ آپ کا پتہ چھپ چکا ہے اور دفتر والے اُس پر آپ کا نیا پتہ لکھنا بھول جاتے ہوں گے اور یہ بھی ہو سکتا ہے کہ وہ سرے سے آپ کو پرچہ بھیجتے ہی نہ ہوں۔ بمبئی پہنچنے پر میں اس کا پورا انتظام کر دوں گا کہ پرچہ ہر ہفتے آپ کو مل جایا کرے۔

خدا کرے کہ آپ کی دعائیں قبول ہوں۔ امید ہے کہ آپ خیریت سے ہوں گے۔

خط بھی آئندہ بمبئی کے پتے پر روانہ فرمائیے گا۔

خاکسار

سعادت حسن منٹو

(۶)

۱۷۔اڈلفی چیمبرز

کلیئر روڈ۔بمبئی

(مئی ۱۹۳۷ء)

برادرِ مکرّم

وعلیکم السلام۔آپ کا محبت نامہ ملا۔ میں آپ کا بے حد ممنون ہوں کہ آپ اپنے اخلاص کے باعث مجھے اچھا سمجھتے ہیں گو میں اتنا اچھا نہیں ہوں، میں نہیں کہہ سکتا کہ ہم کب ایک دوسرے سے ملیں۔ آپ نے تو مجھے فوٹو کے ذریعے سے تھوڑا بہت دیکھ لیا ہوگا مگر آپ کا تو میرے دماغ میں صرف تصور ہی تصور رہے۔

''ہمایوں'' میں آپ کا افسانہ ''مسافر'' میں نے پڑھا تھا۔ مجھے اچھی طرح یاد ہے کہ جب میں یہ افسانہ پڑھ کر فارغ ہوا تھا تو میں نے ایک دوست سے جو اس وقت کمرے میں تشریف لائے تھے یہ کہا تھا ''میں نے ابھی ابھی ایک اچھا افسانہ پڑھا ہے۔''

میں بہت کم افسانے پڑھتا ہوں مگر جب کبھی آپ کا نام کسی پرچے میں نظر آتا ہے تو

اسے مطالعے کے لیے ایک طرف ضرور رکھ لیتا ہوں۔شاید یہ اُس اثر کا باعث ہے جو آپ کے پہلے افسانے نے مجھ پر کیا تھا۔"مسافر" دیہات کے اس کچّے مکان کے مترادف ہے جس کو ایک نوخیز معمار نے تیار کیا ہو۔

میں خود بہت Sentimental ہوں مگر میں سمجھتا ہوں کہ ہمیں افسانوں میں Sentiment زیادہ نہیں بھرنا چاہیے۔آپ کے افسانوں کا مطالعہ کرنے کے بعد مجھے ایسا معلوم ہوتا ہے کہ Sentiment آپ کی مینخ تک پہنچ چکا ہے۔اس کو دبانے کی کوشش کیجئے۔

میں نے حال ہی میں ایک افسانہ "منتر" کے عنوان سے لکھا ہے۔یہ شاید لاہور ریڈیو اسٹیشن سے براڈ کاسٹ ہو۔اسے ضرور سنیے گا، اس میں آپ کو میں ایک اور رنگ میں نظر آؤں گا۔

"مصور" آپ کی خدمت میں باقاعدہ پہنچتا رہے گا۔نظم کا بے حد شکریہ۔اس ہفتے کے پرچہ میں چھپ رہی ہے۔مجھے یہ سن کر خوشی ہوئی کہ آپ کے افسانوں کا مجموعہ چھپ رہا ہے۔سالک صاحب۸ افسانے کی ماہیّت سے اتنے واقف نہیں کہ وہ آپ کے افسانوں کی کتاب کا دیباچہ لکھیں۔

آپ کی حُزنیت کے پیشِ نظر افسانوں کے مجموعے کا ٹائیٹل میرے خیال میں "پت جھڑ" اچھا رہے گا۔

تمباکو کے لیے شکریہ، اب مجھے اس کی ضرورت نہیں۔فوٹو...... بھیج رہا ہوں۔

امید ہے کہ آپ بخیریت ہوں گے۔

خاکسار

سعادت حسن منٹو

(۷)

۱۷۔اڈلفی چیمبرز، کلیئر روڈ۔بمبئی

(مئی ۱۹۳۷ء)

برادرِ مکرّم

وعلیکم السلام۔آپ کا محبت نامہ ملا۔تصویر بھی ملی۔بے حد شکریہ۔تصویر نے آپ کے صحیح خد وخال پیش کرنے میں دیانت سے کام نہیں لیا۔سفیدی کی افراط نے وہ خطوط غارت کر دیئے ہیں

جن سے کیریکٹر کا مطالعہ کیا جا سکتا ہے۔ بہر حال نہ ہونے سے بہتر ہے۔

مجھے آپ کے اخلاص پر یقین ہے، ٹھیک اسی طرح، جس طرح مجھے اس دنیا میں اپنی ہستی کا۔ اس سے غلط اندازہ نہ لگائیے گا۔

مجھے خوشی ہوئی کہ آپ نے میرا تجویز کردہ نام اپنی کتاب کے لیے پسند کیا۔ ''پت جھڑ'' نہایت موزوں اور مناسب نام ہے۔

آپ کے افسانوں اور آپ کی نظموں کا مطالعہ میرے لیے باعثِ راحت ہوتا ہے، اس لیے کہ مجھے آپ کے انتخاب کردہ رنگوں سے پیار ہے۔

آپ کی غزل مصور کے تازہ پرچے میں شائع ہو رہی ہے، مگر میں اس پر نوٹ نہیں لکھ سکا۔ میرا خیال ہے کہ میں مستقبل قریب میں خود ہی کچھ لکھوں گا۔

میری صحت ان دنوں اچھی ہے۔

آپ ایک کام کریں۔ فرصت کے وقت میں چند نہایت ہی Sentimental گیت و لکھ کر مجھے روانہ فرما دیں۔ مجھے ان کی ضرورت ہے۔ گیتوں کا موضوع عشق کے مختلف مدارج ہو۔ لفظوں کی تکرار خوبصورتی کا باعث ہوتی ہے۔ اس لیے میری رائے ہے کہ آپ ایک دو گیتوں میں ایسی تکرار ضرور پیدا کریں۔

اور اگر ہو سکے تو پندرہ بیس منٹ کا ایک Opera لکھ کر بھیجیں۔ مندرجہ ذیل موضوع میں سے کوئی ایک کو لے لیجئے گا۔

(۱) انارکلی

(۲) شکنتلا

(۳) قلو پطرہ

(۴) ہیر رانجھا

(۵) شیریں فرہاد

(۶) سوہنی مہینوال

Opera کی ٹکنیک کا مطالعہ ضروری ہے۔ میرا خیال ہے کہ آپ کو اس پر کوئی کتاب مل

جائے گی۔ ورنہ آپ اپنے تخیل کی مدد سے کچھ نہ کچھ لکھ لیں گے۔ میں آپ کا یہ Opera یہاں کے ریڈیو اسٹیشن میں دینا چاہتا ہوں۔ آپ کی دو غزلیں مستقبل قریب میں یہاں کے دو گویّے ریڈیو پر گائیں گے۔

مجھے افسوس ہے کہ میرے پاس اپنی تصنیف یا تالیف کی کوئی کاپی موجود نہیں۔

امید ہے کہ آپ بخیریت ہوں گے۔

خاکسار

سعادت حسن منٹو

(۸)

معرفت ہفت روزہ سماج

۳۔ پیر خان اسٹریٹ۔ بمبئی ۸

(۱۰ مئی ۱۹۳۷ء)

برادرِ مکرّم

وعلیکم السلام۔ آپ کا نوازش نامہ ملا۔ اس سے قبل میں آپ کی خدمت میں ایک خط روانہ کر چکا ہوں امید ہے وصول فرمالیا ہوگا۔ ناسک سے واپسی پر مصور سے علیحدہ ہوگیا تھا اور یہ بات کوئی اتنی اہمیت نہیں رکھتی کہ اس کے متعلق میں کچھ کہوں یا سنوں۔ مالک مصور سے میرے تعلقات دوستانہ ہی ہیں۔ علیحدہ ہونے پر بھی میں ان کے قریب ہوں...... یہ میری عقیدت ہے۔

آپ کی اسٹوری میں سب سے بڑی خامی یہ ہے کہ وہ 'فلمی' نہیں۔ وہ فلمی کس طرح نہیں؟ اس سوال کے جواب کے لیے کئی صفحات درکار ہیں اور میرا خیال ہے کہ یہ صفحات لکھ کر بھی میں آپ کو اپنا مدعا بطریق احسن نہ سمجھا سکوں گا۔ شاید میں اس سے قبل عرض کر چکا ہوں کہ فلمی افسانہ نگاری کو سمجھنے کے لیے اسٹوڈیو بہترین استاد ہے۔ آپ پردے پر فلموں کو بغور دیکھ کر بھی کچھ سبق حاصل کر سکتے ہیں۔ پھر بھی سینما ہال میں چند ضروری نکتوں پر روشنی ڈالنے والا موجود ہونا چاہیے۔

آپ اچھے افسانے لکھ سکتے ہیں، اس کا اندازہ مجھے آپ کے ''بے گناہ'' سے ہوگیا تھا۔

مجھے بہت کم افسانے یاد رہتے ہیں مگر آپ کا ''بے گناہ'' مجھے اچھی طرح یاد ہے۔ وہ چند معمولی خامیوں کے باوصف آپ کا بہترین افسانہ تھا۔ گو میں خود حوصلہ ہارتا رہتا ہوں مگر میری استدعا ہے کہ آپ ہرگز حوصلہ نہ ہاریں۔

مجھ میں بحیثیت ایک انسان کے بے حد کمزوریاں ہیں اس لیے مجھے ہر وقت ڈر رہتا ہے کہ یہ کمزوریاں دوسروں کے دل میں میرے متعلق نفرت پیدا کرنے کا موجب نہ ہوں۔ اور اکثر اوقات ایسا ہوا ہے کہ انہی کمزوریوں کے باعث مجھے کئی صدمے اٹھانے پڑے ہیں۔ میں اسی تلخ حقیقت کے پیشِ نظر شاید آپ سے کئی بار کہہ چکا ہوں کہ آپ میرے متعلق کوئی رائے مرتب نہ کریں۔

میں بمبئی میں پچاس روپے ماہوار کمار ہا ہوں اور بے حد فضول خرچ ہوں۔ اگر آپ یہاں چلے آئیں تو میرا خیال ہے کہ ہم دونوں گزر کر سکیں گے، میں اپنی فضول خرچی بند کر سکتا ہوں۔ مجھے آپ کی مجبوریوں کا کامل احساس ہے، اس لیے کہ میں ان مجبوریوں سے خود گزر چکا ہوں۔ میں آپ کو کرایہ روانہ کر دیتا اور کر سکتا تھا، اس لیے کہ ابھی آٹھ روز ہوئے میرے پاس پانچ سو روپے تھے اور اب یہ حالت ہے کہ صرف بیس روپے باقی ہیں۔ مجھے کتابیں خریدنے اور یونہی روپیہ برباد کرنے کا خبط ہے اور میں اسی سے لطف اٹھاتا ہوں! زندگی رہے تو روپیہ پیدا کیا جا سکتا ہے۔ آپ یہاں تشریف لا سکتے ہیں۔ مگر یہ بات یاد رکھیے کہ آپ کو میری زندگی کی دھوپ چھاؤں میں رہنا ہوگا۔ میرے پاس چھوٹا سا کمرہ ہے جس میں ہم دونوں رہ سکتے ہیں۔ کھانے کو ملے نہ ملے مگر پڑھنے کے لیے کتابیں مل جایا کریں گی اور اگر آپ کوشش کریں گے تو بہت ممکن ہے کہ اچھی اچھی کتابوں کے ساتھ اچھے کھانے بھی مل جائیں۔ اگر میرا یا آپ کا لکھا ہوا افسانہ کوئی فلم کمپنی خرید لے تو دو تین مہینے عیش میں گزر سکتے ہیں۔ کہیے کیا ارادہ ہے؟

''سماج'' میرا پرچہ نہیں ہے۔ یہ دراصل میرے ایک عزیز دوست یہاں سے نکال رہے ہیں۔ پہلی جلد شائع ہوگئی ہے۔ آپ کے پاس پہنچ جائے گی۔ آپ کی نظم میں نے ''ہمایوں'' میں پڑھی ہے۔ افسوس ہے کہ نہ مجھے شعر پڑھنا آتے ہیں اور نہ میں ان کو Appreciate کر سکتا

ہوں۔ چونکہ آپ نے لکھی ہے اس لیے یقیناً اچھی ہی ہوگی۔ ''شغل'' کے متعلق رائے عالیہ کا شکریہ۔

امید ہے کہ آپ بخیریت ہوں گے۔

خاکسار

سعادت حسن منٹو

(۹)

معرفت ہفت روزہ ''سماج''

تھرڈ پیر خان اسٹریٹ۔ بمبئی ۸

(مئی ۱۹۳۷ء)

بھائی صاحب

وعلیکم السلام۔ گرامی نامہ ملا۔ نظم اور فسانے کا شکریہ۔ یہ دونوں چیزیں ''سماج'' کے دوسرے شمارے میں چھپ رہی ہیں۔ پرچہ اگر چھپتا رہا تو آپ کے پاس پہنچتا رہے گا۔

دیہاتی معاشرت کے متعلق جو پلاٹ آپ کے ذہن میں محفوظ ہے، آپ اس کی تشکیل اولین فرصت میں کیجئے۔ بہت ممکن ہے کہ وہ فلم کے لیے موزوں اور مناسب ہو۔ ناولوں کو فلم کے لیے Adopt کرنے کا خیال اچھا ہے مگر معاف کیجئے جو مصنف آپ نے چنا ہے[۱۱] وہ میری نظر میں کوئی خاص وقعت نہیں رکھتا۔ ایسی داستانیں ان رنگین پردوں کے مرادف ہوتی ہیں جن کے پیچھے کچھ نہ ہو۔ میں اس افسانہ نگار کا قائل ہوں جس کی تخلیق دیکھنے کے بعد ہم کچھ دیر سوچیں۔ آپ مندرجہ ذیل مصنفوں میں سے کسی ایک کی کتاب فلم کے لیے منتخب کر سکتے ہیں۔

انتون چیخوف، طالسطائی، میکسم گورکی، تورگنیف، دوستوؤسکی، اندریف، میری کوریلی، وکٹر ہیوگو، گستاوَ فلابیر، ایمل زولا، پیرلوئی، ڈکنز۔

آپ نے ہیرو کے رول کے لیے دو ایکٹروں[۱۲] کا نام تجویز کیا ہے ان ناموں نے آپ

کے خط کی ساری 'شعریت' کا ناس مار دیا ہے۔ وہ بالکل جاہل ہیں۔ کاٹھ کی پتلیاں ان سے کہیں اچھا ایکٹ کر سکتی ہیں۔

سماج کے سابق مدیر اعلیٰ ''من موہن'' کے مصنف کے بڑے بھائی ہیں۔

مصور کے لیے آپ کچھ نہ کچھ ضرور بھیجتے رہیں۔

جوا کھیلنا، شراب پینا اور اس قسم کے دوسرے فعل جسم سے تعلق رکھتے ہیں۔ مجھ میں روحانی کمزوریاں اور ذہنی خامیاں ہیں جن کی تفصیل میں جانے کے لیے میرے قلب میں سکون نہیں۔ یہ چیزیں آپ کو میرے قریب رہنے ہی سے معلوم ہو سکتی ہیں۔

اگر آپ کے بمبئی آنے میں مالی مشکلات حائل ہوں تو اطلاع کیجئے۔ اس وقت میرے پاس پچپن روپے اور کچھ آنے ہیں۔ جو ایک ماہ کا خرچ ہے لیکن آپ کے کرائے کے لیے کچھ بندوبست ہو سکتا ہے...... کوشش سے!

یہاں بھی گرمی پڑ رہی ہے مگر اتنی نہیں کہ بھیجا پگھل جائے۔

اگر آپ کو ٹریجیڈی پسند ہے تو پھر فلم کے لیے بھی کوئی ٹریجیڈی ہی لکھیے۔

میں بیمار ہوں۔

خاکسار

سعادت حسن منٹو

(۱۰)

معرفت ہفت روزہ ''سماج''، بمبئی ۸

(جون ۱۹۳۷ء)

برادرِ مکرّم

وعلیکم السلام۔ خط آپ کا ملا۔ سماج کے دو پرچے آپ کو بھجوا دیے ہیں، امید ہے کہ آپ کو مل گئے ہوں گے۔

دیہاتی معاشرت سے متعلق کہانی کا جو پلاٹ آپ روانہ کریں گے، میں اُس کو خوب غور سے پڑھوں گا اور یقیناً اس بارے میں آپ کو اپنی رائے سے مطلع کروں گا اگر ہو سکا تو کوئی

مفید مشورہ بھی دوں گا۔

مارگریو کی کتاب کا ضرور مطالعہ کیجئے اور اگر ہو سکے تو روسی ڈائریکٹر Pudoukin پدوکن کی کتاب فلم ٹکنیک بھی پڑھ ڈالیے۔ آپ کو اُس میں Tempo کے متعلق بہت مفید باتیں معلوم ہوں گی۔

اسٹیونسن کی جن تصانیف کا آپ نے ذکر کیا ہے، وہ بہت اچھی ہیں اور فنّی اور ادبی نقطۂ نگاہ سے بھی ان کا مرتبہ بلند ہے، لیکن جو چیز آپ کو روسی ناول نویسوں کے افکار میں ملے گی اس کا ان کتابوں میں نام ونشان بھی نہیں۔

اگر اس رنگین فلم میں جس کے ساتھ میرا نام بھی ایک حد تک وابستہ ہے ماسٹر نثار ہیرو کے فرائض انجام دے رہا ہے، تو اس کے یہ معنی نہیں کہ میرا ذوق بگڑ گیا ہے۔

مصور کے لیے جو غزلیں آپ نے روانہ کی ہیں ان کا شکریہ۔

اگر آپ یہاں ہوتے تو میں آپ کی کچھ مدد کرسکتا تھا۔ آپ جب چاہیں میرے پاس تشریف لا سکتے ہیں۔

میری صحت دن بہ دن خراب ہو رہی ہے۔ امید ہے کہ آپ بخیریت ہوں گے۔

(لفافے کی پشت پر) علالت کے باعث یہ خط جلد پوسٹ نہ ہو سکا۔ معذرت خواہ ہوں۔

خاکسار

سعادت حسن منٹو

(۱۱)

۱۷۔اڈلفی چیمبرز، کلیئر روڈ۔ بمبئی ۸

(مئی ۸، ۱۹۳۸ء)

برادرِ مکرّم

وعلیکم السلام۔

آپ کا محبت نامہ مجھے مل گیا تھا مگر میں چند ناگزیر وجوہ کے باعث فوراً ہی آپ کو اس کی رسید سے مطلع نہ کرسکا جس کا مجھے افسوس ہے۔

آپ کی پریشانیاں میں سمجھ سکتا ہوں، اس لیے کہ میں بھی ایسی ہی تلخیوں میں گھرا ہوا ہوں۔ زندگی کا معنی جیسا کہ میں سمجھا ہوں، ایک طویل موت ہے۔ ہمت کو ہاتھ سے نہ چھوڑ یئے اور مصیبت کے پہاڑوں میں اپنا راستہ کاٹتے رہیے۔ خدا بہتر کرے گا۔

میں بے حد مسرور ہوں کہ آپ کو میرا مرتب کیا ہوا ''روسی نمبر'' پسند آیا ہے۔ ''ہمایوں'' نے ایک روسی نمبر شائع کیا تھا جو حامد علی خاں صاحب نے میری مدد سے مرتب کیا تھا۔ اگر آپ کو روسی ادب کے متعلق کچھ جاننے کا شوق ہو تو اسے بھی ضرور پڑھیے۔

پچھلے دنوں ''ہمایوں'' کے کسی نمبر میں میرا تازہ افسانہ ''نیا قانون'' کے عنوان سے شائع ہوا تھا۔ کیا یہ آپ کے مطالعے سے گزرا ہے؟ اسکے متعلق اپنی رائے سے ضرور مطلع فرمائیے۔

میں آپ کا بے حد ممنون و متشکر ہوں کہ آپ نے اپنے دل میں مجھے بہت اچھی جگہ دے رکھی ہے، حالانکہ میں اس کا اہل نہیں۔ یہ بہت اچھا ہے کہ آپ اور مجھ میں کافی فاصلہ ہے اور ہم نے ابھی تک ایک دوسرے کو نہیں دیکھا کیونکہ مجھے یقین ہے کہ جب ہم ایک دوسرے کے قریب ہو گئے تو وہ بات جاتی رہے گی جو اس وقت میں یا آپ محسوس کرتے ہیں۔ انسان بے حد ذلیل ہے (معاف کیجئے گا) اور دل ایسی چیز ہے کہ اس پر میل جمتے دیر نہیں لگتی۔

مجھ میں ایک لاکھ ایک عیب ہیں، جو اس وقت آپ کی نگاہوں سے پوشیدہ ہیں، جس وقت آپ میرے قریب آگئے تو میں بالکل ننگا ہو جاؤں گا۔ کیا یہ اچھا نہیں کہ ہم دور ہی دور رہیں۔

اپنے افسانوں کا مجموعہ ضرور شائع کرائیے، مگر میں تعارف کیا لکھوں گا، اس کے لیے کسی بڑے آدمی سے کہیے۔

آپ فلم اسٹوری ضرور لکھیے۔ میں اس ضمن میں آپ کی ہر ممکن مدد کرنے کے لیے تیار ہوں۔

امپیریل فلم کمپنی میں میرا ایک افسانہ ''مجھے پاپی کہو'' فلمایا جا رہا ہے۔ اسکی شوٹنگ قریب قریب ختم ہو گئی ہے۔ اب شاید میں کوئی اور اسٹوری لکھنا شروع کروں۔

میں اپنا تازہ فوٹو بہت جلد آپ کی خدمت میں روانہ کر دوں گا۔ مگر آپ اسے کیا کریں گے۔

میں ان دنوں نیم تندرست ہوں۔ ڈاکٹر سے انجکشن لے رہا ہوں۔ پچھلے دنوں یہاں بمبئی میں میرا عقد ہوا ہے۔ آپ کو اس خبر سے حیرت ضرور ہو گی۔

امید ہے کہ آپ بصحت ہوں گے۔کیا منٹگمری[13] میں اچھا تمباکو مل سکتا ہے؟

خاکسار

سعادت حسن منٹو

(۱۲)

سروج مووی ٹون

پریل۔بمبئی

(جون ۱۹۳۸ء)

برادرِ مکرّم

وعلیکم السلام۔گرامی نامہ ملا۔شکریہ۔

مجھے بہت افسوس ہے کہ میں آپ کے خط کا جواب اس قدر تاخیر کے بعد دے رہا ہوں وہ بھی اتنا مختصر۔دراصل آج کل میں بے حد مصروف ہوں۔امپیریل چھوڑ کر جب سے سروج میں آیا ہوں چیونٹیوں بھرا کباب بن رہا ہوں۔دن رات ادھوری فلموں کے بقایا حصے لکھتا رہتا ہوں۔

میں خوش ہوں کہ آپکو ''نیا قانون'' پسند آیا۔''ہمایوں'' کی کسی تازہ اشاعت میں میرا ایک نیا افسانہ شائع ہوگا۔ضرور مطالعہ فرمائیے گا۔''دسمبر کی رات''[14] مجھے بے حد پسند آئی تھی۔آپ خوب لکھ رہے ہیں۔اللہ کرے زورِ قلم اور زیادہ۔

آپ کے خیالات اور جذبات سے میں بہت متاثر ہوا ہوں۔خدا آپ کو جزائے خیر دے۔اپنا تازہ فوٹو بہت جلد آپ کی خدمت میں روانہ کردوں گا۔

مفصّل خط اولین فرصت میں لکھنے کا وعدہ کرتے ہوئے فی الحال آپ سے اجازت چاہتا ہوں۔دروازے پر موٹر کھڑی ہے، مجھے کمپنی والوں نے بلوایا ہے۔لیجئے رخصت۔

خاکسار

سعادت حسن منٹو

(۱۳)

سروج مووی ٹون

پریل۔ بمبئی

(جولائی ۱۹۳۸ء)

برادرِ مکرّم

وعلیکم السلام۔ گرامی نامہ ملا۔ شکریہ۔

میں سروج کمپنی میں چلا آیا ہوں مگر اس کے نظام کی اصلاح میرے بس کی بات نہیں، جب تک اس کمپنی کا مالک ہی اپنی اصلاح کا خیال نہ کرے مجھ سے کیا کسی سے بھی کچھ نہیں ہو سکتا۔ فلم کمپنیوں کی فضا میں مجھے ایک بات پر بڑی حیرت ہوتی ہے، کہ اس لائن کے سرمایہ دار اپنے سرمائے کو اپنے ہاتھوں ہی سے خاک میں کیوں ملاتے ہیں۔

''نیا قانون'' کے متعلق آپ نے ضرورت سے زیادہ میری تعریف کی ہے۔ بہرحال شکریہ، لیکن یہ خیال رکھیے گا کہ میں اپنی تعریف سن کو بہت جلد پھول جایا کرتا ہوں یہ میری ایک کمزوری ہے۔

اگر آپ یہاں بمبئی آنا چاہیں تو میں ''مصور'' کی ادارت کے لیے آپ کے متعلق بات چیت کر سکتا ہوں۔ تنخواہ چالیس روپیہ ماہوار سے زیادہ نہ مل سکے گی۔ میں سمجھتا ہوں کہ آپ جیسے ادیب کے لیے یہ رقم باعث ہتک ہے مگر کیا کیا جائے...... مجبوری کس چیز کا نام ہے؟ اگر آپ یہاں چلے آئیں تو میں سمجھتا ہوں کہ کسی فلم کمپنی میں آپ کو چانس مل سکے گا۔ مصور کے مالک مسٹر نذیر نہایت شریف انسان ہیں اور میرے بڑے مہربان ہیں ان کی یہاں ہر فلم کمپنی کے مالک سے ملاقات ہے۔ اس لیے آپ کے لیے فوراً ہی کوشش ہو سکے گی۔ مجھے اپنے ارادے سے بواپسی ڈاک مطلع فرمائیے تاکہ میں آپ کو کوئی مشورہ دے سکوں۔ مفصل خط بھی آپ کا جواب آنے پر ہی لکھوں گا میں دراصل ان دِنوں ایک نئی فلم اسٹوری لکھنے میں مصروف ہوں۔ اس کا عنوان ''تو بڑا کہ میں بڑا'' ہوگا۔ یہ لیڈر شپ اور خطاب یافتہ لوگوں پر ایک مزاحیہ طنز ہوگی۔

میری صحت اچھی ہے۔ یہاں بمبئی میں برسات زوروں پر ہے۔

امید ہے کہ آپ خیریت سے ہوں گے۔
خط پرانے پتے ہی سے لکھتے رہیے۔کمپنی میں خط گم ہو جایا کرتے ہیں۔

خاکسار
سعادت حسن منٹو

(۱۴)

۱۷۔اڈلفی چیمبرز
کلیئر روڈ۔بمبئی ۸
(ستمبر ۱۹۳۸ء)

برادرِ عزیز

وعلیکم السلام۔آپ کا خط ملا۔اوپیرا کے لیے "سیفو والی ٹریجیڈی" ٹھیک اور موزوں ہے۔لیکن اچھا ہوتا اگر آپ اسی سرزمین سے کوئی مضمون پیدا کرتے۔ہندوستان کی تاریخ میں ایسے المیہ ابواب کی کمی نہیں۔بہر حال آپ اسے مکمل کر کے مجھے روانہ کریں۔پھر میں آپ کو بتا سکوں گا کہ یہ کام آسکتی ہے یا نہیں۔بہت ممکن ہے کہ اس میں کچھ ردو بدل کرنا پڑے۔

گیت ضرور لکھ کر بھیجئے۔ان میں آپ کی شاعری کا خاص رنگ جو مجھے بہت پسند ہے ضرور ہونا چاہیے۔وہ ڈرامہ جو آپ نے فلم کے لیے لکھا تھا اس میں آپ نے چند گیت بھی لکھے تھے مگر وہ مجھے پسند نہیں آئے تھے۔میرا خیال ہے کہ آپ نے انہیں بڑی عجلت میں مرتب کیا ہوگا۔

مصوّر میں آپ کی نظم شائع ہو رہی ہے۔آپ نے جس نوٹ ۱۵؎ کے بارے میں لکھا ہے وہ میں ابھی شائع نہیں کر سکتا۔اسکی وجہ یہ ہے کہ میں آپ کے بارے میں اس وقت تک کچھ نہیں لکھنا چاہتا جب تک مجھے خود اس کی ضرورت محسوس نہ ہو۔اس کا یہ مطلب ہے کہ آپ کے کہے پر ایسا کرنا پسند نہیں کرتا۔میں خود کچھ لکھنا چاہتا تھا اور بہت جلد لکھوں گا۔میں اپنے قلم سے کوئی ایسا مضمون نہیں دیکھنا چاہتا جو بعد میں مجھے پسند نہ آئے۔امید ہے کہ آپ میرا مطلب سمجھ گئے ہوں گے۔

آئندہ ہفتے کی اشاعت میں آپ کے افسانوں کا اشتہار دے دیا جائے گا۔

میں ان دنوں بے حد مصروف ہوں۔ چیونٹیوں بھرا کباب۔ بن رہا ہوں۔ یہ خط بڑی افراتفری میں لکھ رہا ہوں جیسا کہ ظاہر ہے۔

امید ہے کہ آپ خیریت سے ہوں گے۔

مجھے ''شاہ دولہ کے چوہوں'' کے بارے میں اگر آپ کچھ مسالہ بہم پہنچا سکیں تو بڑی مہربانی ہوگی۔ اسکے علاوہ ''زنخوں اور خنثوں'' کے بارے میں بھی اگر دلچسپ باتیں فراہم کر کے مجھے بھیج دیں تو آپ کا بہت ممنون ہوں گا۔ میں دو تین مضمون لکھنا چاہتا ہوں۔ یہ تفصیلات آپ کو اپنے دوستوں سے معلوم ہو سکتی ہیں۔ امید ہے کہ آپ اس کام میں میری مدد ضرور کریں گے۔

اس کے علاوہ اگر آپ کے گاؤں میں ایسے دلچسپ رسم و رواج ہوں جن کی تفصیل غیر ممالک کے پرچوں میں چھپ کر دلچسپی کا سامان پیدا کر سکے تو مجھے ضرور مطلع فرمائیے۔

میرے لائق کوئی خدمت ہو تو ضرور لکھیے۔ مصور اب آپ کو باقاعدہ مل جاتا ہوگا۔

خاکسار

سعادت حسن منٹو

(۱۵)

اورینٹل نیوز ایجنسی

۱۷۔اڈلفی چیمبرز، کلیئر روڈ۔ بمبئی ۸

(ستمبر ۱۹۳۸ء)

برادرِ مکرّم

وعلیکم السلام۔ آپ کا خط اور نظمیں ملیں۔ بے حد شکریہ۔

آپ کے خط سے پتا چلتا ہے کہ آپ انٹرویو کے لیے لاہور گئے ہوئے تھے شاید کسی ملازمت کے سلسلے میں۔ کیا اس کا نتیجہ امید افزا نکلا؟۔ خدا کرے کہ آپ کی ملازمت کا سلسلہ کہیں نہ کہیں ہو گیا ہو۔

او پیرا جب بھی تیار ہو جائے بھیج دیجئے گا مگر سب سے پہلے مصوّر کے دیوالی نمبر کے لیے دیوالی ہی پر ایک نظم اپنے مخصوص رنگ میں لکھ کر روانہ کر دیجئے مگر بہت جلد۔ مجھے امید ہے کہ

آپ یہ تکلیف میری خاطر ضرور گوارا کرلیں گے۔ میں آپ کا بہت ممنون ہونگا۔

میری شادی؟...... میری شادی ابھی مکمل طور پر نہیں ہوئی۔ میں صرف ''نکا حیا'' گیا ہوں۔ میری بیوی لاہور کے ایک کشمیری خاندان سے تعلق رکھتی ہے۔ اُس کا باپ مر چکا ہے، میرا باپ بھی زندہ نہیں۔ وہ چشمہ لگاتی ہے، میں بھی چشمہ لگاتا ہوں، وہ گیارہ مئی کو پیدا ہوئی، میں بھی گیارہ مئی ہی کو پیدا ہوا تھا، اُس کی ماں چشمہ لگاتی ہے، میری والدہ بھی چشمہ لگاتی ہے، اس کے نام کا پہلا حرف ایس ہے، میرے نام کا پہلا حرف بھی ایس ہے۔ ہم میں اتنی چیزیں Common ہیں بقایا حالات کے متعلق میں خود کچھ نہیں جانتا۔ پہلے وہ پردہ نہیں کرتی تھی، مگر جب سے اُس پر میرا حق ہوا ہے، اُس نے پردہ کرنا شروع کر دیا ہے (صرف مجھ سے)۔

شاہ دولہ کے چوہوں کے بارے میں جو کچھ آپ نے لکھا ہے بہت کم ہے، بہر حال شکریہ قبول فرمائیے۔ اگر ہو سکے تو اسی قسم کے چند اور حالات لکھ بھیجئے۔ اگر آپ کسی کی معرفت اِن چوہوں کے فوٹو منگوا دیں تو میں بے حد ممنون ہونگا۔ دراصل میں نے اوپر لکھے ہوئے نام سے ایک نیوز ایجنسی کھولی ہے، جو غیر ممالک کو ایسی خبریں بہم پہنچایا کرے گی۔ ابھی کام شروع نہیں کیا، مگر امید ہے کہ تھوڑے عرصے تک اس اسکیم کو عملی جامہ پہنایا جائے گا۔ آپ اِن کے فوٹو حاصل کرنے کی کوشش ضرور کریں۔ میں ممنون و متشکر ہونگا۔ اِسی طرح جھنگ میں ''ہیر'' کے مقبرے کا فوٹو اگر مل جائے تو آپ کی بڑی نوازش ہوگی۔ اِس مقبرے کے بارے میں اگر اِسی قسم کی کچھ اور روایات منسوب ہوں، تو ضرور مطلع فرمائیے۔

میں آجکل بے حد مصروف ہوں، بال اتنے بڑھے ہوئے ہیں، مگر ان کو ہلکا کرنے کا وقت ہی نہیں مل رہا...... اللہ رحم کرے۔ میری طبیعت بھی چند دنوں سے سخت مکدّر رہو رہی ہے۔ اس کی وجہ غیر شاعرانہ ماحول ہے۔

آپ کبھی بمبئی تشریف لائیے۔ ذرا لطف رہے گا۔

پرچہ آپ کو باقاعدہ مل رہا ہے کیا؟

میرے لائق کوئی خدمت؟

N-B اگر ہو سکے تو اپنے کسی ادیب دوست سے دیوالی پر مضمون یا نظم ضرور لکھوا کر

بھجوائیے۔ میں شاید اِس عنوان سے کوئی مضمون لکھوں۔ ''ویشیا کی دیوالی''۔

خاکسار

سعادت حسن منٹو

(۱۶)

ایڈیٹر انچارج

مصوّر ویکلی

سیکنڈ پیر خاں اسٹریٹ۔ بمبئی ۸

(اکتوبر ۱۹۳۸ء)

برادرِ مکرّم

وعلیکم السلام۔ گرامی نامہ ملا۔ آپ نے اپنے مصائب کا ذکر کر کے مجھے بے حد پریشان کر دیا ہے۔ حضرت میں خود بے حد دکھی ہوں...... آپ ایسی درد بھری باتیں مجھے نہ سنائیے۔ مجھے سخت ذہنی تکلیف پہنچتی ہے۔ آپ نے میرا فوٹو دیکھا ہے اور افسوس ظاہر کیا ہے کہ میں بہت کمزور ہو گیا ہوں۔ یہ کمزوری میرے جذبات کی علالت کا باعث ہے۔

آپ اپنی اسٹوری جلد از جلد مکمل کر کے بھیجئے۔ اِن دنوں امپیریل فلم کمپنی میں ایک دو اسٹوریوں کی ضرورت ہے۔ حال ہی میں مَیں نے شانتی نکیتن کے پروفیسر مسٹر ضیاء الدین کی اسٹوری امپیریل میں منظور کرائی ہے۔ اُس سے امپیریل ہندوستان میں پہلا رنگین فلم بنائے گی۔ جلدی کیجئے تاکہ وقت گزر نہ جائے۔

میری طبیعت ان دنوں اچھی نہیں اس لیے خط بہت مختصر لکھ رہا ہوں۔

امید ہے کہ آپ بخیریت ہوں گے۔

آپ کی نظم بہت اچھی ہے۔ شکریہ۔

خاکسار

سعادت حسن منٹو

(۱۷)

۱۷۔اڈلفی چیمبرز
کلیئر روڈ۔ بمبئی ۸
(نومبر ۱۹۳۸ء)

برادرِعزیز

وعلیکم السلام۔خط اور نظم ملے۔بے حد شکریہ۔

نظم خوب ہے۔اللہ کرے زورِقلم اور زیادہ۔آپ کی نظموں میں ''ستی'' مجھے بہت پسند آئی تھی۔میرا خیال ہے کہ اس سے بہتر نظم آپ پھر شاید ہی لکھ سکیں۔یہ ''ہمایوں'' میں شائع ہوئی تھی اور اُسی کے قابل تھی۔آپ کی نظمیں یہاں بہت پسند ہو رہی ہیں۔کل فلم سٹی میں رفیق غزنوی (مشہور موسیقار) نے آپ کی ایک غزل گا کر سنائی۔کاش کہ آپ اپنے الفاظ کو موسیقی کی لہروں میں تیرتا ہوا دیکھتے......رفیق خوب گاتا ہے۔گیت کی روح کو وہ خوب سمجھتا ہے۔اس کا گانا ''واہ'' نہیں ''آہ'' ہے اور میرا خیال ہے کہ موسیقی کی اصلیت بھی یہی ہے......خاص کر ہندوستانی موسیقی کی۔

''دعا''......میں دعا کا قائل ہوں......ٹھیک اُسی طرح جس طرح میں مندر کی روح پرور فضا کا قائل ہوں۔دعا کے لیے خاص لمحات ہوتے ہیں، جو دعا ہر وقت مانگی جائے، میرے خیال میں وہ دعا نہیں۔

میری اصلی شادی میں ابھی کچھ دیر ہے۔اس دیر کا باعث میری مالی کمزوری کے سوا اور کیا ہو سکتا ہے؟

فی الحال آپ کو نیوز ایجنسی کے لیے خبریں فراہم کرنے کی ضرورت نہیں، کیونکہ ہمیں اپنے مقاصد میں کامیابی کی بہت کم امید نظر آتی ہے۔ولایت سے جو خط آیا ہے، وہ بہت حوصلہ شکن ہے۔

''میرا بٹوا''، مَیں نہیں پڑھ سکا، اس لیے کہ ''ادبِ لطیف'' کا وہ پرچہ میرے پاس نہیں ہے۔شاید اُنؔ کے یہاں پڑا ہے۔

مصوّر میں آپ کی غزلیں جس طریقے سے شائع کی جاتی ہیں، اُس کے متعلق آپ کا کیا خیال ہے؟

آپ نے ابھی تک گیت روانہ نہیں کیے؟...... افسانہ بھی آنا چاہیے۔

آپ سے ملاقات کرنے کو جی تو میرا بھی چاہتا ہے، مگر......

'ویشیا' کے متعلق میں ہی لکھ رہا ہوں، یہ سلسلہ شاید دیر تک جاری رہے گا۔ اِس ہفتے کے مصوّر میں میرا ایک تازہ افسانہ ''موم بتّی کے آنسو'' شائع ہو رہا ہے۔ پڑھ کر اپنی رائے سے آگاہ فرمائیے گا۔

امید ہے کہ آپ بخیریت ہوں گے۔

خاکسار

سعادت حسن منٹو

(۱۸)

۱۷۔اڈلفی چیمبرز

کلیئر روڈ۔ بمبئی ۸

(نومبر ۱۹۳۸ء)

برادرِ مکرّم

وعلیکم السلام۔آپ کا لفافہ ملا۔گیتوں اور تصویر کا شکریہ۔آپ کو ناحق اتنی زحمت اٹھانا پڑی۔

''موم بتّی کے آنسو'' آپ نے پسند کیا...... شکریہ۔ مجھے معلوم تھا کہ آپ اِسے پسند کریں گے۔میں نے اس کو لکھتے وقت انتہائی کوشش کی تھی کہ کوئی لفظ بھی غیر ضروری نہ ہو اور جیسا کہ آپ نے اپنی رائے میں لکھا ہے، اُس سے معلوم ہوتا ہے کہ میں اپنی اس کوشش میں کامیاب رہا ہوں۔ہمارے ''ادبی رسائل'' صحیح ادب کے متحمل نہیں ہو سکتے۔ اگر ایسا نہ ہوتا تو بہت کچھ لکھا جا سکتا تھا۔

پتی ورتا استریوں اور نیک دل بیویوں کے بارے میں بہت کچھ لکھا جا چکا ہے، اب ایسی داستانیں فضول ہیں۔ کیوں نہ ایسی عورت کا دل کھول کر بتایا جائے جو اپنے پتی کے آغوش

سے نکل کر کسی دوسرے مرد کی بغل گرما رہی ہو اور اُس کا پتی کمرے میں بیٹھا سب کچھ ایسے دیکھ رہا ہو گویا کچھ ہو ہی نہیں رہا۔

زندگی کو اُس شکل میں پیش کرنا چاہیے جیسی کہ وہ ہے، نہ کہ وہ جیسی تھی، یا جیسے ہو گی اور جیسے ہونی چاہیے۔

''دیوالی نمبر'' میں کیا آپ نے ''دیوالی کے دیئے'' پڑھا۔ اس کے متعلق آپ کی کیا رائے ہے۔

آپ کے گیت خوب ہیں۔ خاص کر ''جوگی سوگی'' والا۔ اُس میں ایک مصرع ہے تو کیا جانے کس کی خاطر...... اگر ''کس کی خاطر'' کے بجائے ''کس کے کارن'' ہو جائے تو میرا خیال ہے کہ آپ کے گیت میں 'خاطر'' کا تیز سُر نکل جائے گا۔ مجھے آپ کے افسانے کا انتظار رہے گا۔

میری صحت اب قدرے اچھی ہے۔ امید ہے کہ آپ بخیریت ہوں گے۔

میں نے فلم کے لیے ایک افسانہ ''کیچڑ'' کے عنوان سے لکھنا شروع کیا تھا۔ آدھا افسانہ لکھ کر رک گیا ہوں۔ اگر آپ چاہیں تو میں آپ کے مطالعہ کے لیے بھیج دوں، شاید آپ کوئی رائے دے سکیں۔

خاکسار

سعادت حسن منٹو

(۱۹)

۱۷۔ اڈلفی چیمبرز

کلیئر روڈ۔ بمبئی ۸

(دسمبر ۱۹۳۸ء)

برادرِ مکرّم

وعلیکم السلام۔ آپ کے دو خطوط یکے بعد دیگرے ملے۔ میں اپنی سوتیلی والدہ کے انتقال پر امرتسر جا رہا تھا مگر چند وجوہ کے باعث ایسا نہ کر سکا۔ مصوّر میں میری روانگی کے متعلق جو خبر چھپی تھی، صحیح تھی۔

اشعار اور افسانے کا شکریہ۔ میرے محترم دوست خلش صاحب نے آپ کے اشعار بہت

پسند کیے ہیں۔ خلش صاحب شاعر نہیں شعر ساز ہیں، لیکن وہ مجھ سے کہیں بہتر اچھے اشعار پر داد دے سکتے ہیں۔ یہ عجیب بات ہے کہ میں کوئی شعر صحیح نہیں پڑھ سکتا، گو میں دل ہی دل میں اچھے شعر کی داد دے سکتا ہوں۔

آپ کے چند اشعار میں چینی شعرا کی اختصار پسندی کی جھلک ہے مگر جو رنگ ان اشعار میں مجھے نظر آیا ہے، خالصتاً آپ کا ہے۔ آپ کے جذبات مکمل شکل میں نظر آتے ہیں اور چینی شاعری میں جذبات کو اس طرح پیش کیا جاتا ہے گویا ایک وسیع میدان پر ہوائی جہاز اڑ رہا ہے۔ ابھی ندی نظر آتی ہے اور فوراً ہی جہاز اس پر سے گزر کر ریگستان میں پہنچ جاتا ہے۔ چینی شاعری کی اختصار پسندی کا باعث شاید تیز گام فکر ہے۔ ہماری پنجابی شاعری اس کے برعکس اختصار پسند ہونے کے باوصف بہت وسیع ہے۔ میں تو پنجابی شاعری کا عاشق ہوں، خصوصاً وہ جو دیہاتوں کی پیداوار ہے۔

آپ کا ایک قطعہ مجھے بے حد پسند آیا۔ کتنا سادہ ہے۔ دیہات کی فضا ایسا سادہ ؎

ملگجے پردوں میں چھپ کر چاند کیا سوچا کیا
تارے کس کی فکر میں آنکھوں کو جھپکاتے رہے
اک مرے دل ہی میں تھا تیرا تصور، میرے دوست
یا زمانے بھر کو تیرے ہی خیال آتے رہے

میں اپنا نامکمل افسانہ Mud آپ کی خدمت میں بھیج رہا ہوں۔ اگر ہو سکے تو آپ اس کی تکمیل میں میری ضرور مدد کریں۔

آپ کا افسانہ میں نے پڑھا...... میری بے لوث رائے یہ ہے کہ آپ بقدر کفایت ضبط کو کام میں نہیں لاتے۔ آپ کا دماغ اسراف کا زیادہ قائل ہے۔ ایک چھوٹے سے افسانے میں آپ نے سینکڑوں چیزیں کہہ ڈالی ہیں، حالانکہ وہ کسی دوسری جگہ کام آ سکتی تھیں۔ آپ کا یہ افسانہ پڑھ کر مجھے آپ اُس بچے کے مانند نظر آئے ہیں جو سینما ہال میں فلم دیکھتے دیکھتے بیچ میں کئی بار بول اٹھتا ہے۔

آپ کا یہ فقرہ کتنا اچھا ہے ''اگر ایک سلطنت میں دو بادشاہ نہیں سما سکتے تو ایک گلی میں دو

گدا گر کب سما سکتے ہیں۔" اگر یہ سطر آپ کے افسانے کا Burden ہوتی تو کتنا اچھا تھا۔

وہ پچ بھی بے حد اچھا ہے جب مہرو، سیدی کو اپنے گھر میں لا کر بھیک مانگنا چھوڑ دیتا ہے۔ آپ کا افسانہ اسی پچ پر ختم ہو سکتا تھا۔ دراصل آپ نے بہت سی چیزوں کو ایک چھوٹے سے برتن میں جمع کرنے کی کوشش کی ہے۔

پھر سیدی کا اپنے ماضی کو یاد کرنا بھی غیر ضروری معلوم ہوتا ہے۔ میرا یہ مطلب نہیں کہ ایسا نہیں ہو سکتا مگر میں یہ کہنا چاہتا ہوں کہ آپ نے کئی سطور اُس چھوٹی سی چیز کی نذر کر دی ہیں، حالانکہ چند لفظوں میں آپ اپنا مطلب واضح کر سکتے تھے...... مگر میں تو آپ کو سبق پڑھانے لگ گیا ہوں، گویا مجھ میں یہ خامیاں نہیں ہیں۔ معاف کیجئے گا۔ میں بہت باتونی ہوں، لیکن یہ خیال رہے کہ میں صرف اُن لوگوں ہی سے زیادہ باتیں کیا کرتا ہوں جن کو میں اپنا عزیز یقین کرتا ہوں۔

آپ کے افسانے کی روح بہت اچھی ہے۔ بہت اچھی ہے۔ آپ کو دفتر والے بتا سکتے ہیں کہ میں نے آپ کی کس قدر تعریف کی ہے۔ میں اس افسانے کو ایک بار پھر پڑھ کر آپ کو مفصل لکھونگا۔ "انقلاب" دفتر میں نہیں آتا۔ اس لیے آپ کا مرثیہ دیکھنے کا اتفاق نہیں ہوگا۔ آپ اس کی کاپی روانہ فرما دیں۔

امید ہے کہ آپ بخیریت ہوں گے۔ "کیچڑ" کے بارے میں مجھے اپنی رائے سے فوراً مطلع کیجئے گا۔ میں اُسے جلد از جلد ختم کرنا چاہتا ہوں۔

خاکسار

سعادت حسن منٹو

آپ کی آسانی کے لیے میں مندرجہ ذیل سطور میں اس افسانے کا خلاصہ بیان کر دیتا ہوں۔ چونکہ فلم کے لیے جو کچھ لکھا جاتا ہے، وہ کاغذ پر اتنا واضح نظر نہیں آتا جتنا پردے پر، اس لیے افسانے کی روح کو سمجھنے کے لیے میں ساتھ ساتھ اس کی "تھیم" سے بھی آپ کو آگاہ کر دوں گا۔

آپ فوراً ہی اس کے بارے میں غور فرما کر مجھے لکھیں۔ میں آپ کا بے حد ممنون ہونگا۔ دیہات کی فضا کو چونکہ آپ مجھ سے کہیں بہتر سمجھتے ہیں، اس لیے آپ کو پلاٹ بنانے میں زیادہ تکلیف نہ ہو گی۔ (منٹو نے اس خط کے ساتھ فلم "کیچڑ" کا خلاصہ بھی منسلک کیا تھا۔ مرتب)

مڈ (کیچڑ کا خلاصہ)

آپ کی آسانی کے لیے مندرجہ ذیل سطور میں افسانے کا خلاصہ بیان کر دیتا ہوں، چونکہ فلم کے لیے جو کچھ لکھا جاتا ہے وہ کاغذ پر اتنا واضح نہیں آتا، جتنا پردے پر۔ اس لیے افسانے کی روح کو سمجھنے کے ساتھ ساتھ اُس کی ''تھیم'' سے بھی آگاہ کروں گا۔

میرے افسانے کا آغاز کیچڑ سے ہوتا ہے۔ جس میں ایک لڑکا پیدا ہوتا ہے۔ پرتھوی یہ اس افسانے کا ہیرو ہے۔ یہ لڑکا کیچڑ میں پیدا ہوتا ہے اور کیچڑ ہی میں پھلتا پھولتا ہے۔ افسانے میں یہ بتایا گیا ہے کہ اسے بچپن میں کیچڑ سے بے حد الفت تھی۔ یہ لڑکا بڑا ہو کر بھی کیچڑ ہی سے اپنی روزی کماتا ہے ۔یعنی گارے سے اینٹیں بناتا ہے۔ اس مختصر تمہید کے بعد ہم تصویر کے دوسرے رخ کی طرف پلٹتے ہیں اور دکھاتے ہیں کہ ان اینٹوں سے بنے ہوئے مکان میں بھٹے کا مالک رام داس رہتا ہے۔ بہت امیر ہے، مستعار ہاتھوں سے اس نے دولت سمیٹی تھی۔ اس کی ایک اکلوتی لڑکی ہے۔ سوشیلا نام ،وہ ناز و نعمت میں پلی ہے۔ اس نے آج تک غم کی شکل نہیں دیکھی۔ وہ غربت کے نام سے بھی نا آشنا ہے۔ ایک روز وہ اپنے کمرے میں نئی نوکرانی کو دیکھتی ہے، جو بے حد غلیظ ہے۔ عورت کو میلے کچیلے چیتھڑوں میں ملبوس دیکھ کر اسے ترس نہیں آتا بلکہ اسے حیرت ہوتی ہے۔ چنانچہ اسی حیرت کا ذکر وہ اپنے باپ سے کرتی ہے۔ ''پتاجی یہ بندری کہاں سے آ گئی۔۔۔؟'' اُس کا باپ سمجھتا ہے کہ آس پاس کے درختوں سے سچ مچ کوئی بندری چلی آئی ہے۔ مگر بعد میں جب اس کو اصل بات کا علم ہوتا ہے تو اس کو بڑا مزا آتا ہے۔ سب ہنستے ہیں۔ اس کا باپ کہتا ہے ''بٹیا تو نے ابھی تک غریب دیکھے ہی نہیں۔۔۔ کسی روز میرے ساتھ چلنا ،میں تمہیں بہت سے بندروں کا تماشا دکھاؤں

گا۔۔''۔اس کی مراد ان مزدوروں سے تھی جو اس کے بھٹے میں اینٹیں بناتے تھے۔

ادھر یہ باتیں ہو رہی تھیں اُدھر بھٹے میں مزدور امیر آدمیوں کی نقل اتار رہے تھے۔امیر ان کو بندر سمجھتے تھے اور وہ ان کو بندر یقین کرتے تھے۔

رام داس اپنی بیٹی سوشیلا کو تماشا دکھانے کے لیے مزدوروں کی بستی میں لاتا ہے۔وہ خود کام کی نگرانی کے لیے چلا جاتا ہے۔اور سوشیلا تماشا دیکھنے کے لیے چلتی ہے، مگر خود تماشا بن جاتی ہے۔گاؤں کی عورتیں اور لڑکیاں شہر کی اس بھڑکیلی تیتری کو دیکھ کر جمع ہو جاتی ہیں اور اس کا خوب مضحکہ اڑاتی ہیں۔نتیجہ یہ ہوتا ہے کہ سوشیلا کو وہاں سے بھاگنا پڑتا ہے۔اس بھاگ دوڑ میں اس کی ٹکر پرتھوی کے دوست نتھو سے ہوتی ہے۔وہ گر پڑتی ہے نتھو اسے اٹھاتا ہے۔مگر وہ اس کی مدد قبول نہیں کرتی۔نتھو منکسر المزاج نہیں وہ اس کو دھکا دے دیتا ہے۔دور سے پرتھوی یہ سمجھتا ہے کہ اس کے دوست نے سوشیلا سے ناجائز چھیڑ خانی کی ہے۔وہ آگے بڑھتا ہے اور بغیر پوچھے گچھے اُس کے منہ پر تھپڑ جڑ دیتا ہے۔اس کے بعد وہ سوشیلا سے معافی مانگتا ہے اور اس کو زمین پر سے اٹھانا چاہتا ہے کہ وہ شور مچانا شروع کر دیتی ہے۔اس کا باپ آتا ہے اور بیچارے پرتھوی کو بہت سخت سست باتیں سننا پڑتی ہیں۔اس کی تنخواہ بھی کاٹ لی جاتی ہے اور پیٹا بھی جاتا ہے۔نتھو یہ سب دیکھتا ہے اور ہنستا ہے۔''اور کرو اپنی ہمدردی کا اظہار'' پرتھوی کو یہ بات سخت ناگوار گزرتی ہے۔چنانچہ اس نے اس کا اظہار بھی کیا، جیسا کہ اسٹوری کے trend سے ظاہر ہے۔پرتھوی اس لڑکی کی محبت میں گرفتار ہو جاتا ہے۔

اب ہم درمیان میں یہ دکھاتے ہیں کہ شہر میں وبا پھیلتی ہے۔لوگ سینکڑوں کی تعداد میں مرنا شروع ہوتے ہیں۔سوشیلا بھی پلیگ کا شکار ہوتی ہے اور مردہ سمجھ کر کھائی میں پھینک دی جاتی ہے۔گاؤں والے جو ہر قسم کی

بیماریوں سے محفوظ ہوتے ہیں، شہر میں رضا کاروں کی حیثیت سے آتے ہیں ۔پرتھوی کی نظر اتفاق سے کھائی میں سوشیلا پر پڑتی ہے ۔وہ اسے گھر اٹھا کر لے جاتا ہے اور اپنی ماں کو اس کی تیمارداری پر مقرر کر دیتا ہے ۔اس کا جھونپڑا چھوٹا سا ہے ۔وہ گھر میں نہیں سوتا باہر رہتا ہے۔

نتھو کو جب معلوم ہوتا ہے کہ وہ رام داس کی لڑکی کو پنے گھر اٹھا کر لے آیا ہے تو وہ بہت بگڑتا ہے ۔اُسے سرمایہ داروں سے قطعاً ہمدردی نہیں ۔اس کا یہ نظریہ ہے کہ سرمایہ دار کی لڑکی یا لڑکا سانپ کا بچہ ہوتا ہے ۔وہ پرتھوی سے کہتا ہے کہ وہ اس کو گھر سے نکال دے مگر پرتھوی نہیں مانتا ۔باتوں باتوں میں جب نتھو کو معلوم ہوتا ہے کہ وہ اس چھوکری کی محبت میں گرفتار ہے تو اس کو سخت صدمہ پہنچتا ہے ۔وہ اپنے دوست کو ایسی لڑکی سے محبت کرنے کی اجازت نہیں دے سکتا ۔اس لیے کہ وہ گاؤں کی کسی لڑکی کے حقوق چھین رہا ہے ۔وہ کیوں نہ اس لڑکی سے محبت کرے جو اس گاؤں کی ہو ۔نتھو اس کو غاصب کہتا ہے اور خدا معلوم کیا کیا کچھ کہتا ہے ۔باتوں باتوں میں نتھو بہت گرم ہو جاتا ہے اور سارے گاؤں کو جمع کر لیتا ہے اور پرتھوی کے دل کا راز فاش کر دیتا ہے ۔سارا گاؤں جمع ہو جاتا ہے اور اس بات کا تہیہ کر لیتا ہے کہ لڑکی کو نکال باہر کیا جائے۔

دوسری طرف لڑکی کو ہوش آتا ہے اور وہ اپنے آپ کو غلیظ جھونپڑے میں دیکھ کر وہاں سے بھاگ اٹھتی ہے۔

باہر ہجوم جمع ہے، پرتھوی ان لوگوں کو روکنے کی کوشش کرتا ہے۔ اس کی کوئی پیش نہیں چلتی ۔جب وہ لڑکی باہر نکلتی ہے تو ایک لونڈا اس کے منہ پر کیچڑ تھوپ دیتا ہے ۔سوشیلا بہت بگڑتی ہے اسکی سمجھ میں نہیں آتا کہ کیا بات ہے؟ وہ بُرا بھلا کہتی ہوئی ایک گاؤں والے سے پوچھتی ہے ۔’’مجھے یہاں کون لایا؟‘‘ اس کے جواب میں وہ آدمی پرتھوی کی طرف اشارہ کرتا ہے، جو آنکھیں

جھکائے کھڑا ہے۔سوشیلا اس کو کوستی اور ڈانٹتی ہوئی چلی جاتی ہے۔

گھر پہنچ کر اس کو معلوم ہوتا ہے کہ اس کا باپ مر چکا ہے اور وہ ساری جائیداد کی واحد مالکہ ہے۔اپنی نوکرانی سے جو گاؤں کی رہنے والی ہے، اسے معلوم ہوتا ہے کہ پرتھوی نے ہی اس کی جان بچائی تھی۔حقیقت کا انکشاف اس کے دل میں پرتھوی کی بڑی عزت پیدا کر دیتا ہے۔اس کے دل میں بھی محبت کی چنگاری پیدا ہو جاتی ہے۔وہ تہیہ کر لیتی ہے اپنا سارا روپیہ پرتھوی کے حوالے کر دے گی کہ وہ گاؤں کی حالت بہتر کرے۔

ادھر پرتھوی اس دھن میں ہے کہ روپیہ پیدا کرے۔وہ چاہتا ہے کہ دولت حاصل کرے،سوشیلا کا مقابلہ کرے۔وہ کھردرے ہاتھوں اور خالی جیبوں کے ساتھ سوشیلا سے محبت کرنے کا قائل نہیں۔وہ جانتا ہے کہ ناز و نعمت میں پلی ہوئی لڑکی کے دل میں وہ اس حالت میں کبھی محبت نہیں پیدا کر سکتا۔وہ انتقام بھی لینا چاہتا ہے اور محبت بھی کرنا چاہتا ہے۔

اسی دھن میں اسے ایک روز کیچڑ سے سونا مل جاتا ہے۔اب وہ امیر ہے۔اس کے پاس دولت ہے۔وہ اپنے خیال کے مطابق بڑے شاندار اور بھڑکیلے کپڑے پہن کر سوشیلا سے ملنے جاتا ہے،مگر اس کو سخت مایوسی کا سامنا کرنا پڑتا ہے۔کیونکہ سوشیلا اس کو اس حالت میں دیکھ کر اس سے کہیں زیادہ پریشان ہوتی ہے۔وہ مزدور پرتھوی کو دیکھنا چاہتی تھی مگر اسے ایک دولت مند پرتھوی نظر آتا ہے۔وہ اپنی ساری دولت پرتھوی کی نذر کرنا چاہتی تھی مگر پرتھوی کی جھولی پہلے سے ہی بھری ہوئی تھی۔دونوں کو سخت مایوسی کا سامنا کرنا پڑتا ہے۔

میں یہاں تک لکھ سکا ہوں۔اس کے بعد میری سمجھ میں نہیں آتا کہ کیا کروں۔میں چاہتا ہوں کہ یہاں سے ناامید ہو کر پرتھوی روپے کو پھینک دنا چاہئے۔مگر وہ ایسا نہ کر سکے۔اس کو کسی incident کے ذریعے سے دولت

کی اہمیت معلوم ہو۔ وہ کمبل چھوڑنا چاہے مگر کمبل اسے نہ چھوڑے اور چند الجھنوں میں پھنس کر روپیہ کا غلام ہو جائے، عیش وعشرت میں پڑ جائے، غیر ارادی طور پر وہ کیچڑ کو بھول جائے۔ مگر بالآخر اسے پھر کیچڑ میں لوٹنا پڑتا ہے۔

اسٹوری کا بقایا حصّہ سوچنے کے دوران میں تھو کا کریکٹر ہرگز نہ بھولیے گا۔ میں چاہتا ہوں کہ وہ جیسا ہے (ویسا ہی رہے) اس کے نظریے میں کوئی فرق نہیں آئے اور وہ آخر میں شاندار طریقے سے موت کا مقابلہ کرتے ہوئے مرجائے۔

آخری سین میں وہی ہو جو آغاز میں ہے۔ یعنی پرتھوی اور سوشیلا ایک چھکڑے میں جارہے ہیں اور ان کے ہاں بچہ پیدا ہو۔

آپ فوراً ہی اس کے بارے میں غور فرما کر مجھے لکھیں، میں آپ کا بے حد ممنون ہوں گا۔ دیہات کی فضا کو چونکہ آپ مجھ سے بہتر سمجھتے ہیں اس لیے آپ کو پلاٹ بنانے میں زیادہ تکلیف نہ ہوگی۔

(۲۰)

۱۷۔اڈلفی چیمبرز
کلیئر روڈ۔ بمبئی ۸
(دسمبر ۱۹۳۸ء)

برادرِ مکرّم

اس سے قبل آپ کو "مڈ" کا نامکمل پلاٹ روانہ کر چکا ہوں ۔امید ہے وصول فرمالیا ہوگا۔

کل ایکا ایکی اس افسانے کو تکمیل کرنے کا خیال پیدا ہوا۔ چنانچہ اس "حملے" کا نتیجہ یہ ہوا کہ دماغ نے کچھ پیش کر دیا ہے جو آپ کے ملاحظے کے لیے بھیج رہا ہوں ۔آپ ان تازہ خطوط پر افسانے کو پرکھئے گا۔میں آپ سے اس لیے مشورہ لے رہا ہوں کہ آپ دیہات کی فضا سے بخوبی واقف ہیں اور آپ کا دل غایت درجہ حساس ہے، براہِ کرم اپنی رائے سے بہت جلد آگاہ فرمائیے گا۔

افسانہ کے اِن اوراق کے مطالعہ کے بعد آپ کو معلوم ہو جائے گا کہ نتھو سے میری پوری پوری ہمدردی ہے ۔اب ہمیں صرف یہ سوچنا ہے کہ پرتھوی کس طرح کیچڑ کی طرف واپس آسکتا ہے اور اُس کی سوشیلا سے ملاقات ہو سکتی ہے، نتھو کو یا تو بڑے شاندار طریقے پر مر جانا چاہیے یا پھر اپنے اصولوں پر قائم رہتے ہوئے ان لوگوں سے بالکل علیحدگی اختیار کر لینی چاہیے ۔وہ اپنے نظریے پر تادمِ آخر کاربند رہے گا۔

آپ کی نظموں اور گیتوں وغیرہ پر رفیق غزنوی ڈاکہ ڈال کرلے گیا ہے۔

خلش صاحب آپ کے بے حد مدّاح ہیں، آپ کی شاعری کو وہ صحیح شاعری یقین کرتے ہیں ۔آجکل دفتر میں آپ ہی کا تذکرہ رہتا ہے۔

امید ہے کہ آپ بخیریت ہوں گے۔

کیا اس سے قبل میں آپ کو کوئی خط لکھ چکا ہوں، جس کا آپ نے جواب نہ دیا ہو؟

خاکسار
سعادت حسن منٹو

(۲۱)

۱۷۔اڈلفی چیمبرز، کلیئر روڈ۔ بمبئی ۸

(جنوری ۱۹۳۹ء)

برادرِ مکرّم

وعلیکم السلام۔ جس روز آپ کا خط ملا، میرا موڈ بہت اچھا تھا۔ آپ کے تعریفی الفاظ سے مجھے ذرا وہ ہو گیا...... میں لوگوں سے کہا کرتا ہوں کہ میں اپنی تعریف سے خوش نہیں ہوتا لیکن یہ سب جھوٹ ہے۔ آپ نے میرے افسانوں کی تعریف کی تو واللہ میں مخمور سا ہو گیا...... مگر کسی سے کہئے گا نہیں کہ مجھ میں یہ کمزوری ہے۔

کل رات سے میرا موڈ ٹھیک نہیں۔ طبیعت پر ایک بوجھ سا محسوس کر رہا ہوں۔ ایک عجیب وغریب تکان سی طاری ہے۔ میں اس اضمحلال کا سبب جانتا ہوں مگر اس سبب کے پیچھے اتنی چیزیں کارفرما ہیں کہ میں فرداً فرداً اُن پر غور نہیں کرسکتا اور اجتماعی صورت میں یہ ایک دھندسی معلوم ہوتی ہیں۔ میں دراصل آج کل اُس جگہ پہنچا ہوا ہوں جہاں سے یقین اور انکار میں تمیز نہیں ہوسکتی۔ جہاں آپ سمجھتے بھی ہیں اور نہیں بھی سمجھتے۔ بعض اوقات ایسا محسوس ہوتا ہے کہ دنیا ساری کی ساری مٹھی میں چلی آئی ہے اور بعض اوقات یہ خیال پیدا ہوتا ہے کہ ہم ہاتھی کے جسم پر چیونٹی کی طرح رینگ رہے ہیں۔ یہ ایک ایسا Complex ہے جو لفظوں میں بیان نہیں ہوسکتا۔ اس سے روح اور دماغ کو سخت تکلیف پہنچ رہی ہے۔ سمجھ میں نہیں آتا کہ کیا کیا جائے۔

میں یہ چاہتا ہوں کہ میرے پاس ایک ایسا سوِچ بورڈ Switch board آجائے جس سے میں حسبِ خواہش روشنیاں پیدا کرسکوں۔ جس وقت چاہوں گھپ اندھیرا کر دوں اور جس وقت چاہوں روشنی کا سیلاب بہا دوں۔ کیا ایسی چیز مل جائے گی؟...... کچھ کہا نہیں جاسکتا!

کچھ بھی ہو مجھے اطمینان نصیب نہیں ہے۔ میں کسی چیز سے مطمئن نہیں ہوں ہر شے میں مجھے ایک کمی سی محسوس ہوتی ہے۔ میں خود اپنے آپ کو نامکمل سمجھتا ہوں۔ مجھے اپنے آپ سے کبھی تسکین نہیں ہوتی۔ ایسا محسوس ہوتا ہے کہ میں جو کچھ ہوں، جو کچھ میرے اندر ہے، وہ نہیں، ہونا چاہیے، اُس کے بجائے کچھ اور ہی ہونا چاہیے۔

عشق و محبت کے متعلق سوچتا ہوں تو صرف شہوانیت ہی نظر آتی ہے۔عورت کو شہوت سے الگ کر کے میں یہ دیکھتا ہوں کہ وہ پتھر کی ایک مورتی رہ جاتی ہے۔مگر یہ ٹھیک بات نہیں، میں جانتا ہوں، نہیں میں جاننا چاہتا ہوں، کہ پھر آخر کیا ہے؟......کیا ہونا چاہیے؟......اگر یہ نہیں تو پھر اور کیا ہوگا؟

لیکن میں عورتوں کے بارے میں وثوق سے کچھ کہہ بھی تو نہیں سکتا۔مجھے اُن سے ملنے کا اتفاق ہی کہاں ہوا ہے۔عورت کا وہ تصور جو ہم لوگ اپنے دماغ میں قائم کرتے ہیں ٹھیک نہیں ہوسکتا......کس قدر افسوسناک چیز ہے کہ عورتوں کے ہمسائے ہو کر بھی ہم اُن کے بارے میں کوئی رائے قائم نہیں کر سکتے۔لعنت ہے ایسے ملک پر جو عورتوں کو ہم سے ملنے کے لیے روکے!...... مگر......مگر کیا......؟ کچھ بھی نہیں!......سب بکواس ہے۔

آپ کے عزیز کی ناگہانی موت سے بہت صدمہ ہوا۔خدا آپ کو صبر عطا فرمائے۔

آپ سے ملنے کو بہت جی چاہتا ہے۔اگر ہو سکے تو اس خط کا جواب جلد لکھ دیجئے گا۔

Mud میں نے لکھ لیا ہے۔مگر مکالمہ لکھنا باقی ہے جو دیر میں لکھا جائے گا۔آجکل میں اپنے افسانوں کی ترتیب میں مشغول ہوں۔کتابت شروع ہے۔

فیض صاحب ۱۸؎ آپ کی قدر افزائی کا شکریہ ادا کرتے ہیں۔وہ آپ کی نظمیں بہت پسند کرتے ہیں۔یہی وجہ ہے کہ وہ خاص طور پر اُس کا ڈیزائن بناتے ہیں۔تازہ پرچے میں انہوں نے آپ کی نظم کو بہت خوبی سے Illustrate کیا ہے۔

ادبِ لطیف میں آپ کا منظوم مکالمہ پڑھا۔بہت خوب ہے۔آئندہ پرچے میں اُس پر ریویو شائع ہو رہا ہے۔

یہ راجندر سنگھ صاحب بیدی کون ہیں؟......یہ بھی ''مٹی کے ڈھیلے'' معلوم ہوتے ہیں۔ خوب لکھتے ہیں۔انکے افسانے آپ غور سے پڑھا کریں......ادبِ لطیف کو آپ اور بیدی صاحب پر ناز اں ہونا چاہیے۔

دفتر میں ''کمال اتاترک نمبر'' کی ایک کاپی بھی نہیں بچی۔بہر حال آپ کے لیے بڑی مشکل سے ایک پرچہ حاصل کیا گیا ہے جو کل بھیج دیا جائے گا۔دفتری کو ہدایت کر دی گئی ہے کہ وہ

آپ کے پرچے کا پیکنگ احتیاط سے کیا کرے۔

نذیر صاحب [19] اور خلش آپ کو آداب عرض کرتے ہیں۔ یہاں ہم سب لوگ آپ کی باتیں کیا کرتے ہیں۔

افسانہ ضرور بھیجئے گا۔

''ہمایوں'' کے تازہ پرچے (فروری) میں میرا ''منتر'' پڑھ کر اپنی رائے سے آگاہ فرمائیے گا۔ میں بخیریت ہوں۔ امید ہے کہ آپ بھی بصحت ہوں گے۔

خاکسار

سعادت حسن منٹو

(۲۲)

۱۷۔اڈلفی چیمبرز،کلیئر روڈ۔بمبئ ۸

(جنوری ۱۹۳۹ء)

برادرِ مکرّم

وعلیکم السلام۔آپ کا محبت نامہ ملا۔شکریہ!......میں آگے کچھ اور لکھنا چاہتا تھا معاً میرے دماغ میں یہ خیال آیا کہ آپ اور میں، یعنی قاسمی اور منٹو مٹی کے دو ڈھیلے ہیں جو لڑھک لڑھک کر قریب آنا چاہتے ہیں......مٹی کے دو ڈھیلے......!ٹھیک ہے......انسان مٹی کا ڈھیلا ہی تو ہے۔

یہ سن کر بہت خوشی حاصل ہوئی کہ آپ کو انعام میں ایک طلائی تمغہ ملا...... مجھے تمغے پسند ہیں، مگر ان پر کھدے ہوئے حروف اور شکلیں بالکل ناپسند ہیں، جو گونگی ہوتی ہیں۔

آپ کا خط ڈاکیے نے اس وقت میرے ہاتھ میں دیا، جبکہ میں اپنی اسٹوری Mud کو مکمل کر رہا تھا۔آپ کی رائے پر میں نے غور کیا، مگر جو کچھ آپ نے لکھا ہے غیر فلمی ہے۔اس لیے مجھے اُس سے کوئی فائدہ نہ پہنچ سکا۔بہر حال آپ یہ سن کر خوش ہونگے کہ میں نے ''کیچڑ'' مکمل کر لیا ہے۔جو کچھ میں چاہتا تھا اُس کا ۴ / ۳ حصہ اُس میں آچکا ہے۔بقایا آجائے گا اس لیے کہ میں دن رات اسی کے متعلق غور و فکر کرتا رہتا ہوں۔

Mud میں آپ کو بہت سی نئی چیزیں نظر آئیں گی۔''نیا قانون'' کے استاد منگو کی جھلک

آپ کو نتھو کے کیریکٹر میں ملے گی۔ پھر میں نے اپنے ہر کیریکٹر کو اُس کی برائیوں اور اچھائیوں سمیت پیش کیا ہے۔ اگر یہ اسٹوری فلمائی گئی اور ڈائریکشن اُس چیز کو برقرار رکھ سکی جو میرے سینے میں ہے تو میرا خیال ہے کہ آپ میرے Mud میں سارا ہندوستان دیکھ لیں گے۔

''خودکشی'' میں بچپن ہے، یہ اُس زمانے کی تحریر ہے، جب میں خودکشی کا خیال کیا کرتا تھا۔ آپ نے ضرور محسوس کیا ہوگا کہ افسانے کی عبارت ایک ایسے سینے سے نکلی ہوئی ہے، جو بہت چھوٹا ہے۔

آپ ''اوپیرا'' لکھ کر ضرور روانہ فرمائیے۔ یہاں سے آپ کو اس کا حق الخدمت روانہ کر دیا جائے گا۔ رفیق صاحب اسے کمپوز کریں گے۔

آپ کی نظمیں مل گئیں۔ بے حد شکریہ۔ مصوّر میں چھپتی رہیں گی۔ رفیق صاحب سب کی سب لے گئے ہیں۔

خلش صاحب ۲۰ے اور نذیر صاحب آداب عرض کرتے ہیں۔

اگر ہو سکے تو ''ساقی'' کے سالنامے میں ''پھاہا'' اُو'ادبِ لطیف' کے سالنامے میں ''ٹیڑھی لکیر'' ضرور پڑھیے گا۔

کیا آپ نے مصوّر میں ''نیا سال'' پڑھا؟...... کیا رائے ہے؟

امید ہے کہ آپ بخیریت ہوں گے۔

آپ کا بھائی
سعادت حسن منٹو

(۲۳)

۱۷۔اڈلفی چیمبرز، کلیئر روڈ۔ بمبئی ۸
(فروری ۱۹۳۹ء)

برادرِ عزیز

محبت نامہ ملا۔ غزلوں کا شکریہ...... میں اس کے آگے اسی قسم کے چند اور رسمی الفاظ لکھنے والا تھا کہ آپ کے خط کی درج ذیل سطر پر نظر پڑی۔

”کبھی کبھی خیال آتا ہے کہ کیوں نہ اپنی زندگی کو بد پرہیزیوں کی نذر کردوں......“ میں اپنی زندگی کا ۴/۳ حصہ بد پرہیزیوں کی نذر کر چکا ہوں۔ جب سے میں نے ہوش سنبھالا ہے پرہیز نہیں کیا۔ اب تو یہ وقت آگیا ہے کہ پرہیز کا لفظ ہی میری ڈکشنری سے غائب ہوگیا ہے۔ میں یہ سمجھتا ہوں کہ زندگی اگر پرہیز میں گزاری جائے تو بھی قید ہے، اگر بد پرہیزیوں میں گذاری جائے تو بھی قید۔ کسی نہ کسی طرح ہمیں اِس اُونی جراب کے دھاگے کا ایک سرا پکڑ کر اسے ادھیڑتے جانا ہے اور بس۔ میں اپنا کام آدھے سے زیادہ کر چکا ہوں۔ باقی آہستہ آہستہ کروں گا۔ اس لیے کہ میں بہت جلد مرنا نہیں چاہتا۔ جس روز مجھے معلوم ہوگیا کہ میں کیا ہوں تو میں موت کو بلانے میں کوئی پس وپیش نہ کرونگا۔

میری زندگی ایک دیوار ہے، جس کا پلستر میں ناخنوں سے کھرچتا رہتا ہوں۔ کبھی چاہتا ہوں کہ اسکی تمام اینٹیں پراگندہ کردوں، کبھی یہ جی میں آتا ہے کہ اس ملبے کے ڈھیر پر ایک نئی عمارت کھڑی کردوں۔ اسی ادھیڑ بن میں لگا رہتا ہوں۔ دماغ ہر وقت کام کرنے کے باعث تپتا رہتا ہے، میرا نارمل درجۂ حرارت ایک ڈگری زیادہ ہے، جس سے آپ میری اندرونی تپش کا اندازہ لگا سکتے ہیں۔

میں بہت کچھ لکھنا چاہتا ہوں مگر نقاہت،...... وہ مستقل تھکاوٹ جو میرے اوپر طاری رہتی ہے کچھ کرنے نہیں دیتی۔ اگر مجھے تھوڑا سا سکون بھی حاصل ہو تو میں وہ بکھرے ہوئے خیالات جمع کر سکتا ہوں جو برسات کے پتنگوں کی مانند اڑتے رہتے ہیں مگر......اگر اگر...... کرتے ہی کسی روز مر جاؤں گا اور آپ بھی یہ کہہ کر خاموش ہو جائیں گے ”منٹو مر گیا“...... منٹو تو مر گیا، صحیح ہے...... مگر افسوس اس بات کا ہے کہ منٹو کے وہ خیالات بھی مر جائیں گے جو اُس کے دماغ میں محفوظ ہیں۔

اگر کوئی صاحب میرے ساتھ وعدہ کریں کہ وہ میرے دماغ میں سے سارے خیالات نکال کر ایک بوتل میں ڈال دیں گے تو منٹو آج مرنے کو تیار ہے۔ منٹو، منٹو کے لیے زندہ نہیں ہے...... مگر اس سے کسی کو کیا؟...... منٹو ہے کیا بلا؟...... چھوڑ یئے اس فضول قصے کو...... آیئے کوئی اور بات کریں۔

کرشن چندر صاحب خوب لکھتے ہیں۔ ہمایوں......ادبی دنیا وغیرہ میں اُن کے افسانے پڑھنے کا اتفاق ہوا ہے۔

آپ کا افسانہ پڑھا۔ بہت اچھا ہے۔ بہت اچھا ہے۔ آپ کا یہ فقرہ مجھے بہت پسند آیا۔

''اُس کے دل سے آواز آئی اور اُسے شبہ ہونے لگا کہ شاید انسپکٹر نے بھی یہ آواز سن لی ہے۔''

آپ کے اس افسانے میں مجھے ''چیخوف'' کا رنگ نظر آیا۔ تازہ پرچے میں چھپ جائے گا۔ آپ اسی طرح کبھی کبھی اپنا افسانہ بھیج دیا کریں۔

آپ نے ''منتر'' پسند کیا۔ شکریہ۔

رفیق صاحب آپ کی ایک غزل اس مہینے ریڈیو پر گا رہے ہیں۔ ''انڈین لسنر'' میں آپ کا نام دیکھا تھا۔

امید ہے کہ آپ بخیریت ہوں گے۔

خلش صاحب اور نذیر صاحب آداب عرض کرتے ہیں۔

خاکسار

سعادت حسن منٹو

(۲۴)

اڈلفی چیمبرز، کلیئر روڈ۔ بمبئی ۸

(مارچ ۱۹۳۹ء)

برادرِ مکرّم

آپ کا محبت نامہ ملا۔ میں ایک عرصے سے تندرست تھا اور آپ کو اس پر تعجب ہوا تھا۔ اب آپ کا تعجب یہ سن کر دور ہو جائے گا کہ میں پچھلے ہفتے سے علیل ہوں۔ سینے میں شدت کا درد ہو رہا ہے۔ ناک بہہ رہی ہے۔ ہلکا بخار ہے، اعضا شکنی کی بھی شکایت ہے اور کیا کچھ نہیں ہے۔ طبیعت سخت مضمحل ہے، دراصل میں تھک گیا ہوں۔ بے حد تھک گیا ہوں۔

آجکل میں سوچ رہا ہوں کہ مجھے کیا سوچنا چاہیے۔

براہِ کرم آپ اوپیرا لکھ کر فوراً روانہ فرمادیں۔بخاری صاحب ۱۲ سے میں وعدہ کر چکا ہوں۔رفیق صاحب نے پچھلے دنوں آپ کی ایک غزل گائی تھی،اب پھر گائے گا۔آپ کا افسانہ تازہ پرچے میں شائع ہورہا ہے۔

وہی جو آپ نے ادبِ لطیف میں بھیجا ہے اگر ریڈیو پر کھیلا جاسکے تو آپ فوراً روانہ فرمادیجئے۔

میرے سینے میں شدت کا درد ہورہا ہے،لکھ رہا ہوں اور ایسا معلوم ہوتا ہے کہ قلم میں بھی ٹیسیں اٹھ رہی ہیں۔

امید ہے کہ آپ بخیریت ہوں گے۔

خاکسار

سعادت حسن منٹو

(۲۵)

۱۷۔اڈلفی چیمبرز، کلیئر روڈ۔بمبئی ۸

(اپریل ۱۹۳۹ء)

برادرِ مکرّم

السلام علیکم۔مجھے افسوس ہے کہ آپ کے محبت نامے کا جواب میں فوراً ہی نہ لکھ سکا۔ دراصل میں بے حد مصروف رہا۔مجھے Mud مکمل کرنا تھا۔آپ کو سُن کر خوشی ہوگی یہ افسانہ اب صحیح شکل اختیار کرگیا ہے اور ایک فلم کمپنی کے ساتھ اس کا سودا بھی طے ہوگیا ہے۔کل سے میں اس کے مکالمے لکھنے میں مصروف ہو جاؤں گا۔میں چاہتا ہوں کہ اس کے گیت آپ لکھیں۔اس لیے میں آپ کو اصل افسانہ بھیج رہا ہوں۔جہاں جہاں آپ ضرورت سمجھیں،اسی ضرورت کے مطابق گیت لکھ کر بھیج دیں۔مگر بہت جلدی۔اس کی شوٹنگ اس ماہ کی پندرہ تاریخ کو شروع ہو جائے گی۔اگر آپ پانچ چھ گیت ۲۰ رتاریخ تک روانہ کرسکیں تو بڑی عنایت ہوگی۔

میں چاہتا ہوں کہ آپ کو فلمی لائن سے متعارف کراؤں۔آپ میں وہ تمام اہلیتیں موجود ہیں جو ایک اچھے فلمی افسانہ نگار میں ہونا چاہئیں۔''کیچڑ'' میں ''مٹّی کے دونوں ڈھیلے'' آجائیں تو کیا مضائقہ ہے۔

پہلا گیت آپ فوراً ہی لکھ کر بھیج دیں۔ یہ (Scene 7) سے متعلق ہے۔گیت ایک منظوم Farce کی صورت میں ہونا چاہیے۔حلقے میں سے ایک ایک آدمی آواز لگائے اور ایک سطر گائے جس کا مفہوم کچھ اس طرح کا ہو" آؤ ہم تمہیں بندروں کی کہانی سنائیں" پھر حلقے کا ایک اور آدمی گائے"سنو......شہر میں ایک روز میں جا رہا تھا" اتنے میں ایک اور کہے کہ"ایک میم بل کھاتی ہوئی آئی"......جب وہ کہے گا تو حلقے میں سے ایک عورت میم کا سوانگ بھرے بل کھاتی اور مٹکتی ہوئی آگے بڑھے گی......قدموں کی چاپ میں بھی ایک تال ہوگی جو آپ کے مصرع کے وزن کے مطابق ہونا چاہیے،مثلاً چھن چھن چھن چھن چھن چھن چھن......اسی طرح ایک" صاحب" بڑھتا ہے،اب آپ اُن دونوں کے درمیان مضحکہ خیز منظوم گفتگو پیدا کر سکتے ہیں۔امید ہے کہ آپ میرے سمجھانے کے Blunt طریقے کو معاف کر دیں گے اور خود کوئی اچھوتی چیز پیش کریں گے۔اگر ایک مصرع ایک وزن کا ہو دوسرا دوسرے وزن کا ہو تو کوئی ہرج نہیں۔ اسکی طرز رفیق غزنوی بٹھائے گا۔

آپ کا خط میرے سامنے نہیں،اس لیے کچھ زیادہ نہیں لکھ سکتا۔

میں نے مکان تبدیل کیا ہے اور کمرہ نمبر ۱۵ میں اُٹھ آیا ہوں،اس لیے کہ ۲۶ رتاریخ ماہِ حال کو میری شادی ہو رہی ہے۔

آپ مندرجہ بالا مضمون کا گیت لکھ کر فوراً بھیج دیں۔ممنون ہوں گا۔آپ جتنے گیت لکھیں گے ان کا معاوضہ آپ کو بھجوا دیا جائے گا۔آپ مطمئن رہیں۔

امید ہے کہ آپ بخیریت ہوں گے۔

خلش صاحب لاہور گئے ہوئے تھے۔وہ غلطی سے آپ کی تمام غزلیں ساتھ لیتے گئے۔اب وہ آگئے ہیں اور اس ہفتے سے پھر مصوّر میں آپ کی نظموں کی اشاعت شروع ہو رہی ہے۔

خاکسار

سعادت حسن منٹو

(۲۶)

۱۷۔اڈلفی چیمبرز
کلیئر روڈ۔بمبئی ۸
(مئی ۱۹۳۹ء)

برادرِ مکرّم

السلام علیکم۔آپ کا محبت نامہ مل گیا تھا،مگر مجھے افسوس ہے کہ میں چند در چند وجوہ کے باعث آپ کو فوراً ہی رسید سے مطلع نہ کر سکا۔میں بہت مصروف رہا۔وہ گھر میں آتے ہی بیمار پڑ گئیں،اور مجھے سخت پریشانی کا سامنا کرنا پڑا۔اب خدا کا فضل ہے میں اور وہ دونوں بخیریت ہیں۔آج رات کو فرصت ملی اور آپ کو یہ خط لکھنے بیٹھ گیا۔امید ہے کہ آپ ناگزیر تاخیر کو معاف فرمائیں گے۔Mud کی شوٹنگ شروع ہوگئی ہے۔میں اُس کا منظر نامہ نہیں لکھ سکا۔صرف دو سین لکھے تھے جو فلما لیے گئے ہیں۔امید ہے کہ تین مہینے کے اندر اندر یہ پکچر مکمل ہو جائے گی۔دعا کریں کہ یہ کامیاب ہو۔

آپ کے گیت ملے۔شکریہ۔معاف فرمائیے،مجھے Farce بالکل پسند نہیں آیا۔دراصل اس میں میرا اپنا قصور ہے۔میں نے غلطی کی جو آپ کو یہاں سے ''فارس'' کا نقشہ بنا کر بھیجا۔اب آپ اپنی مرضی سے،یعنی جیسا آپ چاہیں،یہ فارس لکھ کر بھیج دیں۔نفس مضمون وہی ہو۔لیکن ایک بات کا ضرور خیال رکھئے گا کہ فارس بہت طویل نہ ہو۔جو آپ نے اپنے خط میں لکھ کر بھیجا ہے،وہ دو ہزار فٹ سیلولائڈ پر پھیلے گا۔میں صرف پانچ چھ سو فٹ میں اس فارس کو ختم کر دینا چاہتا ہوں اور پھر آپ نے انگریزی اور فارسی کے جو لفظ استعمال کیۓ ہیں وہ حقیقت سے بہت دور معلوم ہوتے ہیں۔ان سے پرہیز کریں۔مجھے امید ہے کہ آپ میرا مافی الضمیر سمجھ گئے ہوں گے۔

سوشیلا والا گیت رفیق کو کمپوز کرنے کے لیے دے دیا گیا ہے۔جو گیت آپ نے پرتھوی کے لیے لکھا ہے،وہ بھی مجھے پسند نہیں،اس میں مجھے آپ کا خاص رنگ نظر نہیں آتا۔میں چاہتا ہوں کہ یہ بے حد مختصر ہو اور پرتھوی کے تمام جذبات کا حامل۔یہ گیت بے حد جذباتی ہونا چاہیے۔آپ اسے دوبارہ لکھ کر روانہ فرمائیں۔

سوشیلا کے گیت میں آپ کے ''سندر سنسار'' والے ٹچ نے مجھے سین لکھنے میں بہت مدد دی۔ یہ گیت اچھا ہے۔ باقی گیتوں کے لیے میں آپ کو پھر لکھوں گا۔

امید ہے کہ آپ کا مزاج بخیر ہوگا۔

میں بہت خوش ہوں۔

مجھے امید ہے کہ آپ متذکرہ صدر گیت فوراً ہی لکھ کر روانہ کر دیں گے تاکہ مزید تعویق نہ ہو۔ رفیق کو انتظار رہے گا۔

خاکسار

سعادت حسن منٹو

(۲۷)

۱۷۔اڈلفی چیمبرز

کلیئر روڈ۔ بمبئی ۸

(جون ۱۹۳۹ء)

پیارے ندیم

تمہارے دونوں خط ملے۔ سوچ رہا ہوں کہ تم میں اتنا اخلاص کیوں ہے؟...... میں ڈرتا ہوں۔ اندھیرے میں رہنے والا زیادہ تیز روشنی کو دیکھنے کی تاب نہیں رکھتا۔ تمہارا خط مجھے ڈرا دیتا ہے۔ کیا کروں، عمر بڑھنے کے ساتھ مجھ میں بچپن آتا جاتا ہے۔ ایک دن ایسا بھی آئے گا جب میں گھٹنوں کے بل چلوں گا اور تتلا تتلا کے باتیں کروں گا۔ لوگ پھیلتے ہیں، میں سکڑ رہا ہوں۔

زندگی کے جن ادوار سے میں گزر رہا ہوں۔ اس پر نظر کرنے کی میرے پاس فرصت نہیں۔ کئی اسٹیشن آتے ہیں جن پر میری زندگی کی گاڑی ٹھہرتی ہے۔ مگر میں تھکاوٹ سے چور سفر کے آغاز ہی سے تنگ آیا ہوا وہ بورڈ ہی نہیں پڑھ سکتا جس سے مجھے اسٹیشن کا نام معلوم ہو جائے۔ عجب حالت ہے کچھ سمجھ میں نہیں آتا اور سمجھ میں آئے بھی کیسے جبکہ سمجھنے کی فرصت ہی نہیں۔

کرشن چندر کہتے ہیں میں ان کے لیے نیا افسانہ ۲۲ لکھوں...... جی چاہتا ہے ان کو اپنا

تازہ فوٹو کھنچوا کر بھیج دوں۔ آنکھوں والے اسے دیکھ کر کئی نئے افسانے پڑھ لیں گے۔

تم نے بہت تاکید کی ہے کہ میں ''نئے زاویے'' کے لیے غیر مطبوعہ افسانہ بھیجوں۔ مجھ سے پوچھو تو یہ افسانہ نگاری بالکل بکواس ہے جس کے عوض صرف شکریہ ملے...... میرا ڈاکٹر جو ہر روز مجھے دوا بھیجتا ہے شکریے کے علاوہ روپے بھی مانگتا ہے۔ کل اُس نے ایک روپیہ واپس بھیج دیا تھا اس لیے کہ اس میں کھنکھناہٹ کم تھی۔ خیال تھا کہ کل افسانہ شروع کروں گا مگر اس کم کھنکھناہٹ والے روپے کو ہتھیلی پر رکھا تو میری سب کھنکھناہٹ غائب ہوگئی......

بہر حال افسانہ لکھ دوں گا اس لیے کہ تمہاری سفارش ۲۳ہے اور کرشن چندر سے بھی مجھے پیار ہے۔ کرشن چندر صاحب کو اتنا ضرور لکھ دو کہ میری ماں مرگئی ہے اس کا ماتم کرنے کے لیے مجھے جو فرصت مل سکتی ہے وہ میں اُن کے حوالے کر دوں گا۔

مکتبہ اردو والوں نے وعدہ کیا تھا کہ وہ دس جون کو ۱۵۰ روپئے میں سے پہلی قسط پچاس روپے کی بھیج دیں گے مگر اب تک منتظر ہوں...... مجھے اس تانبہ ملی ہوئی چاندی کی آمد کا شدید انتظار ہے۔ دیکھیے وہ مجھ پر کب کرم کرتے ہیں۔

''قاضی جی کا فیصلہ'' لکھنؤ بھیجا گیا تھا۔ مگر واپس آگیا۔ اب دہلی بھیجا ہے، دیکھئے کیا جواب آتا ہے۔ حیدر آباد والوں نے تو ابھی تک رسید سے مطلع نہیں کیا۔ ''پنگھٹ پر'' جولائی میں بک ہوگیا ہے۔ ''قاضی جی کا فیصلہ'' اگست میں ہوگا۔ (یہ دونوں بمبے سے براڈ کاسٹ ہوں گے۔)

طبیعت بہت اداس رہتی ہے۔ جی چاہتا ہے کچھ کروں...... یہ ''کچھ'' کیا ہے؟......سوچ رہا ہوں۔

اس وقت کرپا رام صاحب ۲۴کے گھر میں بیٹھا ہوں۔ بارش ہو رہی ہے۔ پنڈت جی سلام لکھواتے ہیں۔ وہ علیحدہ خط بھی لکھیں گے۔ صفیہ بصحت ہے۔ آداب عرض کرتی ہے۔ اس وقت سامنے بیٹھی بچے کے لیے دودھ بنا رہی ہے۔

میں بہت دکھی ہوں۔

(ا) ''پنگھٹ پر'' ۲۳ر جولائی کو بمبے سے براڈ کاسٹ ہوگا۔ اس کا حق الخدمت بیس روپے ملے گا۔ خواجہ ظہیر الدین کے نام سے نشر ہوگا۔

(۲) مکتبہ اردو والوں نے آج ۵۰ روپے منی آرڈر کے ذریعے سے بھیج دیے ہیں۔

خاکسار

سعادت حسن منٹو

(۲۸)

۱۷۔اڈلفی چیمبرز

کلیئر روڈ۔ بمبئی ۸

(جولائی ۱۹۳۹ء)

برادرِ مکرّم

السلام علیکم۔آپ کا محبت نامہ اور گیت ملے۔ مجھے بے حد افسوس ہے کہ اب یہ گیت فلم میں شامل نہیں کیے جاسکیں گے، اس لیے کہ میں نے فلم کی پروڈکشن میں دلچسپی لینا چھوڑ دیا ہے۔ڈائریکٹر صاحب کو میرا مکالمہ پسند نہیں آیا۔وہ کہتے ہیں کہ جو کچھ تم لکھتے ہو، میری سمجھ سے بالاتر ہے۔اب وہ ایک ایسے مکالمہ نویس سے اس اسٹوری کا مکالمہ لکھوا رہے ہیں جس کا لکھا ہوا ان کی سمجھ میں آجاتا ہے۔میں بہت خوش ہوں کہ روز روز کے جھگڑوں سے نجات ملی اور وہ بھی خوش ہیں ان کو میری جرح کا سامنا نہیں کرنا پڑے گا۔چونکہ مکالمہ کوئی اور لکھ رہا ہے، اس لیے میں نے آپ کے گیت پیش کرنا مناسب نہیں سمجھا...... میں پہلے لکھ چکا ہوں کہ مجھے اس کا افسوس ہے، مگر درحقیقت مجھے اس کا کوئی افسوس نہیں ہے، بلکہ میں خوش ہوں کہ آپ کے گیت میرے پاس محفوظ ہیں اور وہ میری حفاظت میں ان لوگوں کے کھردرے ہاتھوں سے محفوظ رہیں گے۔

خلش صاحب گیت نہیں لکھیں گے۔وہ مجھ سے اور آپ سے کہیں بڑھ کر باغی ہیں۔

''ادبِ لطیف'' کے ڈرامہ نمبر میں آپ کا منظوم ڈرامہ پڑھا۔بہت بااثر چیز ہے۔

اللہ کرے زورِ قلم اور زیادہ

تھوڑے روز ہوئے میں اور رفیق غزنوی ریڈیو اسٹیشن گئے۔وہاں مسٹر بخاری سے ملاقات ہوئی۔ہم دیر تک آپ کے متعلق باتیں کرتے رہے۔مسٹر بخاری کو آپ کی نظمیں بہت پسند ہیں۔''ضیغمِ ہندوستان'' کا یہ مصرعہ ''ماں مرے سپنے نہ ڈر جائیں ذرا آہستہ بول'' انہیں بہت

پسند آیا اور آپ کی ایک غزل کے وہ شعر تو وہ دیر تک پڑھتے رہے اور مزا لیتے رہے۔ وہی غزل جس کے ایک شعر کا مصرعہ ثانی یہ ہے:

ترے اسیر کا دل اس قدر سیاہ نہیں

بخاری صاحب کی خواہش ہے کہ آپ فوراً بمبے چلے آئیں۔ انہوں نے مجھ سے بار بار تاکیداً کہا ہے کہ آپ کو یہاں بلوالوں۔ وہ آپ سے اوپیرا لکھوانا چاہتے ہیں، ان سے آپ کو معقول آمدن ہوسکتی ہے۔ اس کے علاوہ آپ کے لیے اور بھی کوئی وسیلہ پیدا کیا جاسکتا ہے۔ امید ہے کہ آپ فوراً چلے آئیں گے۔ میں اُن سے وعدہ کر چکا ہوں، اس کے علاوہ میری بھی خواہش ہے کہ ہم دونوں پاس پاس ہوں۔

میں بخیریت ہوں۔ آپ کی بھابی بھی بصحت ہے۔ مجھے فوراً لکھئے کہ آپ کب تک یہاں تشریف لے آئیں گے۔ اگر کرائے وِرائے کی ضرورت ہو تو میں یہاں سے کچھ روپے آپ کو بھجوا دوں گا۔

میرے افسانے دو ماہ کے اندر اندر چھپ کر تیار ہو جائیں گے۔ میں نے اس مجموعے کا نام ''روشنی اور سائے'' رکھا ہے۔ فرمائیے کیسا ہے؟ آپ کے جواب کا مجھے بے حد انتظار رہے گا۔

خاکسار

سعادت حسن منٹو

(۲۹)

۱۷۔اڈلفی چیمبرز

کلیئر روڈ۔ بمبئی ۸

(اگست ۱۹۳۹ء)

برادرِ مکرّم

وعلیکم السلام۔ آپ کا محبت نامہ ملا۔ شکریہ۔

مجھے اچھی طرح یاد ہے کہ میں نے آپ کی خدمت میں ہاتھ سے لکھا ہوا ایک خط بھیجا تھا۔ حیرت ہے کہ وہ آپ کو کیوں نہ ملا۔ ہوسکتا ہے کہ میں نے لفافے پر پتہ غلط لکھ دیا ہو۔ بہر حال میں

نے لکھا ضرور ہے۔ مجھے بہت افسوس ہے کہ آپ کو اس ''کاروباری خط'' سے دکھ ہوا۔ دراصل میں نے وقت بچانے کے لیے ایسا کیا تھا، ورنہ میں عام طور پر ہر ایک کو خط اپنے ہاتھ ہی سے لکھ کر بھیجا کرتا ہوں۔

میں واقعی بہت مصروف رہا۔ شراب نمبر کی ترتیب و تدوین میں مشغول تھا۔ اس کے علاوہ مجھے ریڈیو کے لیے دو تین ڈرامے لکھنا تھے اور چھ سات نقل کرنا تھے اور پھر گھر کے اور بہت سے کام کاج بھی تھے۔ چیونٹیوں بھرا کباب بنا رہا۔ اب فرصت ملی ہے اور آپ کو یہ سطور لکھ رہا ہوں۔

شراب کے خلاف میں نے لکھنے کی کوشش ہی نہیں کی اور نہ اسکے حق میں لکھنے کی ضرورت مجھے محسوس ہوئی۔

آپ کی نظموں کا شکریہ۔ دونوں چھاپ دی گئی ہیں۔

میرے مفصّل حالات کیا ہوں گے۔ بہرحال سن لیجئے۔

حال ہی میں ایک تازہ افسانہ ''نعرہ'' لکھا ہے جو شاید ''پگلا'' کے عنوان سے دسمبر کے ''ہمایوں'' میں چھپے۔ حامد علی صاحب نے اسے اُتنا پسند نہیں کیا جتنا انہوں نے ''نیا قانون'' کو کیا تھا۔ لیکن مجھے یہ افسانہ بہت ہی عزیز ہے آپ پڑھ کر اپنی رائے سے ضرور آگاہ فرمائیے گا۔

''ساقی'' کے کسی آئندہ شمارے میں آپ کو میرا ایک افسانہ ''ایکٹریس کی آنکھ'' نظر آئے گا۔ یہ بالکل فضول سا افسانہ ہے جس سے مجھے بالکل پیار نہیں۔

اسکرین کے لیے ایک اسٹوری لکھی ہے جو ''قیادت'' پر ایک زہریلا طنز ہے، امید ہے کہ یہاں کی کوئی فلم کمپنی اسے خرید لے گی۔ اس کا مکالمہ میں نہیں لکھ سکا اور نہ میں لکھوں گا، اس لیے کہ ڈائریکٹر وغیرہ اس کو عام طور پر مسخ کر دیا کرتے ہیں۔

ایک مکالمہ ''محبت کی پیدائش'' کے عنوان سے لکھا ہے۔ شاید مصوّر میں چھپے۔

ان دنوں میں بہت مفلس ہوں۔ میرے قلمدان میں صرف ایک روپیہ چار آنے ہیں جو آج شام تک خرچ ہو جائیں گے۔ امید ہے کل ریڈیو والوں کا ایک چیک آجائے گا اور مفلسی کچھ کم ہو جائے گی، بہرحال گذارہ ہو رہا ہے۔

صفیہ آپ کا شکریہ ادا کرتی ہے۔اس کو آپ کے افسانے بہت پسند آتے ہیں۔نظمیں وہ بہت کم پڑھتی ہے۔

ان دنوں اُس کی طبیعت ٹھیک نہیں،اس نے ایک افسانہ ''کنوارے سپنے'' کے عنوان سے شروع کیا ہے،جو مکمل ہونے کے بعد شاید ''ساقی'' میں چھپے۔آپ ضرور پڑھئے گا۔

آپ کے سب افسانے میں خوب غور سے پڑھوں گا۔

خلش صاحب یہاں نہیں ہیں۔ان دنوں وہ لاہور میں ہیں۔ان کے آنے پر معلوم ہو سکے گا کہ دفتر میں آپ کی کتنی نظمیں غیر مطبوعہ پڑی ہوئی ہیں۔

میں نے آپ سے ریڈیو کے لیے منظوم ڈرامہ لکھنے کو کہا تھا مگر معلوم ہوتا ہے کہ آپ نے ابھی اس طرف توجہ نہیں فرمائی۔

میں آپ کو ایک روسی مصنف کا ڈرامہ ''تماشہ گاہِ نفس'' بھیج رہا ہوں۔اگر آپ اسے بڑی سہل زبان میں منظوم کر دیں تو یہاں بمبے میں اسٹیج ہو سکتا ہے،لیکن اس صورت میں کہ اگر یہ کام جلدی ہو سکے۔پندرہ روز تک آپ مجھے یہ ڈرامہ واپس بھیج دیں۔اس سے آپ کے نام سے یہاں کی ادبی دنیا بطریق احسن متعارف ہو سکتی ہے۔صفیہ سلام عرض کرتی ہے۔

خاکسار

سعادت حسن منٹو

(۳۰)

۱۷۔اڈلفی چیمبرز

کلیئر روڈ۔بمبئی ۸

(ستمبر ۱۹۳۹ء)

برادرِ مکرّم

وعلیکم السلام۔آپ کے دونوں خط یکے بعد دیگرے ملے۔میں بیمار تھا اس لیے دیر کے بعد جواب لکھ رہا ہوں۔کمر پر پھوڑا نکل آیا تھا جس نے دو تین ہفتے سخت تکلیف دی۔اب بفضل خدا آرام ہے۔

یہ پڑھ کر بہت خوشی ہوئی کہ آپ کو ملازمت مل گئی ہے۔اس میں کوئی شک نہیں کہ شاعر کے لیے محتسب بننا بہت مشکل ہے ۲۵؎ لیکن میں سمجھتا ہوں کہ اس ملازمت کے ذریعے سے آپ پر زندگی کے بہت سے دروازے کھل جائیں گے اور آپ کے حلقۂ فکر میں وسعت پیدا ہو جائے گی۔

میں چاہتا تھا کہ آپ یہاں چلے آئیں مگر اب میری خواہش پوری نہ ہو سکے گی۔ بہر حال آپ وہیں سے ریڈیو کے لیے منظوم ڈرامہ لکھ کر بھیجیں۔ایسا ڈرامہ لکھتے وقت آپ یہ موٹی موٹی چیزیں پیشِ نظر رکھیں۔

(۱) شعروں کا وزن جدا گانہ ہو۔

(۲) کہیں کہیں ڈیوٹ DUET بھی ہوں (بشرطیکہ مضمون اس کی اجازت دے)۔

(۳) منظر نگاری بھی آپ شعروں کے ذریعے سے کر سکتے ہیں۔

(۴) شعر ایسے ہوں جو گائے جا سکیں۔گیت کے طرز پر لکھنے کی کوشش کریں۔

آپ کے منظوم ڈرامے ''ضیغم ہندوستان'' میں سوال و جواب کا طرز بہت اچھا تھا۔آپ اُسے قائم رکھیں۔

ان ہدایات کے پیشِ نظر آپ فوراً ہی کوئی دردناک ڈرامہ لکھ کر بھیج دیں تاکہ یہاں ریڈیو اسٹیشن کو دے دیا جائے۔

میں نے بیماری کے دنوں میں ایک تازہ افسانہ ''نعرہ'' کے عنوان سے لکھا ہے یہ ہمایوں میں چھپے گا اور شاید بمبے سے براڈ کاسٹ بھی ہو۔

آپ کی نظمیں اور افسانے میں پڑھتا رہتا ہوں۔

''ادبِ لطیف'' کے تازہ شمارے میں راجندر سنگھ بیدی کا افسانہ ''دس منٹ بارش میں'' پڑھا۔خوب لکھا ہے مگر طرزِ بیان بہت الجھا ہوا ہے۔

مسٹر کرشن چندر سے میرا اسلام کہئے۔میرا کون سا افسانہ انہوں نے انگریزی میں ترجمہ کیا ہے،کیا آپ اُس رسالے کی ایک کاپی مجھے بھجوا سکتے ہیں جس میں یہ چھپا ہے؟ بے حد ممنون ہوں گا۔

میرے افسانے کی کتابت مکمل ہو چکی ہے۔دہلی طباعت کے لیے بھیج دی گئی ہے۔
آپ کی کتاب کب چھپ رہی ہے۔اگر چھپ گئی تو فوراً بھجوا دیجئے۔
صفیہ آپ کو سلام لکھواتی ہے۔

خاکسار
سعادت حسن منٹو

(۳۱)

۱۷۔اڈلفی چیمبرز
کلیئر روڈ۔بمبئی ۸
(ستمبر ۱۹۳۹ء)

برادرِ مکرّم

وعلیکم السلام۔آپ کا محبت نامہ ملا۔گیتوں کا شکریہ۔میں نے انہیں ڈرامے میں شامل کر لیا ہے اور ریڈیو والوں کو بھیج دیا ہے۔امید ہے کہ نومبر میں براڈ کاسٹ ہو جائے گا۔میں نے گیتوں کے ساتھ ساتھ آپ کے نام کا ذکر کر دیا ہے۔

یہ معلوم کر کے بہت افسوس ہوا کہ آپ کی طبیعت پریشان رہتی ہے۔پریشان تو میں بھی رہتا ہوں۔دراصل یہ پریشانی اس نظام کا باعث ہے جو ہم پر عائد کیا گیا ہے۔

''شاہکار'' میرے پاس نہیں آتا،اس لیے میں آپ کے افسانے پڑھ نہ سکوں گا۔ساقی کے نمبر میں جو آپ کا افسانہ چھپا ہے،میں ابھی تک نہیں پڑھ سکا۔

''ساقی'' کے آئندہ نمبر میں آپ کا ''ہیر رانجھا'' چھپے گا۔شاید اس کے ساتھ میرا ''ایکٹریس کی آنکھ'' بھی چھپے اور اس کے بعد یہ افسانے یکے بعد دیگرے چھپیں گے۔''لالٹین''......''محبت کی پیدائش'' اور ''اُس کا پتی''۔

ادبِ لطیف کے افسانہ نمبر میں میرا بھی ایک افسانہ چھپ رہا ہے۔اس کا عنوان ''شہ نشین پر'' ہے۔پڑھ کر اپنی رائے سے مطلع فرمائیے گا۔

مجھے پچھلے دنوں ایک ضروری کام کی وجہ سے دہلی جانا پڑا وہاں سے مجھے سردار دیوان

سنگھ مفتون نے لاہور بھیج دیا۔ لاہور میں صرف ایک روز رہا۔ وہاں سے امرتسر آیا اور دو روز ٹھہر کر دہلی چلا آیا اور وہاں آٹھ گھنٹے ٹھہر کر یہاں واپس پہنچ گیا۔

خلش صاحب بہت جلدی بمبئی آنے والے ہیں، لیکن میرا خیال ہے کہ آپ کی نظموں کا اسٹاک ختم ہو چکا ہے۔ کسی گذشتہ ہفتے، جب کہ میں دہلی میں تھا، کاتب صاحب نے آپ کی نظم ایک رسالے سے نقل کر لی تھی۔ اگر ہو سکے تو اور نظمیں بھیج دیجئے۔

ریڈیو کے لیے آپ اور اوپیرا ضرور لکھئے۔

فیض صاحب آپ کی قدر افزائی کا شکریہ ادا کرتے ہیں۔

آپ کی محبت اور آپ کے اخلاص کا میں بے حد ممنون ہوں۔ صفیہ بھی آپ کی شکر گزار ہے۔ آداب عرض کرتی ہے۔ امید ہے کہ آپ بخیریت ہوں گے۔

خاکسار

سعادت حسن منٹو

نوٹ:۔

آپ نے ایک بار لکھا تھا کہ میرے کسی افسانے کا کرشن چندر صاحب نے انگریزی میں ترجمہ کیا ہے۔ اگر ہو سکے تو اُس پرچے کا نام لکھئے جس میں یہ چھپا ہے، اگر آپ کے پاس یہ پرچہ ہو تو براہ کرم بھیج دیجئے۔

سعادت

۲۷ تاریخ کو میں پھر دہلی جا رہا ہوں۔ وہاں غالباً ایک ہفتہ رہوں گا۔ اس دوران میں بمبئی سے آپ کو چند انگریزی گیت ملیں گے۔ براہِ کرم ان کا منظوم ترجمہ کر کے فوراً ہی بمبے کے پتے پر روانہ کر دیجئے گا۔ یہ گیت ایک ریڈیائی ڈرامے میں استعمال کئے جائیں گے۔ مجھے امید ہے کہ آپ میرے لیے یہ تکلیف ضرور گوارا فرمائیں گے۔

سعادت

(۳۲)

۱۷۔اڈلفی چیمبرز،کلیئر روڈ۔بمبئی ۸

(اکتوبر ۱۹۳۹ء)

برادرِ مکرّم

آج دس روز کی شدید علالت کے بعد بستر چھوڑ کر آپ کو یہ سطور لکھ رہا ہوں۔ میں ۲۷ر ستمبر کو دہلی گیا اور وہیں مجھے زکام کی شکایت لاحق ہوگئی۔اس کے بعد ملیریا نے آ گھیرا۔یکم اکتوبر کو جب میں دہلی سے بمبے روانہ ہوا تو درجہ حرارت ۱۰۳ تھا۔یہاں پہنچ کر طبیعت زیادہ خراب ہوگئی۔ ۱۰۵ ڈگری تک بخار رہا۔اب آرام ہے مگر کمزور بہت ہوگیا ہوں اور کونین کے انجکشن کے باعث سر بہت وزنی ہوگیا ہے اور سنائی بھی کم دیتا ہے۔اسی دوران میں آپ کا ''میرا رانجھا'' پڑھا۔دیہاتی رومان کا بہت اچھا نمونہ ہے۔اس پر میں اپنے خیالات مفصّل طور پر پھر کبھی لکھوں گا۔مجھے اس کے متعلق آپ سے کچھ کہنا ہے۔

عرصہ ہوا میں نے آپ کو ایک خط لکھا تھا۔پرسوں ترسوں یہ خط ڈیڈ لیٹر آفس سے مجھے واپس ملا اس لیے کہ پتہ ناکافی تھا۔اسے اس خط کے ساتھ ہی بھیج رہا ہوں۔

آپ کی تصنیف ابھی تک مجھے نہیں ملی۔مجھے انتظار ہے۔

میں آپ کو ایک تکلیف دینا چاہتا ہوں۔یہاں بمبے میں اچھا گھی بہت مشکل سے ملتا ہے بلکہ یوں کہئے کہ ملتا ہی نہیں ہے۔آپ سے درخواست ہے،کہ گاؤں سے آدھا یا پورا ٹین جیسا کہ حالات اجازت دیں فوراً روانہ فرمادیں۔میں آپ کو مطلوبہ رقم بھیج دوں گا۔گھی نہ ملنے کے باعث سخت پریشانی ہو رہی ہے،اس کے علاوہ یہاں کا گھی استعمال کرنے سے صحت پر بہت برا اثر پڑ رہا ہے۔

یہ سطور میں نے بہت مشکل سے لکھی ہیں۔اس لیے کہ طاقت بالکل نہیں رہی۔اتنا لکھنے ہی سے سر چکرانے لگ گیا ہے۔صفیہ آداب عرض کرتی ہے۔

آپ کا بھائی

سعادت حسن منٹو

(۳۴)

۱۷۔اڈلفی چیمبرز،کلیئر روڈ،بمبئی ۸

(نومبر ۱۹۳۹ء)

برادرِ مکرّم

آپ کا خط مجھے بستر علالت پر ملا۔اس لیے میں فوراً ہی آپ کو اس کی رسید سے مطلع نہ کر سکا۔میری بیماری دور ہوئی تو یکے بعد دیگرے صفیہ اور میری بہن ملیریا میں مبتلا ہو گئیں،ان دنوں یہاں ملیریا بہت عام ہے۔حرارت ۱۰۵ڈگری سے بھی بڑھ جاتی ہے۔

اب خدا کا فضل ہے۔گو ابھی تک میری ہمشیرہ اور صفیہ دونوں نقاہت کے باعث بستر پر سے اٹھ نہیں سکتیں لیکن میری پریشانیاں بہت حد تک کم ہو گئی ہیں۔

دن رات کی تیمارداری کے باعث میں بہت کمزور ہو گیا ہوں۔اس لیے آپ کے افسانوں پر اظہارِ خیال نہیں کر سکتا۔میں نے بارہا چاہا ہے کہ آپ کے ان تمام افسانوں کے متعلق پوری تفصیل سے آپ کو ایک خط لکھوں جو میں نے اس دوران میں پڑھے ہیں۔مگر مجھ میں اتنی طاقت نہیں ہے۔

تھوڑے روز ہوئے میں نے آپ کا افسانہ ''ماں'' پڑھا۔اس کے متعلق میری یہ رائے ہے کہ ایک اچھے افسانے کو خراب Editing نے پھیکا بنا دیا ہے۔آپ ترتیب کا بہت خیال رکھا کریں۔اسکے علاوہ ''ماں'' میں آپ نے گرم اور سرد پانی کو سمونے کی کوشش کی ہے جس میں آپ ناکام رہے ہیں۔بہتر ہوتا کہ آپ ایک ہی موضوع کو پیشِ نظر رکھتے۔اس افسانے پر میرے خیال کے مطابق ''ماں'' کا عنوان نہیں ہونا چاہیے تھا اور نہ اس میں مامتا کا ذکر ہی اچھا معلوم ہوتا ہے۔

آپ کی ''چوپال'' مل گئی تھی۔خلش صاحب نے اس پر مختصر سا ریویو بھی کر دیا تھا۔مجھے افسوس ہے کہ نذیر صاحب اسے دہلی لے گئے اور وہاں کے ایک سرمایہ دار کو بطور تحفہ دے آئے۔لیکن آپ کو خوش ہونا چاہیے کہ آپ کے افسانے ایک ایسے انسان کے زیر مطالعہ رہیں گے جس کے دل و دماغ میں آٹھ دس لاکھ روپے ہر وقت کھنکھناتے رہتے ہیں۔اگر آپ ایک

جلد اور بھجوا دیں تو میں اپنا وعدہ پورا کر دوں گا۔

غزلوں کا شکریہ۔ ''مصور'' کیا آپ کو باقاعدہ مل رہا ہے؟

میرے افسانے نا معلوم کب چھپیں گے؟ میں دراصل دوستوں کی دوستی سے بہت پریشان ہو رہا ہوں اور اسی وجہ سے میں نے اس کتاب کی اشاعت میں دلچسپی لینا چھوڑ دی ہے۔ جب چھپ جائے گی آپ کو خود بخود مل جائے گی۔

''شوشو'' کے انگریزی ترجمے کے بارے میں اگر کرشن چندر صاحب نے آپ کو کچھ لکھا ہو تو مجھے ضرور بتائیے۔

آپ کے ایک مداح اور میرے عزیز دوست میرے پاس بیٹھے ہیں۔ آپ نے ان کا نام مختلف رسالوں میں دیکھا ہوگا۔ میں آپ کا تعارف خواجہ حسن عباس صاحب ۲۶ سے کرانا چاہتا ہوں جو دو مہینے سے میرے ساتھ مقیم ہیں۔ آپ کے افسانے وہ بڑے غور سے پڑھا کرتے ہیں۔

خلش صاحب آپ کو سلام لکھواتے ہیں۔

صفیہ آداب عرض کرتی ہے۔

خاکسار

سعادت حسن منٹو

(۳۴)

۱۷۔اڈلفی چیمبرز، کلیئر روڈ، بمبئی ۸

(دسمبر ۱۹۳۹ء)

برادرِ مکرّم

آپ کا محبت نامہ ملا۔ اس سے قبل مکرمی محمد صادق صاحب کا مکتوبِ گرامی گھی کی بلٹی کے ساتھ مل چکا ہے جس کا میں ابھی تک شکریہ ادا نہیں کر سکا۔ گھی چونکہ مال گاڑی کے ذریعے سے بھیجا گیا ہے اس لیے ابھی تک نہیں ملا۔ میں آپ کا اور برادرم محمد صادق صاحب ۲۷ کا بہت ممنون ہوں کہ آپ نے میرے لیے بہت تکلیف کی۔

آپ کا نیا پتہ میں نے رجسٹر میں خود درج کر دیا ہے۔ امید ہے کہ اب آئندہ سے آپ کو

پرچہ باقاعدہ مل جایا کرے گا۔

میں اب خیریت سے ہوں۔ گھر میں بھی سب لوگ اچھے ہیں اور آپ کی ہمدردی کا شکریہ ادا کرتے ہیں۔

''ماں'' کے متعلق آپ نے میری رائے کو پسند کیا، مجھے خوشی ہوئی۔ پہلے میرا خیال تھا کہ آپ کے افسانے کو ادھر ادھر سے کاٹ کر ایڈٹ کروں اور آپ کو بھیجوں مگر اس کام کے لیے مجھے فرصت نہ ملی۔ اب انشاءاللہ فرصت اوّلین میں اسے ترتیب دے کر روانہ کردوں گا۔ اس سے آپ کو میرا مافی الضمیر زیادہ اچھی طرح معلوم ہو جائے گا۔

''چوپال''، جس وقت مجھے ملی، میں اس پر حسبِ وعدہ ریویو کردوں گا۔

دوستوں اور ان کی دوستی کے بارے میں آپ بالکل استفسار نہ کیجئے۔ یہ ایک تلخ بات ہے جس کا اعادہ بہت مشکل ہے۔

''ساقی'' کے سالنامے میں آپ کا افسانہ ''روشدانوں کے شیشے'' ضرور پڑھوں گا۔ اس کا عنوان مجھے بہت پسند آیا ہے۔ میں نے حال ہی میں ایک افسانہ ''اسکا پتی'' لکھنا شروع کیا ہے ''ساقی'' میں چھپے گا۔ ضرور پڑھیے گا۔ حالانکہ افسانوی اعتبار سے اسکا درجہ اتنا بلند نہیں لیکن چند باتیں اس میں قابلِ غور ہیں جن کو آپ پسند کریں گے۔ اس کے علاوہ افسانے کا منہج بہت اچھا ہے اور ایک پرانے مسئلے پر میں نے ایک نئے زاویے سے کچھ لکھنے کی سعی کی ہے۔

فیض صاحب لاہور چلے گئے ہیں۔ خلش صاحب شدید طور پر علیل ہیں اور امرتسر چلے گئے ہیں۔

صفیہ آداب عرض کرتی ہے، اور خواجہ حسن عباس سلام لکھواتے ہیں۔

خاکسار

سعادت حسن منٹو

نوٹ: چونکہ خلش صاحب بیمار ہیں اور ''مصور'' سے علیحدہ ہو گئے ہیں اس لیے میں آپ سے درخواست کرتا ہوں کہ ''نمک مرچ'' ۲۸ء کے رنگ میں ہر ہفتے آپ ایک نظم میری خاطر ''مصور'' کے لیے لکھ دیا کریں۔ اس عنایت کے لیے میں آپ کا شکرگزار رہوں گا۔

سعادت

(۳۵)

۱۷۔اڈلفی چیمبرز،کلیئر روڈ،بمبئ ۸

(ستمبر ۱۹۳۹ء)

برادرِ مکرّم

وعلیکم السلام۔میں کتنا سست ہوں کہ آپ کے محبت نامے کا جواب اتنی دیر کے بعد دے رہا ہوں۔اگر میں ارادہ کرتا تو یہ سطور آج سے بہت پہلے آپ کو مل سکتی تھیں مگر ایک ناقابل بیان تھکاوٹ مجھ پر طاری رہی اور میں دوسرے کاموں میں گھر کر آپ کو یاد نہ کر سکا۔گھی مل گیا تھا۔ پارسل اتنا نفیس تھا کہ پہلے مجھے شبہ ہوا کہ اس میں بلّوریں جام بند ہوں گے۔اس کا شکریہ بھی میں وقت پر ادا نہ کر سکا۔ایسے کاموں میں نہ جانے میں ہمیشہ کیوں پیچھے رہ جاتا ہوں؟ آپ کے بھائی صاحب کو بھی میں شکریہ کا خط نہ لکھ سکا اور شاید نہ لکھ سکوں، کیونکہ میری سمجھ میں نہیں آتا کہ کیا لکھوں۔ لفظ شکریہ سے وہ جذبات ادا نہیں ہو سکتے جو میرے دل میں ہیں۔

مجھے خوشی ہے کہ آپ نے ''پگلا'' پسند کیا۔یہ افسانہ مجھے خود بھی پسند ہے۔میں نے اسے ''نعرہ'' کے عنوان سے ''مصور'' میں شائع کیا ہے اور ایک نوٹ بھی لکھا ہے جو کہ آپ کی نظر سے گزرا ہوگا۔

میں نے مصور میں ''چوپال'' پر ریویو لکھنا شروع کیا ہے۔اس کی پہلی قسط آپ نے ضرور پڑھی ہوگی۔اگر اس کا انداز آپ کو پسند ہو تو میں آگے لکھوں ورنہ اتنا ہی کافی ہے۔

''روشندانوں کے شیشے'' بہت پیارا عنوان ہے۔امید ہے کہ یہ افسانہ دلچسپ ہوگا۔میں اسے یقیناً پڑھوں گا۔

''نمک مرچ'' کے لیے نظمیں بھیجنے کا شکریہ، پانچ چھ نظمیں اور روانہ فرما دیجئے۔زیادہ شعر لکھنے کی ضرورت نہیں۔ہر نظم میں آٹھ نو شعر ہونے چاہئیں، کیونکہ کالم میں زیادہ شعروں کی گنجائش نہیں ہوتی۔

آپ ریڈیو کے لیے بجائے اسٹوری کے کوئی منظوم ڈرامہ یا سادہ ڈرامہ بھیجیں تو زیادہ بہتر ہوگا۔بہت جلد کوئی لکھ کر روانہ فرما دیں۔

خواجہ حسن عباس صاحب ''بمبے کرانیکل'' میں کام نہیں کرتے، وہ دوسرے خواجہ ہیں جن کا نام خواجہ احمد عباس ہے۔ ''چوپال'' پر ریویو ختم کرنے کے بعد میں ان کو یہ کتاب ریویو کے لیے دے دوں گا۔ وہ یقیناً اپنے اخبار میں اس پر کچھ نہ کچھ لکھیں گے۔

صفیہ آداب عرض کرتی ہے۔

خواجہ حسن عباس صاحب سلام لکھواتے ہیں۔

امید ہے کہ آپ بخیریت ہوں گے۔

خاکسار

سعادت حسن منٹو

(۳۶)

۱۷۔ اڈلفی چیمبرز

کلیئر روڈ، بمبئی ۸

(دسمبر ۱۹۳۹ء)

برادرِ مکرّم

اس سے قبل ایک عریضہ ارسال کر چکا ہوں۔ آج مجھے ایک کباڑیئے کی دوکان پر چند پھٹے ہوئے اوراق میں انگریزی زبان کا ایک ''اوپیرا''۲۹؎ ملا جو میں آپ کو بھیج رہا ہوں۔ اگر اس کو ہندوستانی فضا میں لا کر لکھیں، تو میرا خیال ہے ایک اچھا فرحیہ اوپیرا اردو زبان میں تیار ہوسکتا ہے اور آپ تو اسے بہت جلد لکھ لیں گے کیونکہ آپ کو شعر کہنے پر کافی قدرت حاصل ہے۔

جج کے بجائے پرانے زمانے کا قاضی رکھیں، اسی طرح دوسرے کردار بھی تبدیل کر لیں۔ جو جو چیز اس میں اچھی ہو وہ آپ بجنسہ رہنے دیں۔ یہ اوپیرا اگر آپ آٹھ دس روز میں لکھ کر روانہ کرسکیں تو میں ریڈیو کے لیے فوراً ہی منظور کرا دوں گا۔

یہ اوپیرا آپ کو اوپیرا لکھنے کی ٹیکنیک سکھانے میں کافی مدد دے گا۔ اگر مجھے کہیں سے ایسے ڈرامے اور ملے تو آپ کی خدمت میں روانہ کر دوں گا۔

صفیہ آپ کو سلام لکھواتی ہے۔ کل ''ساقی'' میں آپ کا ''روشندانوں کے شیشے'' پڑھ رہی

تھی۔آپ کے خط کا مجھے انتظار رہے گا۔خواجہ حسن عباس صاحب سلام لکھواتے ہیں۔

خاکسار

سعادت حسن منٹو

(۳۷)

۱۷۔اڈلفی چیمبرز

کلیئر روڈ،بمبئی ۸

(جنوری ۱۹۴۰ء)

برادرِ مکرّم

آپ کا خط ملا۔ یہ معلوم کر کے افسوس ہوا کہ آپ کی طبیعت ناساز ہے۔آپ کے متعلق میں کہہ نہیں سکتا مگر مجھ میں یہ عجیب بات ہے کہ بیماری کے دوران میں میری قوتِ فکر بہت تیز ہو جاتی ہے۔ دراصل اس کا باعث میری جسمانی حرارت کی کمی ہے۔جونہی میرا دل و دماغ جسمانی علالت کے باعث تپ جاتا ہے میری سوچنے کی قوت، جس کو ایک خاص درجہ حرارت مطلوب ہوتا ہے،اچھی طرح کام کرنا شروع کر دیتی ہے۔کیا آپ نے کبھی ایسا محسوس کیا ہے؟

''لالٹین'' اور ''شہ نشین پر'' کی تعریف کا شکریہ۔آپ بجا فرماتے ہیں ''لالٹین'' میرا بہت پرانا افسانہ ہے۔غالباً ۱۹۳۶ء میں لکھا گیا تھا اور ''شہ نشین پر'' شادی سے غالباً تین چار مہینے پہلے۔

''مصور'' کے مطلوبہ نمبر آپ کو مل جائیں گے۔اس وقت تک آپ کے ارشاد کی تعمیل صرف اس لیے نہیں ہو سکی کہ میں دفتر بہت کم جاتا ہوں۔گھر ہی سے سب کچھ لکھ کر بھیج دیتا ہوں۔زیرِ ترتیب پرچہ جب ڈاک میں ڈالا جائے گا تو میں دفتری سے کہہ دوں گا کہ وہ پرانے پرچے تلاش کر کے آپ کو بھیج دے۔

ریویو کا شکریہ۔میں اس کا بقایا بہت جلد لکھنے کی کوشش کروں گا۔ریڈیو پر بھی میں عنقریب آپ کی کتاب پر ریویو پڑھنے والا ہوں۔تاریخ سے آپ کو مطلع کر دوں گا۔میں یہاں کوشش کر رہا ہوں کہ مہینے میں کم از کم ایک بار اردو کتابوں پر ریویو نشر ہوا کریں۔

''روشندانوں کے شیشے'' میں ابھی تک نہیں پڑھ سکا۔آپ کی چند نظمیں پڑھی تھیں جو

بہت اچھی تھیں۔میں دراصل آجکل بہت مصروف ہوں۔

اس خط کے ساتھ آپ کو" دھرم پتنی"۔۳۰ کے نام سے ایک فلم اسٹوری بھیج رہا ہوں۔ یہ فلم یہاں کے ایک فلم پرڈیوسر فلمانا چاہتے ہیں۔مسٹر کیدار شرما سے اس کا مکالمہ لکھوایا گیا ہے جو پسند نہیں کیا گیا۔سو آپ اس کے مکالمے لکھنا شروع کر دیں۔اسٹوری آپ ساری کی ساری پڑھ لیں۔ پھر اس کا انگریزی مکالمہ ذہن نشین کرنے کے بعد اس کو نہایت ہی سلیس مگر جذباتی زبان میں ترجمہ کر دیں۔ یہ خیال رہے کہ مکالمہ بہت چست اور جذباتی ہو۔سلیس زبان سے میری مراد ایسی زبان نہیں جسے ہم ریڈیائی زبان کہتے ہیں۔آپ وہی زبان استعمال کریں جس میں آپ ہر روز لکھتے ہیں مگر خیال صرف اس بات کا رہے کہ مکالمے میں زور ہو اور سننے والے کو مزا آجائے۔آپ جہاں انگریزی مکالمے میں تبدیلی کرنا چاہیں، کر سکتے ہیں۔یعنی ایسی تبدیلی جو سین میں جان پیدا کر دے۔

پہلے آپ نمونے کے طور پر اسٹوری کے اس سین کا مکالمہ لکھ کر فوراً بھیج دیں جو آپ کو پسند آیا ہو،یعنی جس میں آپ کو اپنے قلم کے جوہر دکھانے کا زیادہ موقع ملتا ہو۔ یہ سین پڑھ کر میں آپ کو اپنی رائے سے آگاہ کر دوں گا۔اس دوران میں آپ اسٹوری کے بقایا مناظر کا مکالمہ لکھ لیں۔گانے بھی آپ ہی لکھیں گے۔ براہِ کرم یہ کام خوب محنت سے کیجئے گا۔میری خواہش ہے کہ آپ فلمی لائن میں آئیں اور اپنا نام روشن کریں۔

صفیہ کو جب معلوم ہوا کہ میں آپ کو مکالمہ لکھوانے کے لیے اسٹوری بھیج رہا ہوں تو اسے بہت خوشی ہوئی۔میں ایک بار آپ سے پھر کہنا چاہتا ہوں کہ مکالمہ نہایت چست ہو جس کے نچے تلے الفاظ ہوں جو سننے والوں کے دل میں کھب جائیں۔امید ہے کہ آپ میرا مطلب سمجھ گئے ہوں گے۔مجھے آپ کے جواب کا انتظار رہے گا۔

امید ہے کہ آپ بخیریت ہوں گے۔"نمک مرچ" کے لیے ابھی تک آپ نے کوئی نظم نہیں بھیجی۔

خاکسار

سعادت حسن منٹو

(۳۸)

۱۷-اڈلفی چیمبرز
کلیئر روڈ، بمبئی ۸
(جنوری ۱۹۴۰ء)

برادرِ مکرّم

آپ کا محبت نامہ ملا۔ اوپیرا مجھے بحفاظت تمام مل گیا ہے۔ بہت اچھا ہے۔ معمولی سے ردوبدل کے بعد یہ ریڈیو پر بڑی کامیابی کے ساتھ کھیلا جا سکتا ہے۔ میں کوشش کروں گا کہ رفیق غزنوی اس کو کمپوز کرے۔ ان دنوں وہ بہت مصروف ہے لیکن میرا خیال ہے کہ وہ اس کام کے لیے ضرور وقت نکال لے گا۔ آپ کا اوپیرا نہایت اچھے شعروں کا مجموعہ ہے۔ بعض بعض شعر تو بے حد اچھے ہیں، یعنی مجھ جیسے کورذوق کو بھی پسند آگئے ہیں۔

آپ نے جن ہندی الفاظ کی طرف اشارہ کیا ہے وہ میرے علم سے باہر ہیں۔ میں نے ابھی تک ''دھرم پتنی'' کا افسانہ نہیں پڑھا۔ جونہی میرے پاس اس کا مسودہ آیا میں نے پارسل بنا کر آپ کو بھیج دیا۔ کل یا پرسوں اس کی ایک کاپی میرے پاس آئے گی، پھر میں اسٹوری اور ان ہندی الفاظ کے بارے میں آپ کو کچھ بتا سکوں گا۔

مکالموں میں بلا ضرورت ہندی الفاظ کی ٹھونس ٹھانس نہ ہونی چاہیے۔ آپ اپنی زبان میں لکھتے چلے جائیے۔ Kum kum شاید ماتھے کی بندیا کو کہتے ہیں لیکن مجھے اس کے متعلق یقین نہیں ہے۔

اگر آپ افسانے میں کوئی ایسی تبدیلی کرنا چاہیں یا کر سکتے ہوں جو اس میں جان ڈال دے تو علیحدہ ایک کاغذ پر اپنی رائے لکھ کر بھیج سکتے ہیں۔

یہ افسانہ یعنی ''دھرم پتنی'' مہاراشٹر کے ایک مشہور مصنف کھانڈیکر نے لکھا ہے اور غالباً تین زبانوں میں تیار ہوگا۔ آپ نے ''مصور'' میں فیمس سنے لیبارٹریز کا اشتہار دیکھا ہوگا۔ اس کے مالک مسٹر شیراز علی حکیم، جو کہ ایک نہایت ہی باہمت نوجوان ہیں اور کافی مالدار ہیں، اس فلم کو تیار کریں گے۔ پہلے وہ تیلگو اور تامل زبانوں میں فلمیں تیار کرتے رہے ہیں اور اب حال ہی

میں انہوں نے اس کام کو شروع کرنے کا ارادہ کیا ہے۔ پروڈکشن کے انچارج ہمارے دوست مسٹر کرپارام ہوں گے جو کہ آپ کے بڑے مداح ہیں۔ آپ کی کتاب ''چوپال'' کی پہلی کاپی مسٹر کرپارام ہی لے گئے تھے اور اب وہ مسٹر شیراز کے پاس ہے۔

حفیظ ہوشیار پوری صاحب کا چرچا بہت ہے لیکن آج تک ان کی تحریر نے مجھے متاثر نہیں کیا۔ خدا معلوم اس کی کیا وجہ ہے۔ مسٹر کرشن چندر کا میں ایک زمانے سے مداح ہوں۔ افسوس ہے کہ آپ نے ان سے میرے افسانے کے انگریزی ترجمے کا پتہ نہ لیا۔ کیا وہ چھپا بھی ہے کہ نہیں؟

''نمک مرچ'' کے لیے نظمیں بھیجنے کا شکریہ۔ بہت بہت شکریہ۔ ''مصور'' کے حصۂ نظم کی رونق صرف آپ ہی کے دم سے قائم ہے۔

صفیہ آداب عرض کرتی ہے۔ وہ آپ کی ہمشیرہ مکرمہ سے بہناپا پیدا کر کے بہت خوش ہو گی۔ ان سے کہیے کہ وہ اسے خط لکھیں۔

میں ان دنوں کام زیادہ نہ ہونے کے باوجود بے حد مصروف ہوں۔ ایک فلمی افسانہ سوچ رہا ہوں جس کا عنوان ''پڑوس'' ہوگا۔ دس پندرہ روز سے مغز کھپا رہا ہوں مگر اس کے لیے افتتاحیہ سین ہی دماغ میں نہیں آتا۔ اسی الجھن میں بیماری سی محسوس ہونے لگی ہے۔ اس افسانہ کا موضوع ہندو مسلم اتحاد کا عقبی منظر ہوگا۔ یعنی وہ تمام عناصر بیان کیے جائیں گے کہ جو اتحاد کے درمیان حائل ہوتے ہیں۔ چونکہ مسجد اور مندر میں ان دونوں قوموں کا ملاپ محال ہے اس لیے میں نے ایک ایسا پلیٹ فارم ڈھونڈا ہے جہاں یہ دونوں مل سکتے ہیں یا ملتے رہتے ہیں۔ وہ پلیٹ فارم ویشیا کا مکان ہے جو نہ مندر ہے اور نہ مسجد۔ بس اسی مکان پر میں اپنے سارے افسانے کا بوجھ ڈالنا چاہتا ہوں۔

''مڈ'' ۷ ۲ جنوری کو ریلیز ہوگئی ہے۔ افسانے میں بہت سی تبدیلیاں کی گئی ہیں جس سے مجھے بڑا دکھ ہوا ہے مگر فوٹو گرافی بہت اچھی ہے اور بعض ایکٹروں نے کام بھی اچھا کیا ہے۔ اس کے متعلق میری مفصل رائے ''مصور'' میں پڑھ لیجیے گا۔

خواجہ حسن عباس صاحب واپس امرتسر تشریف لے گئے ہیں۔

امید ہے کہ آپ بخیریت ہوں گے۔

خاکسار

سعادت حسن منٹو

نوٹ: افسوس ہے کہ فلم اسٹوری کے متعلق میں آپ کو خطوط کے ذریعے سے ایسی معلومات بہم نہیں پہنچا سکتا جن سے آپ کو کوئی فائدہ ہو۔ ''دھرم پتنی'' کے منظرنامے سے آپ کو کافی مدد مل سکتی ہے۔ یعنی مکمل صورت میں ایک فلم اسٹوری آپ کے پاس موجود ہے۔

سعادت

(۳۹)

۱۷-اڈلفی چیمبرز

کلیئر روڈ، بمبئی ۸

(فروری ۱۹۴۰ء)

برادرِ مکرّم

آپ کا محبت نامہ ملا جو میں نے متحرک بس میں پڑھا۔ چونکہ میرا ذہن کچھ پریشان تھا اس لیے گھر آ کر اسے دوبارہ پڑھا۔ میں نے آج پانچواں انجکشن لیا ہے اور بازو میں درد ہو رہا ہے، اس لیے میں آپ کو مفصل جواب نہ لکھ سکوں گا معاف فرمائیے گا۔

''اوپیرا'' کے متعلق یہ عرض ہے کہ بمبے اسٹیشن والوں نے اسے مارچ میں بک کر لیا ہے۔ میں نے بہت کوشش کی کہ آپ کو اس کا حق الخدمت زیادہ ملے مگر وہ پچاس روپے سے آگے نہیں بڑھتے۔ جونہی یہ براڈ کاسٹ ہوا آپ کو یہ رقم بذریعہ چیک مل جائے گی۔ اس اثناء میں آپ اپنے ڈیپارٹمنٹ سے اس بات کی اجازت لے لیں کہ آپ ریڈیو میں اپنا ڈرامہ براڈ کاسٹ کرا سکتے ہیں۔ آپ سرکاری ملازم ہیں اس لیے یہ اجازت بہت ضروری ہے کیوں کہ جب اس ڈرامے سے متعلقہ کاغذات پر آپ کو دستخط کرنے پڑیں گے تو اس اجازت نامے کی بھی ضرورت ہوگی۔

مارچ کے آغاز تک آپ کوئی نیا اوپیرا لکھ کر بھیج دیں۔ ہاں یہ اوپیرا بہت اچھا ہے۔

یہاں سب لوگوں نے پسند کیا ہے۔ایک بات اور، وہ یہ کہ اس کے متعلق خاص مصلحت کی بناء پر یہ ظاہر کرنے کی ضرورت نہیں کہ آپ نے اسے Adopt کیا ہے اس لیے کہ اس اوپیرا کے جملہ حقوق محفوظ ہیں۔

اگر آپ Musical features لکھ کر بھیجیں تو وہ بھی یہاں بک ہو سکتے ہیں۔میں ان کی تکنیک آپ کو سمجھاتا ہوں۔مثال کے طور پر پنگھٹ کو لے لیجئے۔شاعر اس کی رنگینیاں بیان کرتا ہے اس بیان کے بعد پانی بھرنے والیوں کا مکالمہ ہو (نثر میں)...... دیہاتی رنگ میں...... پھر اس کے بعد شاعر کچھ بیان کرے...... ریڈیو پر برتنوں کی آواز پیدا کی جا سکتی ہے۔اس کے بعد ان پانی بھرنے والیوں کا گیت شروع ہو۔ وقس علیٰ ہذا۔اس قسم کے Musical features آپ بڑی آسانی سے لکھ سکتے ہیں اور ان سے آپ کو مالی فائدہ بھی ہو سکتا ہے۔ موضوع آپ خود چن سکتے ہیں۔

میں نے آپ کا بھیجا ہوا سین پڑھا ہے۔اچھا ہے مگر بہت اچھا نہیں۔میں نے اس کو Re-touch کیا ہے اور مسٹر کرپارام کو سنایا ہے۔انہوں نے بہت پسند کیا ہے۔ابھی ابھی ان کا ٹیلی فون آیا تھا کہ وہ کل صبح مجھے یہاں لینے کے لیے آ رہے ہیں۔ہم دونوں کل صبح آٹھ بجے مسٹر شیراز کو یہ سین سنائیں گے اور ان کی رائے دریافت کریں گے۔اگر ان کو پسند آ گیا تو پھر پو بارہ ہیں۔ آپ کو کافی رقم مل جائے گی۔ پانچ چھ سو کے قریب۔

ہاں ایک بات اور......

مسٹر کرپارام چاہتے ہیں کہ اگر کل اس بات کا فیصلہ ہو گیا تو آپ کو کچھ دنوں کے لیے بمبئی بلا لیا جائے۔کیا آپ کو پندرہ بیس دن کی چھٹی مل سکتی ہے۔انہوں نے مجھ سے یہ خاص طور پر پوچھا ہے۔

اگر آپ کو گلبرٹ کے اوپیراز کی ضرورت ہو تو میں آپ کو اس کی کتاب بھیج دوں؟ میوزیکل فیچرز ضرور لکھیے گا۔میں ان سے وعدہ کر چکا ہوں۔

صفیہ آداب عرض کرتی ہے۔آپ کا افسانہ ''توبہ میری'' کل اس نے پڑھا اور پسند کیا۔مجھے بھی یہ افسانہ پسند ہے۔

''چوپال'' کا ریویو مارچ کے مہینے میں براڈ کاسٹ ہوگا۔ میں بخیریت ہوں۔ یعنی بیمار نہیں ہوں۔

آپ کا
سعادت حسن منٹو

(پشت پر) ...... میں ابھی ابھی سین سنا کر آرہا ہوں، شیراز صاحب نے اسے بے حد پسند کیا۔ اب فیصلہ یہ ہوا ہے کہ آپ بہت جلد پندرہ بیس دن کی چھٹی لے کر دہلی آئیں، ادھر سے میں وہاں چلا آؤں اور آپ اسٹوری کا مکالمہ مکمل کر دیں۔ لیکن یہ بہت جلد ہونا چاہیے۔ مارچ کے آخری ہفتے میں یا اپریل کے آغاز میں اس کی شوٹنگ شروع ہو جائے گی۔ یہ کہنے کی حاجت نہیں کہ آپ کو تگڑا معاوضہ مل جائے گا۔

آپ اس خط کے ملتے ہی مجھے اپنے فیصلے سے بذریعہ تار مطلع کریں۔ اگر آپ کو دہلی تک آنے کے لیے کچھ روپیہ درکار ہو تو مجھے لکھیے تاکہ میں مسٹر کرپارام کو دہلی تار دے دوں وہ آپ کو روپیہ بھجوا دیں گے۔ مسٹر کرپارام کل رات کی گاڑی سے دہلی جا رہے ہیں۔

Re-touch کیا ہوا سین میں آپ کے ملاحظہ کے لیے بھیج رہا ہوں۔

خاکسار
سعادت حسن منٹو

''چوپال'' پر بمبے کرانیکل میں ریویو صرف اسی صورت میں ہو سکتا ہے کہ آپ خواجہ احمد عباس صاحب کو ایک کاپی خود روانہ کر دیں۔ مجھے آپ نے جو کتاب بھیجی تھی وہ میں نے ریڈیو کی لائبریری میں دے دی ہے۔

سعادت

دھرم پتنی کا ایک منظر

جسے احمد ندیم قاسمی نے لکھا اور منٹو نے سنوارا

سین نمبر۔ ۳۴

(راجہ، موہن، مینکا، موہن کا باپ، موہن کی ماں اور چندرا... چندرا دروازے کے پیچھے چھپی ہوئی ہے۔)

موہن کا باپ: (غصے میں) میں پوچھتا ہوں کیا رادھا ویشیا کی بیٹی نہیں؟

موہن : پتاجی یوں ہی اڑتی بات سن کر کسی کی عصمت پر شک کرنا ٹھیک نہیں۔

موہن کا باپ: خاموش رہ... میں تیری طرح کاٹھ کا الو نہیں... ((رادھا سے) بتا کیا تو اس کی (مینکا) بیٹی ہے۔ (رادھا اثبات میں سر ہلاتی ہے)... (مینکا سے) کیا تو اس کی ماں ہے؟ (رادھا اثبات میں سر ہلاتی ہے) تو بتا اس کے پتا کا نام کیا ہے۔ (مینکا گھبرا جاتی ہے) اب سوچ میں کیوں پڑ گئیں... بے شمار شوہروں کی فہرست میں تجھ سے کوئی نام نہیں چنا جاتا۔

موہن : پتاجی!

موہن کا باپ: (موہن کی طرف غصے سے دیکھتا ہے اور پکارتا ہے) چندرا!

(چندرا دروازے کے پیچھے سے نکل کر سامنے آجاتی ہے۔ مینکا کا رنگ فق ہو جاتا ہے)

(وہ پریشان ہو جاتی ہے اور سہارا لینے کی خاطر ایک میز پر ہاتھ ٹیکنے لگتی ہے کہ بے خبری میں اس کے ٹکرانے سے پھولدان لڑھک کر فرش پر گر جاتا ہے اور چور چور ہو جاتا ہے۔ مینکا اس کو بچانے کی کوشش کرتی ہے اور اس کے منہ سے بے اختیار نکل جاتا ہے۔ ''یہ بھی ٹوٹ گیا''

موہن کا باپ: اور جو میرے دل پر تڑ تڑے آئے ہیں اسے کوئی جانتا ہی نہیں۔ (چندرا سے) چندرا... میں نے سنا ہے کہ تم اس عورت کی نوکری کرتی رہی ہو... کیا کرتی تھی یہ اُن دنوں۔ چندرا: (ہچکچاتے ہوئے) پاپ کا لین دین۔

(منیکا اپنا چہرہ دونوں ہاتھوں سے ڈھانپ لیتی ہے۔رادھا دوڑ کر منیکا کی طرف جاتی ہے اور بے تاب ہو کر اپنا سر اس کے سینے پر رکھ دیتی ہے ۔)

رادھا : ماں...ماں...

منیکا : (چہرے سے استقلال اور سنجیدگی ٹپکنے لگتی ہے ۔رادھا کو ایک طرف دھکیلتی ہے) اس پاپ کی گٹھری کا گندہ چیتھڑا نہ بن...تو میری بیٹی نہیں رادھا...(چندرا اس کی طرف جاتی ہے اور اس سے کہتی ہے) چندرا سچی بات کہہ دے...جو سچ ہے اس سے صاف صاف کہہ دے...ایک راز تو ان کو بتا چکی...اب ایشور کے لیے دوسرا بھی کہہ دے ۔یہ میری بیٹی نہیں...میں پاپ کا لین دین کرتی تھی...کرتی تھی ۔چندرا پر تو جانتی ہے کہ میں نے ہمیشہ اس کو پاپ سے دور رکھا (چندرا گھبرا جاتی ہے اور کچھ کہہ نہیں سکتی ۔رادھا منیکا کو پیچھے کھینچ کر اس سے چمٹ جاتی ہے اور کہتی ہے ۔)

رادھا : نہیں...نہیں...مجھے تمہاری پاپ بھری گود ہی پیاری ہے...تم میری ماں ہو...(موہن سے) موہن میں ان ہی کی بیٹی ہوں ۔

(منیکا غصے سے اسے ایک طرف دھکیل دیتی ہے اور چندرا کے پاس جا کر اس سے نہایت مایوسانہ اور دردمندانہ انداز میں کہتی ہے ۔)

منیکا : چندرا دیکھ میں تیرے پاؤں پڑتی ہوں...پاپ تیرے ہاتھ جوڑتا ہے کہ تو ایک پُن کر... انہیں سچی بات بتا دے ۔

(چندریکا منیکا سے آنکھ نہیں ملا سکتی ۔موہن کا باپ منیکا کی طرف تیزی سے آتا ہے اور کہتا ہے)

موہن کا باپ : سچی بات...سچی بات...کون سی سچی بات...تو سچی بات کو دہائی دیتی ہے...تو جس نے اتنی دیر تک میرے لڑکے سے اپنی ذات چھپائے رکھی

موہن : پتاجی ہوسکتا ہے کہ اس نے رادھا کو صرف پالا پوسا ہی ہو۔ (رکتے رکتے) پوچھ گچھ کرنے سے پہلے...

موہن کا باپ: پوچھ گچھ کیسی ... ابھی کیا اور پوچھ گچھ ہوگی۔ کیا تو چاہتا ہے کہ شہر کا ہر نائی موچی مجھ سے پوچھے کہ سنائیے رائے صاحب آپ نے ایک ویشیا کی بیٹی کو اپنی بہو کیسے بنالیا... پوچھ گچھ... بس اب کوئی پوچھ گچھ نہیں ہوگی... یہ کلنک کا ٹیکہ میرے اونچے ماتھے پر ہرگز نہیں رہے گا۔ میری عزت اس ذلیل ویشیا کی بدولت گھٹنے نہیں ٹیکے گی۔

منیکا : (غصے میں) یہ ذلیل ویشیا ایسے اونچے ماتھے کی ایک سلوٹ ہے... یہ کلنک کا ٹیکہ آپ ہی جیسے اجلے خیال والوں کے دل کا کاجل ہے۔ آپ ہی کی پوترتا اس گندگی کا باعث ہے ...آپ جیسے لومڑ دیوتاؤں کی بدولت پاپ کی دوکانیں سجتی ہیں... (رادھا کی طرف دیکھ کر) اگر میں اس لڑکی ماں نہ بنتی... (اس کی طرف دیکھ کر) اگر میرا فرض سویا رہتا تو اس کے نصیب اسی چکلے کی دوکان میں ہی جاگتے ... آج آپ اسے صرف اس لیے اپنے اونچے محل سے باہر نکال رہے ہیں کہ اس کی پرورش ایک ویشیا نے کی... ہاں اگر کوئی اس کے حسن کا بیوپار شروع کر دیتا تو آپ جیسے کئی مہاتما جیبیں بھر کر اس کے گندے مکان میں جاتے ۔

موہن : چپ رہ پاپن... تیری جیبھ میں ابھی گدی سے کھینچ دیتا...

منیکا : (طنزیہ انداز میں)... لیکن آپ کے پاس کوئی چمٹا نہیں... ایسے تو آپ کے ہاتھ ناپاک ہوجائیں گے... کیوں؟

موہن کا باپ: چپ رہ... چل اب دور ہوجا یہاں سے۔

موہن : مگر پتاجی...

(موہن کی ماں موہن کو پیچھے کھینچ لیتی ہے... منیکا موہن کے باپ پر غم و غصے سے بھرپور نگاہیں ڈالتی ہیں۔ اس کی آنکھوں میں وہ پرانا واقعہ

تیرنے لگتا ہے جب موہن کا باپ اس کے یہاں گیا تھا۔)

منیکا : میں نے تو آپ کو اپنی پاپ کی کوٹھری سے یوں نہیں نکالا تھا...شاید آپ کو یاد ہو...ایک بار آپ میرے یہاں اس اونچے ماتھے سمیت چند میٹھی گھڑیاں گزارنے آئے تھے اور میں نوٹوں کے اس گٹھے کو جو آپ میری ادائیں مول لینے کے لیے اپنے ساتھ لائے تھے۔آپ کے منہ دے مارا تھا۔چندرا بھی یہ تماشا دیکھ رہی تھی۔

موہن کی ماں: (شوہر کو دیکھتے ہوئے) میرے ایشور...

موہن کا باپ: (گھبرا کر) اپنی جھولی کا کوڑا اب تو شریف آدمیوں پر پھینکنے لگی۔موہن ...موہن ان دونوں کو باہر نکال دو۔

(موہن منہ پھیر لیتا ہے۔رادھا آگے بڑھتی ہے اور اپنا سر اس کے قدموں پر رکھ دیتی ہے۔موہن کی آنکھوں میں آنسو ہیں۔موہن کا باپ اسے بازو سے پکڑ کر اسے اپنی طرف کھینچ لیتا ہے...رادھا اسے دیوانوں کی طرح گھورتی رہتی ہے۔

رادھا : موہن...سب دلوں پر تالے لگ جائیں...سب کی آتمائیں اپنی کنڈیاں چڑھا لیں... پر میں کیسے بدل سکتی ہوں...میں تو تمہاری دھرم پتنی ہوں۔

(وہ اٹھتی ہے اور موہن کے باپ کے پاس جا کر گھٹنوں کے بل ہو کر کہتی ہے)

رادھا : اپنے بیٹے کی دھرم پتنی کو آشیرواد دیجئے۔

موہن کا باپ: (غصے میں بل کھا کر) دھرم پتنی...آشیرواد!!...لے...! (اسے ٹھکراتا ہے۔)

(۴۰)

۱۷-اڈلفی چیمبرز،
کلیئر روڈ، بمبئی ۸
(فروری ۱۹۴۰ء)

برادرِ مکرّم

آپ کا محبت نامہ ملا۔ یہ پڑھ کر افسوس ہوا کہ آپ دہلی نہیں آسکتے۔ حالانکہ یہ بہت ضروری تھا۔ آپ جو کچھ لکھ چکے ہیں یا لکھ رہے ہیں اس کی ترمیم میں بہت وقت صرف ہوگا اس لیے کہ آپ فلمی لائن سے بالکل ناواقف ہیں اور اسی وجہ سے آپ اس میدان میں اپنا جوہر بھی نہیں دکھا سکتے۔ اگر میں آپ کے پاس ہوتا تو ایک دو روز کی بات چیت ہی سے وہ تمام Subtitles معلوم ہو جاتیں جو کہ مکالمہ نگار کو جاننا چاہیے۔

آپ ایک بار پھر کوشش کیجئے، اس لیے کہ اس میں آپ کا فائدہ ہے اگر آپ دہلی میں آجاتے تو کام کا معاوضہ ملنے میں بھی کوئی دقت پیش نہ آتی۔ اب نہ جانے کیا کیا مشکلیں پیش آئیں گی...... بیمار بن جائیے، ڈاکٹر کا سرٹیفکیٹ بھجوا دیجئے۔ کچھ کیجئے۔ کیا آپ کا ذہن ایسے کاموں میں آپ کی مدد نہیں کرسکتا؟

اگر آپ نہ آسکے تو میں کوشش کروں گا کہ آپ کے پاس چلا آؤں، دراصل میں نہیں چاہتا کہ آپ ایسے اچھے موقع کو ہاتھ سے کھو دیں، میرا مطلب آپ سمجھ رہے ہیں نا؟

میں نے کرپارام صاحب کو دہلی کے پتے سے آج ہی خط لکھ دیا ہے اور آپ کی مجبوریوں کا ذکر کر دیا ہے۔ دیکھیے وہاں سے کیا جواب آتا ہے۔

باقی چیزوں کے متعلق میں آپ کو پھر لکھوں گا۔

یہ پڑھ کر خوشی ہوئی کہ آپ نے ''آدمی'' پسند کیا۔ ان دنوں اختر حسین رائے پوری یہاں ہیں۔ فرانس سے ڈاکٹریٹ لے کر آئے ہیں، کل چلے جائیں گے۔ آپ انہیں ان کے افسانوں سے یقیناً جانتے ہوں گے، اچھا لکھنے والے ہیں۔

امید ہے کہ آپ بخیریت ہوں گے۔

میں انجکشن صرف اعصابی کمزوری دور کرنے کے لیے لے رہا ہوں اور کوئی خاص بات نہیں۔

خاکسار

سعادت حسن منٹو

(۴۱)

۱۷-اڈلفی چیمبرز

کلیئر روڈ، بمبئی ۸

(فروری ۱۹۴۰ء)

برادرِ مکرّم

آپ کے دونوں خط ملے، ''دھرم پتنی'' کا مکالمہ بحفاظت تمام مل گیا ہے۔ میں نے سب پڑھ لیا ہے۔ مکالموں میں کافی اصلاح کی گنجائش ہے۔ کرپارام صاحب کی طرف سے مجھے جو نہی کوئی ہدایت موصول ہوگی میں آپ کو مطلع کر دوں گا۔ میرا خیال ہے کہ مکالمہ ضرور قبول کر لیا جائے گا۔

گیت مجھے بہت پسند آئے گو ان میں سے اکثر طویل ہیں۔ آپ کے ساتھ بیٹھ کر یہ تمام خامیاں دور کی جاسکتی ہیں۔ میں نے چھ سات سین دوبارہ لکھ دیئے ہیں، مجھے امید ہے کہ آپ ان کو پسند کریں گے۔

اسٹیشن ڈائریکٹر سے میں خط لکھوا دوں گا مگر بہت جلدی نہیں، اس لیے کہ میں بے حد مشغول ہوں۔ آپ ''میوزیکل فیچر'' لکھتے رہیں جو فیچر آپ نے بھیجا ہے ابھی تک مجھے نہیں ملا۔

میں بخیریت ہوں۔ کچھ دنوں سے والدہ کی طبیعت ناساز ہے اس لیے بہت پریشان ہوں۔ امید ہے کہ آپ بصحت ہوں گے۔ صفیہ آداب عرض کرتی ہے۔

خاکسار

(دستخط) سعادت حسن منٹو

۲۴ فروری ۱۹۴۰ء

۱۷-اڈلفی چیمبرز
کلیئر روڈ بمبئی ۸
(مارچ ۱۹۴۰ء)

برادرِ مکرّم

ابھی ابھی آپ کا محبت نامہ ملا۔ پرسوں میں نے تین سو روپیہ آپ کو منی آرڈر کے ذریعے سے بھیج دیا تھا۔ امید ہے کہ وصول فرما لیا ہوگا۔ شیراز سیٹھ صاحب سے میں نے زیادہ روپے لینے پر اصرار نہیں کیا کیوں کہ ان لوگوں نے جو درمیان میں تھے بالکل خاموشی اختیار کر لی تھی۔ میرا خیال ہے کہ اب اس کے متعلق مزید گفتگو ہی نہ کی جائے کیوں کہ تفصیل میں جا کر مجھے بہت سی چیزیں کریدنا پڑیں گی۔ جو کچھ مل گیا ہے اسے غنیمت سمجھیے۔ مجھے افسوس صرف اس بات کا ہے کہ بطریق احسن آپ کی خدمت نہ کر سکا۔ بہرحال اتنی خوشی ضرور حاصل ہوئی ہے کہ اس سلسلے میں آپ سے ملاقات ہوگئی۔

آپ رات کی گاڑی سے رخصت ہوئے اور میں صبح کو وہاں سے چل دیا ۳؎۔ یہاں آ کر سب معاملات درست کیے۔ اب نذیر صاحب دہلی چلے گئے ہیں، اس لیے میں بہت زیادہ مصروف ہو گیا ہوں، آپ نے جو کام کہے ہیں میں آہستہ آہستہ کر دوں گا۔ آج شام کو ہندوستانی پروگرام کے ڈائریکٹر یہاں آ رہے ہیں ان سے ''قاضی جی کا فیصلہ'' کے براڈ کاسٹ ہونے کی تاریخ دریافت کر کے آپ کو لکھوں گا۔

والدہ اب بصحت ہیں۔ صفیہ کی طبیعت بھی اچھی ہے۔

مسٹر شیراز نے مکالمے اور گیت بہت پسند کیے ہیں۔

میں ابھی تک Steel مکمل نہیں کر سکا۔ جب مکمل ہو جائے گا تو آپ کے پاس تبصرے کے لیے بھیجوں گا۔ میں چاہتا ہوں کہ یہ شاندار چیز بنے۔

امید ہے کہ آپ لاہور میں کرشن چندر صاحب سے ملے ہوں گے اور آپ نے میرا نقطۂ نظر ان پر واضح کر دیا ہوگا۔ میں ان کا مداح ہوں۔

کیا ''ادبِ لطیف'' والوں سے کوئی بات چیت ہوئی۔ کرشن چندر صاحب سے کہیے کہ وہ فلم کے لیے کوئی Outstanding چیز لکھیں۔ اگر وہ منظور کریں تو میں اپنا افسانہ Steel ان کے پاس تنقید کے لیے بھیجوں۔

کیا راجندر سنگھ بیدی کوئی فلمی افسانہ نہیں لکھ سکتے؟...... دیہاتی افسانوں کی آج کل بہت ضرورت ہے۔ آپ تو ایک لکھنا شروع کریں۔

اس پرچے میں کاردار کے ''ہولی'' پر میرا ریویو چھپ رہا ہے۔ ضرور پڑھیے گا۔ والدہ آپ کو دعا دیتی ہیں اور صفیہ آداب عرض کرتی ہے۔

امید ہے کہ آپ خیریت سے ہوں گے۔ تمبا کو آپ بھیج دیجئے۔

خاکسار

سعادت حسن منٹو

(۴۳)

۱۷-اڈلفی چیمبرز

کلیئر روڈ بمبئی ۸

(اپریل ۱۹۴۰ء)

برادرِ مکرّم

آپ کا محبت نامہ ملا۔ میں کچھ دنوں سے بے حد پریشان ہوں۔ نذیر صاحب دہلی گئے ہوئے تھے اس لیے دفتر کے سارے کام میرے ذمے تھے۔ پھر پرسوں والدہ صاحبہ غسل خانے میں گر پڑیں اور ان کی کلائی ٹوٹ گئی۔ اس کے دوسرے روز صفیہ کو دست اور قے شروع ہو گئے۔ یہ دو تین دن ڈاکٹروں میں گھرا رہا ہوں۔ اب خدا کا فضل ہے۔ والدہ کا ہاتھ ایک مہینے تک ٹھیک ہو جائے گا اور صفیہ تو اب بالکل ٹھیک ہو گئی ہے۔

میں آپ کو بہت جلد موعودہ کتابیں بھیج دوں گا۔ مطمئن رہیں۔ پارسل وغیرہ بنانے کی دیر ہے۔

''پنگھٹ پر'' میں ابھی تک مکمل نہیں کر سکا۔ جس کا مجھے افسوس ہے۔ دراصل میں بہت

مصروف رہا ہوں۔

شیراز صاحب سے ابھی تک فلم کے عنوان کے متعلق بات چیت نہیں ہوئی۔مسٹر کرپا رام کل یہاں تشریف لے آئے ہیں، دیکھیے پروڈکشن کا کام کب شروع ہوتا ہے۔ابتدائی سین میں نے ابھی تک نہیں لکھے اس لیے کہ میں افسانے میں چند تبدیلیاں کرنا چاہتا ہوں۔

آپ نے بہت اچھا کیا جو کرشن چندر صاحب کو فلمی افسانہ لکھنے کے لیے کہا۔میں ہر وقت ان کی امداد کرنے کو تیار ہوں۔

پرسوں ایک صاحب امین حزیں کے ہمراہ تشریف لائے تھے جو کہ خود کو شہزادہ کہتے ہیں ۔ان کا مختصر نام شمس گورگانی ہے ۔فرماتے تھے کہ وہ آپ کے ساتھ تعلیم حاصل کر چکے ہیں۔آپ کی بہت تعریف کرتے تھے۔جس وقت پوسٹ مین آپ کا خط لایا وہ اس وقت موجود تھے۔

دیکھیے خدا کے لیے تمباکو زیادہ نہ بھیجئے، یہاں محصول اور خدا معلوم کیا کیا ٹیکس نہ دینا پڑے گا۔آپ تھوڑا سا بھیجیں تا کہ مجھے یہاں محصول کم دینا پڑے ۔ یہاں تمباکو کی درآمد پر بہت کڑا محصول لگتا ہے۔

''بم'' اچھا افسانہ ہے اس کے متعلق صلاح الدین صاحب نے جو کچھ لکھا ہے وہ اس حد تک ٹھیک ہے کہ آخری ٹکڑا موزوں نہیں ہے، ورنہ یہ کوئی ٹیکنیکل غلطی نہیں ہے، بہر حال افسانے کا آخری ٹکڑا بہت ہی برا ہے جو کہ کسی حالت میں افسانے کے ساتھ نہیں رہنا چاہیے۔میں نے جلدی جلدی میں اس کا آخری حصہ لکھا ہے، اگر آپ کو پسند ہو تو اسے استعمال کر لیجئے۔کہیں کہیں میں نے فقروں میں ردو بدل بھی کیا ہے۔

''ساقی'' کے افسانہ نمبر کے لیے یہ افسانہ موزوں ہے اس لیے کہ دس روپے یقیناً انعام لے آئے گا۔یہ کسی بھی افسانہ نمبر کے لئے موزوں ہے۔لیکن اس کا نام ''بم'' نہیں ہونا چاہیے۔ ''السلام علیکم'' برا عنوان نہیں ہے۔ بہر حال ''بم'' نہیں ہونا چاہیے۔

صفیہ اپنے پاؤں کا ناپ نہیں بھیجے گی۔میں تو تیار تھا مگر وہ کہتی ہے ''میں ندیم صاحب کو تکلیف نہیں دینا چاہتی۔گھی کے روپے بھجوانے کو کہتی ہوں تو آپ کہتے ہیں وہ ناراض ہو جائیں گے۔مجھے ان کی ناراضی قبول ہے مگر اب میں کوئی تکلیف نہیں دینا چاہتی۔''

والدہ دعا کہلواتی ہیں۔امید ہے کہ آپ خیریت سے ہوں گے۔

خاکسار
سعادت حسن منٹو

(لفافے کی پشت پر)
نظمیں ضرور روانہ کیجئے اور ''اوٹ پٹانگ'' ۳۲؎ بھی۔

(۴۴)

۱۷-اڈلفی چیمبرز،
کلیئر روڈ بمبئی ۸
(مئی ۱۹۴۰ء)

برادرِ مکرّم

اسے سے قبل آپ کو ایک خط لکھ چکا ہوں جس میں مَیں نے آپ کو لڑکے کی پیدائش سے مطلع ۳۳؎ کیا تھا۔میں ان دنوں بے حد پریشان رہا۔بچے کی طبیعت ایکا ایکی خراب ہوگئی، اسے پیچش کی شکایت تھی۔اس مرض نے اتنا طول پکڑا کہ اس کی زندگی اور موت کا سوال پیدا ہو گیا۔دس روز تک اس کی حالت خراب رہی اب کچھ افاقہ ہے اور صفیہ بچے سمیت ہسپتال سے واپس آگئی ہے۔پھر بھی بچہ بہت کمزور ہے۔اس کا علاج جاری ہے۔اللہ اپنا فضل کرے۔

ریڈیو اسٹیشن والوں نے مجھے ایک گھنٹے کا طویل پروگرام لکھنے کو کہا ہے۔میں اسے نئے خطوط پر لکھنا چاہتا ہوں۔اس پروگرام میں کئی مضامین ہوں گے۔اس کی تکمیل آپ کی اعانت کے بغیر ناممکن ہے۔اس کے لیے آپ کو ذیل کی چیزیں فوراً ہی لکھ کر بھیجنا ہوں گی۔

۱-تمہیدیہ۔یہ منظوم ہوگا۔اس کا مضمون کچھ اس طرح کا ہونا چاہیے:

یہ بمبئی ہے۔یہاں سے ہم آپ کو ایک ایسا پروگرام سنائیں گے جس میں منجھو میاں کے سارے خاندان نے حصہ لیا ہے۔گانے ہوں گے،لطیفے ہوں گے،چٹکلے ہوں گے۔غرض یہ کہ وہ سب کچھ ہوگا جو کہ آپ لوگ مانگتے ہیں۔آیئے ہم اب آپ کے کانوں کو اس دسترخوان پر لے چلیں (اس کو مزاحیہ پیرائے میں نظمائیے گا۔بالکل آسان عبارت۔)

۲- میاں بیوی کا ایک دوگانہ، عاشق و معشوق کے ڈیوٹ تو لکھے جا چکے ہیں، یہ دوگانہ میاں بیوی کے درمیان ہو (مزاحیہ رنگ میں) آٹھ دس شعر کافی ہیں۔

۳- بچوں کے لیے ایک چھوٹی سی کہانی (نظم) کوئی مشہور کہانی ہو اسے نظما دیجئے گا۔

۴- لوری (کوئی بھی لوری کام آجائے گی)

۵- اپنی بہترین غزل (جو کہ آسان اور عام فہم ہو)

مجھے امید ہے کہ آپ اس خط کے ملتے ہی یہ چیزیں تیار کر کے روانہ کر دیں گے۔

صفیہ آداب عرض کرتی ہے۔ آج اور کل وہ مجھ سے پوچھ رہی تھی کہ آپ نے خط کیوں نہیں بھیجا۔

اسٹیشن ڈائریکٹر سے میں نے آپ کے اوپیرا کی بات کی تھی، اس کے بک ہونے میں صرف اس لیے دیر ہو رہی ہے کہ اس کو کمپوز کرنے والا یہاں کوئی بھی نہیں ہے۔ رفیق صاحب ہیں مگر ان کے تعلقات آج کل اسٹیشن ڈائریکٹر سے کشیدہ ہیں۔

رفیق صاحب پچھلے دنوں حیدر آباد گئے تھے۔ آپ کی چار غزلیں گانے کے لیے گئے تھے۔ یہاں بمبئی سے بھی انہوں نے آپ کی کئی غزلیں گائی ہیں۔

شیراز صاحب سے خط لے کر بھیج دوں گا۔ میں بے حد مصروف ہوں اور پریشان ہوں اس لیے اگر دیر ہو جائے تو معاف فرما دیجئے گا۔

امید ہے کہ آپ بخیریت ہوں گے۔

آپ کا بھائی
سعادت حسن منٹو

(۴۵)

۱۷- اڈلفی چیمبرز، کلیئر روڈ بمبئی ۸
(مئی ۱۹۴۰ء)

پیارے ندیم

آپ کا محبت نامہ ملا...... اس وقت جب کہ میں بستر میں پڑا تھا اور ایک سو پانچ ڈگری

بخار تھا۔آپ کا سارا خط میں نے اس حرارت سمیت پڑھا۔جب ختم کر چکا تو میں پسینے میں نہایا ہوا تھا۔ایک ہفتے سے میں ملیریا بخار میں مبتلا ہوں۔آج بخار کا حملہ ہونا تھا مگر نہیں ہوا۔امید ہے کہ اب شفا ہو جائے گی۔

آپ کی خواہش بہت بلند ہے۔کاش میں آپ کی مدد کر سکتا۔آپ کو خبر نہیں بچے، بیوی، والدہ کی بیماری پر میری ساری جمع پونجی خرچ ہوگئی ہے۔اگر میں تندرست ہوتا اور ان پریشانیوں میں نہ گھرا ہوتا تو بہت ممکن تھا کہ میں کچھ روپیہ پیدا کر لیتا مگر اب بالکل مجبور ہوں، صفیہ کو بھی بہت افسوس ہے کہ ہم آپ کی وقت پر مدد نہ کر سکے۔

''ادبِ لطیف'' والے میری کتاب چھاپنا چاہتے تھے۔ایک سو پچاس روپے معاوضہ دینے کے لیے تیار تھے،اب کہ میں تیار ہوا ہوں کل ان کا خط آیا ہے کہ ان سے دو ہزار کی ضمانت طلب کر لی گئی ہے اس لیے وہ اب یہ سودا نہیں کر سکتے۔

یہ معلوم کر کے بھی بہت رنج ہوا کہ آپ کو اپنے محکمے سے اجازت نہ ملی مگر آپ کو افسردہ نہیں ہونا چاہیے۔کیا ہوا اگر آپ کی چیزیں دوسروں کے نام سے مشہور ہوں۔آپ مجھے ایک دو اوپیرا اور لکھ کر بھیجئے میں سب اسٹیشنوں کو بھیج کر آپ کو روپیہ اکٹھا کر دوں گا۔نام ایک فرضی رکھ لیا جائے گا۔دستخط صفیہ کر دیا کرے گی۔چلو چھٹی ہوئی۔مگر یہ سب کچھ پردۂ راز میں رہنا چاہیے۔

امید ہے کہ پہلا خط آپ کو مل گیا ہوگا۔مجھے بے حد افسوس ہے کہ آپ کا مسودہ گم ہو گیا۔آپ فوراً اس کی نقل بھیج دیں تاکہ میں ادھر ادھر بھیج دوں، رفیق غزنوی اس کا فلم بنانا چاہتا ہے۔میرا خیال ہے کہ اگر آپ فلم کو پیشِ نظر رکھ کر سسّی پنوں، ہیر رانجھا یا اسی قسم کی کسی اور داستان کو اوپیرا کی شکل میں لکھ کر رفیق کے لیے بھیجیں تو زیادہ اچھا رہے گا۔

کاش کہ آپ یہاں ہوتے مگر خدا جانے آپ کن الجھنوں میں پھنسے ہوئے ہیں۔بخدا اگر آپ یہاں ہوں تو زندگی کا مزا آجائے۔لیکن اچھی ملازمت کون چھوڑتا ہے......! دراصل اس دنیا میں آرٹسٹوں کے لیے کوئی جگہ نہیں۔

صفیہ کہتی ہے کہ آپ لڑکے کے لیے کوئی نام تجویز کریں۔

میں تو کہتا ہوں، آپ دو تین مہینے کی چھٹی لے کر بمبے آجائیے یہاں آپ کو روپیہ پیدا

کرنے کا موقع مل جائے گا۔ سیر کی سیر بھی رہے گی۔ کیا خیال ہے؟

ابھی تک ''دھرم پتنی'' کی شوٹنگ کا فیصلہ نہیں ہوا۔ دیکھیے کب اسے فلماتے ہیں۔ نظموں کا بے حد شکریہ میں انہیں کام میں لے آؤں گا۔

میں آج کل بہت افسردہ ہوں، کیوں؟...... یہ ایک لمبی داستان ہے۔

صفیہ آداب عرض کرتی ہے۔ والدہ پیار لکھواتی ہیں۔

خاکسار

سعادت حسن منٹو

(۴۶)

۱۷-اڈلفی چیمبرز، کلیئر روڈ بمبئی ۸

(جون ۱۹۴۰ء)

برادرِ مکرّم

آپ کا محبت نامہ ملا۔ ہمدردی کا شکریہ۔ بی بی جان ۳۴ کی وفات کے فوراً بعد میری طبیعت خراب ہوگئی اور آٹھ روز تک مجھے ۱۰۴ درجے کا بخار آتا رہا۔ اب خدا کا فضل ہے مگر حد درجہ کمزوری کے باعث سینے میں شدت کا درد شروع ہوگیا ہے جس کا کوئی علاج ہی نہیں ملتا۔ اللہ اپنا فضل کرے۔

آپ کا اوپیرا میں نے لکھنؤ اور حیدرآباد بھیجا ہوا ہے۔ دیکھیے وہاں سے کیا جواب آتا ہے۔ آپ کے نام کی بجائے میں نے ظہیر الدین کا نام رکھ دیا ہے جو کہ صفیہ کا چھوٹا بھائی ہے۔

یہاں بمبئی سے یہ اوپیرا بہت جلد بک کر لیا جائے گا۔ مطمئن رہیں۔ میں بہت اداس ہوں۔ کاش کہ آپ کچھ دیر کے لیے یہاں چلے آئیں۔ کیا ایسا نہیں ہوسکتا؟...... مجھے آپ کی بہت سخت ضرورت ہے۔

صفیہ آداب عرض کرتی ہے۔

خاکسار

سعادت حسن منٹو

(۴۷)

۱۲۔محمد جعفر ہاؤس،
لیڈی جمشید جی روڈ،
ماہم بمبئی
(جولائی ۱۹۴۰ء)

پیارے ندیم

جیسا کہ اوپر کے ایڈریس سے ظاہر ہے میں نے اپنا مکان بدل لیا ہے۔ والدہ کی وفات کے بعد صفیہ بالکل اکیلی ہو گئی تھی۔ چنانچہ اب صفیہ کی والدہ صاحبہ اور ہم نے مل کر ایک بڑا فلیٹ لے لیا ہے جس میں ہم سب اکٹھے رہتے ہیں۔

بچہ جس کا نام اس کی ماں نے عارف رکھا ہے ایک مہینے سے علیل ہے ہم سب پریشان ہیں۔ اس کے خون میں کچھ خرابی پیدا ہو گئی ہے۔ جس کے باعث پھوڑے پھنسیاں نکل رہے ہیں۔ علاج باقاعدہ جاری ہے۔ اللہ اپنا فضل کرے۔

آپ کے دونوں خط مل گئے تھے۔ افسوس ہے کہ میں پریشانیوں کے باعث جلد جواب نہ لکھ سکا۔

آپ کے سوالوں کا نمبروار جواب۔

۱۔ Steel میں ابھی تک مکمل نہیں کر سکا۔ دماغ بالکل کام نہیں کرتا۔ اگر ختم ہو جائے تو اس کا سودا ہو جائے گا اور آپ کو اس کی ایک کاپی بھی بھیج دوں گا۔

۲۔ ''دھرم پتنی'' فلمایا جائے گا۔ شیراز صاحب پونا میں اپنا اسٹوڈیو تعمیر کرا رہے ہیں۔ یہ فلم اسی میں تیار ہو گا۔ شیراز صاحب کا خط آپ کو ہر وقت مل سکتا ہے۔ مطمئن رہیں۔

۳۔ جو کتابیں بھیجنے کا وعدہ میں نے کیا تھا۔ ان میں سے چند ادھر ادھر بکھر گئی ہیں اکٹھی کر رہا ہوں۔ جمع ہونے پر فوراً روانہ کر دوں گا۔

۴۔ ''قاضی جی کا فیصلہ'' لکھنؤ اور دہلی سے واپس آچکا ہے۔ حیدرآباد والوں نے باوجود تین تاکیدناموں کے ابھی تک اپنے ارادے سے مطلع نہیں کیا۔ بمبے میں یہ بک ہو جائے

گا۔ ''پنگھٹ پر'' اس مہینے براڈ کاسٹ ہو رہا ہے۔ ''مصور'' میں شائع کر دوں گا۔

۵- کرپارام صاحب بمبے میں ہیں۔ وہ آپ کو خط لکھیں گے آج کل یہاں بارشیں بہت ہو رہی ہیں اس لیے وہ خط لکھنے کے موڈ میں نہیں ہیں۔

۶- ''مصور'' سے فیض اور خلش علیحدہ ہو چکے ہیں۔ دونوں سے میرے تعلقات اچھے ہیں۔ آپ کی نظم جو کہ مجھے بے حد پسند آئی تھی، فیض صاحب کو ڈیزائن بنانے کے لیے دے رکھی ہے۔

۷- فیض صاحب کا ''آرٹسٹ'' ۳۵ء سے کوئی تعلق نہیں ...... ممکن ہے اب ہو گیا ہو۔ البتہ خلش صاحب اس کو ایڈٹ کرتے ہیں۔

۸- ''بگولے'' بھیج دیجئے میں اسے ضرور پڑھوں گا۔

۹- افسوس ہے کہ ''ماں'' والا پرچہ میرے پاس موجود نہیں اگر آپ کے پاس اس افسانے کی نقل ہو تو بھیج دیجئے۔ میں اپنا وعدہ پورا کر دوں گا۔

۱۰- میں نے ریڈیو میں ملازمت کے لیے صرف اتنی کوشش کی ہے کہ ایک پوسٹ کے لیے عرضی بھیج رکھی ہے۔

۱۱- ''نئے زاویے'' کے لیے افسانہ حاضر ہے۔ بچے کی بیماری اور اس کی تیمارداری کے ساتھ ساتھ میں نے یہ افسانہ پورے آٹھ دنوں میں مکمل کیا ہے اور لطف یہ کہ ہر وقت اسی کام میں مصروف رہا ہوں۔

۱۲- ''قلی'' پڑھا ہے۔ اچھا افسانہ ہے۔

۱۳- ''روح کا فلم'' (؟) اپنے مجموعے میں ضرور شامل کیجئے مگر کسی اور عنوان سے۔

اب میں پوچھتا ہوں۔

۱- ''ہتک'' کے متعلق آپ کا کیا خیال ہے؟

۲- ''اس کا پتی'' پڑھ کر آپ نے کیا رائے قائم کی تھی؟

۳- ''ہتک'' پڑھ کر آپ فوراً بذریعہ رجسٹری مسٹر کرشن چندر کو بھیج دیں ۳۶ء۔ میرے پاس اس کی کوئی نقل نہیں ہے۔ اگر آپ کو تکلیف نہ ہو تو اس کی ایک نقل بنا کر اپنے پاس رکھ لیں

یا مجھے روانہ کر دیں۔ بے حد ممنون ہوں گا۔

۴- کیا آپ بمبے نہیں آسکتے؟

۵- کرشن چندر صاحب کو میں نے عورتوں کے پروگرام کے لیے ایک ڈرامہ ''آؤ ریڈیو سنیں'' بھیجا تھا۔ اس کی رسید سے آپ نے ابھی تک مطلع نہیں فرمایا۔ ان سے کہیے کہ وہ خط کا جواب ضرور دے دیا کریں۔ میں بڑا جذباتی انسان ہوں۔ کیا انھوں نے فلم کے لیے کوئی اسٹوری لکھی؟

۶- آپ کو یک مشت کتنے روپے کی ضرورت ہے؟

صفیہ راضی خوشی ہے۔ آپ کا افسانہ اس نے ''ساقی'' میں پڑھا اور پسند کیا۔ آداب عرض کرتی ہے۔ ساری رات عارف نے جگائے رکھا۔ اب سر میں درد ہو رہا ہے۔ معافی چاہتا ہوں۔

آپ کا بھائی

سعادت حسن منٹو

(۴۸)

ہفت روزہ کارواں،

بمبئی

(یکم اگست ۱۹۴۰ء)

برادرِ مکرّم

آپ کا محبت نامہ ملا۔ مفصل جواب کل لکھوں گا۔ فی الحال آپ سے مجھے یہ کہنا ہے کہ ''مصور'' سے میں علیحدہ ہو گیا ہوں۔ جیسا کہ اس کاغذ کی پیشانی سے ظاہر ہے اب میں ''کارواں'' کے ادارے میں شامل ہو گیا ہوں۔ آپ سے درخواست ہے کہ آئندہ اپنی غزلیں اور مضمون ''کارواں'' میں ارسال فرمایا کریں۔ اس عنایت کے لیے میں آپ کا ذاتی طور پر ممنون ہوں گا۔ ''کارواں'' ہر ہفتے آپ کی خدمت میں حاضر ہوتا رہے گا۔

نیاز کیش

(دستخط) سعادت حسن منٹو

۱۲۔محمد جعفر ہاؤس
لیڈی جمشید جی روڈ
ماہم بمبئی
(اگست ۱۹۴۰ء)

پیارے ندیم

آپ کا محبت نامہ ملا۔ بچے کو اب افاقہ ہے مگر پوری طرح صحت نہیں ہوئی۔ میری پریشانیاں بدستور قائم ہیں۔ علاج جاری ہے اور امید ہے کہ خدا کے فضل سے پندرہ بیس روز میں وہ بالکل ٹھیک ہو جائے گا۔ مجھے افسوس ہے کہ میں بواپسی ڈاک آپ کو ان امور سے مطلع نہ کر سکا۔

جیسا کہ میرے پہلے خط سے آپ کو معلوم ہو گیا ہو گا مجھے ''مصور'' سے علیحدہ کر دیا گیا ہے۔ کس قصور پر؟ یہ مجھے معلوم نہیں۔ میں صرف اس نتیجہ پر پہنچا ہوں کہ صرف فریب کاری ہی کی بدولت انسان کامیابی حاصل کر سکتا ہے۔ کیا میں فریب کار بن جاؤں گا؟...... میں اس کا جواب ابھی نہیں دے سکتا۔ بہت ممکن ہے کہ حالات مجھے ایسا آدمی بننے پر مجبور کر دیں۔

میں نے بہت بڑی جسارت کی ہے کہ جو نظمیں آپ نے ''مصور'' کے لیے بھیجی تھیں وہ میں نے ''کارواں'' کے لیے رکھ لی ہیں۔ حالانکہ مجھے اس کا حق نہیں تھا۔

پرسوں رفیق غزنوی سے ملاقات کی، مسٹر دوارکا داس ڈاگا جو کہ انڈیا آرٹسٹس لمیٹیڈ کے مالک ہیں موجود تھے۔ دیر تک ان سے آپ کے متعلق باتیں ہوتی رہیں۔ رفیق آپ کا بہت مداح ہے۔ اس نے آپ کی کئی غزلیں مسٹر ڈاگا کو سنائیں۔ کوشش یہ ہے کہ ڈاگا آپ سے کسی اسٹوری کے گیت لکھوائے۔

بابوراؤ پٹیل سے بھی اس ضمن میں میری گفتگو ہوئی۔ شانتارام ''عمر خیام'' بنانے والا ہے۔ اس کا افسانہ بابوراؤ اور خواجہ احمد عباس نے مل جل کر لکھا ہے۔ گیتوں کے لیے میں نے آپ کا نام تجویز کیا ہے اگر ہو سکے تو بہت جلد عمر خیام کی چند رباعیوں کا نہایت ہی سلیس اردو ترجمہ کر کے مجھے بھیج دیں تاکہ میں آپ کے لیے کوشش کر سکوں۔ رباعی کا ترجمہ رباعی میں بھی ہو

اور گیت کی صورت میں بھی۔

مسٹر ڈا گا کے لیے آپ چند نہایت پیارے گیت لکھ کر بھیجئے۔گیت ایسے ہوں کہ وہ سن کر تڑپ جائے۔شعریت زیادہ ہو اس لیے کہ یہ ڈا گا کو پسند ہے۔ بڑے نازک اور نفیس خیالات ہوں جذبات سے بھرے ہوئے۔میں ان تمام چیزوں کا منتظر رہوں گا۔گیتوں کا موضوع حسن و عشق ہو۔ایک دو Duet بھی ہوں۔

''قاضی جی کا فیصلہ'' صرف بمبئی سے براڈ کاسٹ ہو گا۔رفیق غزنوی اسے ڈائریکٹ کرے گا۔اس کا تصفیہ ہو چکا ہے۔''پنگھٹ پر'' کا معاوضہ وصول ہو گیا ہے۔چیک کی صورت میں کل یا پرسوں اسے اپنے حساب میں ڈال کر میں آپ کو بیس روپے کا منی آرڈر کر دوں گا۔میں اسے نہیں سن سکا۔

میں خوش قسمت ہوں کہ آپ کو میرا طرزِ تحریر محبوب ہے اور آپ مجھے اچھا افسانہ نگار سمجھتے ہیں۔

ندیم صاحب ابھی تک میں جو کچھ چاہتا ہوں نہیں لکھ سکا۔پریشانیاں اس قدر ہیں کہ خیالات گڈ مڈ ہو جاتے ہیں۔اس کے علاوہ جو کچھ میں کہنا چاہتا ہوں اس کو سننے کے لیے کون تیار ہے؟ میں بہت خوش ہوا کہ آپ کو ''ہتک'' پسند آیا۔مجھے خود یہ افسانہ پسند ہے۔میں ایسے بہت سے افسانے لکھ سکتا ہوں۔پرسوں بازار میں فٹ پاتھ پر ایک آدمی کو بیٹھے دیکھ کر دماغ میں معاً ایک افسانے کا پلاٹ آیا ہے۔دیکھیے کب لکھنے کا موقع ملتا ہے۔اچھی چیز ہو گی۔

''ساقی'' میں آپ کی نظم پڑھی بہت خوب ہے۔''اس کا پتی'' میں میں نے کیا لکھا ہے مجھے بالکل یاد نہیں۔ایک بار پڑھ کر آپ کے استفسارات کا جواب دوں گا۔

کل میں نے ''ماں'' پھر پڑھا۔اچھا افسانہ ہے۔پرسوں فرصت ملے گی تو حسبِ وعدہ اسے ایڈٹ کروں گا۔

آپ جلد از جلد گیت وغیرہ لکھ کر بھیجیں، شاید آپ کو دو سو سے زیادہ مل جائے۔میں انتہائی کوشش کروں گا کہ آپ کی پریشانیاں دور ہو جائیں۔ بار بار کہنے کی ضرورت نہیں لیکن میں پھر کہنا چاہتا ہوں کہ میں بالکل دیوالیہ ہوں۔

کرشن چندر صاحب کو لکھیے کہ سعادت ان دنوں بہت مفلس ہو رہا ہے اگر دہلی میں ان کی مہربانی سے پروگرام ملتے رہیں تو میں ممنون ہوں گا۔ ''ہتک'' کے متعلق ان کا کیا خیال ہے؟

صفیہ خیریت سے ہے اور آپ کو آداب عرض کرتی ہے۔

خاکسار

سعادت حسن منٹو

(۵۰)

۱۲ر محمد جعفر ہاؤس،

لیڈی جمشید جی روڈ،

ماہم بمبئ

(اگست ۱۹۴۰ء)

پیارے ندیم

آپ کا خط دفتر سے واپسی پر کھلا ہوا ملا۔ صفیہ آپ کے خط کھول کر پڑھ لیا کرتی ہے۔ گیت ملے۔ معاف کیجئے گا مجھے ان میں سے صرف دو پسند ہیں۔ ''جیون کھیل ہے پیاری'' اور ''جل برسانے آئی بدلی'' ان میں کافی جان ہے۔ جان سے میری جو کچھ مراد ہے وہ آپ سمجھ سکتے ہیں۔ آپ کے باقی گیتوں میں ''گیت'' کی روح نہیں ہے۔ وہ درد نہیں ہے جو کہ ہمارے گیتوں کا امتیازی نشان ہے۔ آنسوؤں کا نم مجھے ان میں نظر نہیں آیا۔ کاش کہ میں آپ کے سامنے ہوتا، پھر آپ دیکھتے کہ آپ کے قلم سے کیسے کیسے گیت نکلتے۔ فرشتے انہیں اپنے ساز پر گاتے۔

آپ کے گیتوں میں پنجابی دیہاتوں کا خاص رنگ دیکھنے کا آرزومند ہوں۔ وہ رنگ جو اس میں جھلکتا ہے۔

تیری میری اِک جندڑی　　　تینوں تاپ چڑھے ہیں ہُونگاں

یا اس میں:

اک تیری جند بدلے وے میں سارے ٹبر دی گولی

یا اس میں:

کی کچیئے تیری یاری مہنا مہنا ہو کے ٹُٹ گئی

یا اس میں:

یاری توڑ کے کھنڈاں تے بے گیاں   تے ہُن تُو کیہڑا رب ہو گیاں

وہ گیت جو آپ نے دہلی میں لکھے تھے مجھے پسند آئے تھے۔ ایسے گیت لکھیے جن میں احمد ندیم نظر آئے۔ وہ احمد ندیم جو کہ سچ مچ روتا ہے، جو کہ دکھی ہے، جو کہ محبت میں ناکام رہا ہے، وہ احمد ندیم جو شاعر کم اور غمزدہ انسان زیادہ ہے۔ ایسا لکھیے کہ جس کا تعلق براہِ راست روح سے ہو۔ ایک دکھی دل کی پکار...... ''ہوک!''...... ''ٹیس''...... ایسے عنوان رکھیے اور اپنے قلم کا منہ کھول دیجئے۔ یہ ضروری نہیں کہ گیت لمبے لمبے ہوں۔ کم لکھیے لیکن جان دار۔

میں نے آپ کے سب گیت رکھ لیے ہیں۔ ممکن ہے کام آجائیں۔ ڈاگا کو صرف دو سناؤں گا۔ آپ اور لکھ کر بھیجیں۔

''کارواں'' کی ادارت میرے ہاتھ میں ہے۔ آپ کی غزلیں اس میں چھپیں گی مگر اس طرح نہیں جس طرح ''مصور'' میں چھپتی تھیں۔ آپ کا پہلا خط مجھے مل گیا تھا۔ جس شخص نے آپ کی غزل پر تنقید کی ہے اس کا دماغ مَیں آہستہ آہستہ درست کر رہا ہوں۔ یہ تنقید میرے داخلے سے پہلے لکھی گئی تھی۔

رفیق سے کہوں گا کہ وہ آپ کی غزلوں پر اپنی رائے آپ کو لکھ کر بھیجے۔ آج بھی اس کا فون آیا تھا۔ آپ کی غزلیں مانگ رہا تھا کل اس سے ملاقات کروں گا۔

جونہی کرشن چندر صاحب آپ کو خط لکھیں مجھے ضرور مطلع فرمائیے گا۔ ان کا ایک خط مجھے بھی آیا تھا۔ لکھا تھا کہ سن سٹروک ہو گیا ہے۔ اللہ فضل کرے۔

اب کچھ نہیں ہو سکتا۔ ''قاضی جی کا فیصلہ'' ظہیر کے نام ہی سے براڈ کاسٹ ہو گا۔ رفیق صاحب اسے کمپوز کر رہے ہیں۔ اس کے بک ہو جانے کی تاریخ سے میں آپ کو مطلع کر دوں گا۔

مجھے افسوس ہے کہ میں آپ کا چیک ابھی تک کیش نہیں کرا سکا۔ بینک یہاں سے اب بہت دور ہو گیا ہے۔ کل یا پرسوں ضرور آپ کو روپے منی آرڈر کر دوں گا۔ ''کارواں'' سے میں ساٹھ روپے ماہوار لے رہا ہوں۔

عارف ابھی تک اچھا نہیں ہوا۔ نئے پھوڑے نکل رہے ہیں۔ خدا فضل کرے۔

صفیہ آداب عرض کہتی ہے۔ ایک چھوٹا سا افسانہ ''موسم کی شرارت'' لکھا ہے۔ ''ادبی دنیا'' میں بھیجا ہے۔ اگر وہ معاوضہ دینے پر تیار ہو گئے تو اس میں چھپے گا ورنہ مجھے واپس مل جائے گا اگر واپس آ گیا تو آپ کو پڑھنے کے لیے بھیج دوں گا۔ بُری چیز نہیں۔

بہت کچھ لکھنے کو جی چاہتا ہے لیکن وقت نہیں، کیا کروں؟ کچھ سمجھ میں نہیں آتا۔ ایسا نہ ہو کہ بوڑھا ہو جاؤں۔ رباعیات کا ترجمہ جلد بھیجئے۔

خاکسار

سعادت حسن منٹو

(۵۱)

۱۲۔محمد جعفر ہاؤس

لیڈی جمشید جی روڈ

ماہم۔بمبئی

(اگست ۱۹۴۰ء)

برادرِ مکرّم

اس سے پہلے آپ کو ایک خط روانہ کر چکا ہوں۔ امید ہے کہ مل گیا ہو گا۔ میں تین چار روز سے بیمار ہوں۔ بخار آ رہا ہے۔ یہاں سے ''بائی کلہ'' جہاں کہ میرے روپے بنک میں جمع ہیں کافی دور ہے۔ اس کا اندازہ آپ کو اس بات سے ہو سکتا ہے کہ موٹر بس میں وہاں تک جانے کے لیے تین آنے خرچ کرنا پڑتے ہیں۔ مجھے افسوس ہے کہ میں بیس روپے آپ کو منی آرڈر نہ کر سکا۔ بہر حال اب بہت جلد آپ کو روپے بجھوا دوں گا۔ مطمئن رہیں۔

میں نے ایک ڈرامہ بخار ہی کی حالت میں لکھا ہے۔ آپ کو بھیج رہا ہوں ۔ مجھے اس کے لیے دو گیتوں کی ضرورت ہے۔ ان گیتوں کا مضمون ارسال ہے لیکن یہ ضروری نہیں کہ آپ اسی کو نظما دیں۔ میرا مطلب صرف یہ ہے کہ نہایت رنگین چیزیں ہوں۔

مجھے امید ہے کہ ایک ہفتے کے اندر اندر آپ یہ دو گیت لکھ کر مجھے بھیج دیں گے۔

رفیق صاحب آئے تھے۔آپ کی ساری غزلیں اور سارے گیت لے کر چل دیئے۔ وہ آپ کو خط لکھیں گے۔ اب مطمئن رہیں کہ آپ کی غزلیں ''کارواں'' میں نہ چھپیں گی۔ ''کارواں'' نہایت ذلیل پرچہ ہے۔ مجھے اس کا احساس ہے لیکن کیا کروں آپ لوگ ہی کچھ توجہ نہیں دیتے۔ سچ کہتا ہوں میری ادبی اور جسمانی موت کا باعث آپ لوگ ہی ہوں گے۔ آپ کیوں نہیں کچھ کرتے۔

میری ذہنی پریشانیاں دن بدن بڑھتی چلی جا رہی ہیں۔ خدا اپنا فضل کرے۔

امید ہے کہ آپ بخیریت ہوں گے۔ عارف کو اب آرام ہے۔ لیکن رات اس نے کئی گھنٹے مجھے اور صفیہ کو جگائے رکھا۔ سوتا ہی نہیں، چاہتا ہے کہ ہم اس کے ساتھ کھیلیں۔ حد ہوگئی ہے۔

صفیہ آپ کو آداب عرض کرتی ہے۔

خاکسار

سعادت حسن منٹو

(۵۲)

۱۲۔ محمد جعفر ہاؤس

لیڈی جمشید جی روڈ

ماہم۔ بمبئی

(اگست ۱۹۴۰ء)

برادرِ مکرّم

آپ کا محبت نامہ کل شام کو دفتر سے واپسی پر ملا۔ صفیہ اسے پڑھ چکی تھی۔ اس نے فوراً مجھ سے پوچھا ''کیا آپ نے قاسمی صاحب کو منی آرڈر بھیجا ہے۔'' اس سوال کا جواب میرے پاس کوئی بھی نہ تھا، چنانچہ آپ کا خط پڑھنے کے بعد میں فوراً ڈاک خانے میں گیا اور تار کے ذریعے منی آرڈر کرنا چاہا مگر وقت پورا ہوگیا تھا اس لیے ناکام لوٹا۔

آج صبح کو میں نے Express TMO کے ذریعے سے آپ کو بیس روپے بھیج دیئے ہیں۔ خدا کرے آپ کو وقت پر مل جائیں۔ تاخیر کی معافی چاہتا ہوں۔ یہ تاخیر کیوں واقع ہوئی اس کا سبب میں آپ کو اپنے پہلے خط میں بیان کر چکا ہوں۔

امید ہے کہ آپ ''انگہ'' پہنچ گئے ہوں گے ۔ والدہ صاحبہ کو میرا سلام عرض کر دیجئے گا۔

میں آپ کو پنجابی گیت روانہ کر دوں گا۔ رباعیوں کا ترجمہ فوراً بھیجئے ۔ کیا آپ نے ''قلوپطرہ کی موت'' پڑھا۔ یہ بازاری چیز ہے ۔ پڑھ کر اور اس کے گیت لکھ کر مجھے مسودہ واپس بھیج دیجئے گا۔

''کارواں'' کے لیے آپ اور کرشن صاحب کچھ نہ لکھیں ۔ اس کی اشاعت بالکل محدود ہے ۔ کبھی کبھی آپ اپنے پرانے افسانے بھیج سکتے ہیں ۔ فیض صاحب سے ابھی ملاقات نہیں ہو سکی اس لیے کہ وہ بہت دور رہتے ہیں ۔ انشاءاللہ بہت جلد ان سے ملنے کی کوشش کروں گا۔

کرشن صاحب کا خط مجھے مل گیا تھا۔ انہوں نے افسانہ پسند کیا ہے ۔ آج کل میں ''خوشیا'' کے عنوان سے ایک نیا افسانہ لکھنے کی کوشش کر رہا ہوں ۔ اس میں ایک دلاّل کا ذکر ہے ۔

فوٹو کھنچوانے کے لیے وقت نہیں ۔ آپ نہیں جانتے کہ میں کتنا مصروف رہتا ہوں ۔ آپ اپنا فوٹو بھیج دیجئے اور میرا انتظار کیجئے ۔

آپ سے ملنے کو بے حد جی چاہتا ہے ۔ عارف ابھی مکمل طور پر تندرست نہیں ہوا۔

صفیہ آداب عرض کہتی ہے ۔

خاکسار

سعادت حسن منٹو

(۵۳)

۱۲۔ محمد جعفر ہاؤس

لیڈی جمشید جی روڈ

ماہم ۔ بمبئی

(اگست ۱۹۴۰ء)

برادرِ مکرّم

پہلے کاغذ پر میں نے آپ کو تار بھیجنے کا دن لکھا تھا۔ یہ خط میرے بیگ ہی میں پڑا رہا۔ میں

بہت مصروف تھا۔Steel مکمل کر رہا تھا۔اتوار اور پیر ان دو دنوں میں مَیں نے اس کو مکمل کر لیا۔ چنانچہ اب آپ کو یہ سن کر خوشی ہوگی کہ اس کے فلمانے کا فیصلہ ہوگیا ہے۔اس کا حق الخدمت مجھے چھ سو روپے ملے گا۔"Steel" کے گیت آپ لکھیں گے۔میں بہت جلد اس کے افسانے کی ایک نقل آپ کو ارسال کردوں گا تاکہ آپ اس کا بغور مطالعہ کرلیں۔

آج ڈاگا صاحب سے ملاقات ہوئی۔میں نے آپ کے وہ دو شعر سنائے جو کہ آپ نے لکھ کر بھیجے تھے۔بہت پسند کیے گئے۔ڈاگا صاحب ہی نے میری اسٹوری لی ہے، آپ سے ملاقات کرنے کا انہیں بے حد اشتیاق ہے۔آپ کیوں نہیں کچھ دنوں کے لیے ادھر آنکلتے۔آپ کو شاید اس سے کوئی فائدہ ہی پہنچ جائے۔

رفیق صاحب چاہتے ہیں کہ آپ ان کو ایک اجازت نامہ لکھ کر بھیج دیں کہ وہ آپ کی غزلیں براڈ کاسٹ کرسکتے ہیں اور ریکارڈوں میں بھی بھرا سکتے ہیں۔غزلیں انہیں بہت پسند آئی ہیں۔

یہ خط ملتان کے پتے سے آپ کو بھیج رہا ہوں۔

عارف اب روبصحت ہے۔میں بھی اچھا ہوں۔

ہاں، ان گیتوں کا کیا بنا۔جلد از جلد بھیجئے۔

ایک بات اور۔آپ اپنی کچھ غزلیں "مصور" کو روانہ کردیں۔خلش صاحب یا نذیر صاحب کے نام سے۔"مصور" سے آپ کا رشتہ نہیں ٹوٹنا چاہیے۔آپ کو "مصور" سے کبھی نہ کبھی فائدہ ضرور پہنچے گا۔

صفیہ آداب عرض کرتی ہے۔

"ہتک" کی نقل اگر آپ کے پاس ہو تو بھیج دیجئے۔بذریعہ رجسٹری۔ساتھ ہی "قلوپطرہ کی موت" بھی روانہ کردیجئے گا۔

خاکسار

سعادت حسن منٹو

۱۲۔محمد جعفر ہاؤس، لیڈی جمشید جی روڈ
ماہم۔ بمبئی
(ستمبر ۱۹۴۰ء)

برادرِ مکرّم

اس سے پہلے نہ معلوم کتنے خط روانہ کر چکا ہوں مگر رسید ندارد۔ امید ہے کہ آپ بخیریت ہوں گے۔

آج ڈاگا صاحب سے میری ملاقات ہوئی۔ رفیق بھی وہیں تھا۔ فیصلہ ہوا ہے کہ آپ ان کے نئے فلم کے گانے لکھیں۔ میں آپ کو ایک Situation بتاتا ہوں، اس کے مطابق ایک نہایت ہی عمدہ گیت لکھ کر فوراً بھیج دیجئے تاکہ آپ کو دوسری Situation لکھ کر بھیج دی جائیں۔

ہیرو ایک لڑکی کو جو کہ ڈوبنے گئی تھی پانی سے نکال کر لاتا ہے اور اس کو لوری کے طور پر ایک گیت سناتا ہے تاکہ وہ سو جائے۔ اس لڑکی سے ہیرو کو محبت ہے، لیکن لڑکی نہیں جانتی۔ گیت کے بول اس طرح کے ہوں کہ اُن کے اندر اُس کی چھُپی ہوئی محبت کی جھلکیاں نظر آئیں۔ یہ شاعری کا نہایت ہی پیارا نمونہ ہونا چاہیے۔ ایسا گیت ہو کہ میں بھی تڑپ جاؤں۔ سہل الفاظ میں آپ عاشق کے دل کو بس کاغذ پر نکال کر رکھ دیں۔ اُس کا عشق گیت میں نمایاں نہ ہو۔ کہیں کہیں اُس کی جھلک دکھائی دے۔

ڈاگا صاحب کو میں نے آپ کی تازہ غزل کے دو شعر سنائے انہوں نے کہا

"Nadeem is the only Urdu poet who has somehow or the other impressed me"

رفیق صاحب نے آپ کے لیے بہت کوشش کی ہے۔ وہ آپ کو علیحدہ خط لکھے گا۔

میں آپ کو اس سے پہلے یہ خبر سنا چکا ہوں کہ "Steel" میں نے مکمل کر کے ڈاگا صاحب کے حوالے کر دیا ہے؟...... یہ افسانہ بہت پسند کیا گیا ہے۔ اس کو فلمانے کا فیصلہ کر لیا گیا ہے۔ مجھے اس کے چھ سو روپے ملیں گے (اس کا ذکر کسی سے نہ کیجئے گا)۔ دو سو وصول کر چکا ہوں۔

دوسرے الفاظ میں جو قرض میرے سر پر تھا میں نے اِن روپوں سے اُتار دیا ہے۔

ڈاگا صاحب یہاں اپنا اسٹوڈیو بنانے والے ہیں۔ میں اور رفیق کوشش کر رہے ہیں کہ آپ کو یہاں بلایا جائے۔

گیتوں کا معاوضہ آپ کو ڈیڑھ سو روپئے کے قریب مل جائے گا۔

آپ نے ابھی تک ''قلو پطرہ کی موت'' کے لیے گیت نہیں بھیجے۔ آخر آپ کو کیا ہو گیا ہے؟

صفیہ آداب عرض کرتی ہے۔

خط کا جواب فوراً دیں۔ گیت بھی فوراً ہی بھیجئے۔ تاخیر بالکل نہ ہو۔

میں اب ''جیب کترا'' کے عنوان سے ایک فلمی افسانہ لکھنے کی فکر میں ہوں۔ کیسا عنوان ہے؟

خاکسار

سعادت حسن منٹو

....

(تار)

بمبئی

۷۔ستمبر ۱۹۴۰ء

بنام:۔ احمد ندیم: بوہڑ دروازہ، پل شوالہ، ملتان

مہربانی کرکے مہرِ سکوت توڑ دیجئے۔ (منٹو)

(۵۵)

۱۲۔ محمد جعفر ہاؤس

لیڈی جمشید جی روڈ، ماہم۔ بمبئی

(ستمبر ۱۹۴۰ء)

برادرِ مکرّم

آپ کے دونوں خط مجھے مل گئے۔ ''قلو پطرہ کی موت'' کے لیے دو گیتوں کا بہت بہت شکریہ۔ میں نے ان میں سے ایک استعمال کیا ہے، دوسرا گیت میں نے آپ کے پہلے گیتوں

سے چن لیا تھا۔ ''قلو پطرہ کی موت'' سترہ اکتوبر کو لکھنؤ سے براڈ کاسٹ ہو گا۔

عمر خیام کی رباعیوں کا ترجمہ بہت دیر کے بعد مجھے ملا۔ اب اُس کے متعلق کچھ نہیں ہو گا۔ جس کا مجھے افسوس ہے۔

آپ کا گیت میں نے رفیق صاحب کو دکھایا۔ انہوں نے بہت پسند کیا مگر ایک اعتراض یہ ہے کہ آپ نے انترے کے لیے بحر بہت لمبی انتخاب کی ہے۔ اس کے علاوہ سوجا سوجا راج کماری، والے گیت کے بعد اب رفیق صاحب بالکل نئی طرز کی چیز چاہتے ہیں۔ لیکن اس کا یہ مطلب نہیں کہ انہیں گیت پسند نہیں، آج وہ جس سے بھی ملے اس سے انہوں نے اس گیت کی تعریف کی۔ کاش کہ آپ خود ان کی زبان سے سنتے۔ داد دینے کا طریقہ رفیق غزنوی ہی کو آتا ہے۔

یہ خط میں آپ کو ایکسپریس بھیج رہا ہوں۔ فوراً ہی آپ چھوٹی بحر میں (Subtlety) کو چھوڑ کر نہایت ہی سادہ انداز میں اسی قسم کا ایک گیت لکھ کر بھیج دیں۔ رفیق کہہ رہا تھا کہ گیت کے بول ایسے ہوں کہ جو ایک دم سننے والے کے دل کے اندر اتر جائیں۔ زیادہ دیر اسے ان پر غور نہ کرنا پڑے۔ مجھے یقین ہے کہ آپ ایسا گیت لکھ سکتے ہیں۔

رفیق نے یہ بھی خواہش ظاہر کی ہے کہ آپ بمبئی چلے آئیں وہ آپ کو اپنے پاس رکھنے کو تیار ہے۔ وہ چاہتا ہے کہ آپ نوکری ووکری کو برطرف کر کے یہاں اُس کے پاس رہیں۔ میرا بھی خیال ہے کہ آپ یہاں زیادہ کما سکیں گے۔ آپ کیوں نہیں اس مسئلہ پر غور کرتے۔ دور بیٹھ کر نہ میں آپ کو اپنا مافی الضمیر سمجھا سکتا ہوں اور نہ کوئی اور...... اور فلم لائن میں لوگ ہاتھ پر سرسوں جمانے کے قائل ہوتے ہیں۔

گیت فوراً بھیج دیجئے گا۔ ایسا لکھیے کہ رفیق تڑپ اٹھے۔ جذبات ہی جذبات ہوں

میری طبیعت کچھ دنوں سے خراب ہے۔ بخار رہتا ہے۔ کل ڈاکٹر سے مشورہ لوں گا۔

Steel کی کاپی آپ کو یقیناً مل جائے گی اور اس کے گیت آپ کے سوا اور کوئی نہیں لکھے گا۔ اس کا قطعی فیصلہ ہو چکا ہے۔

ہاں چار روز ہوئے رفیق نے ریڈیو پر آپ کے دو گیت گائے۔ جل برسانے آئی بدلی، اور ایک دوسرا۔ لوگوں نے بہت پسند کیے۔

ہاں، میں نے آپ کا غنائیہ ''قاضی جی کا فیصلہ'' ادبِ لطیف والوں کو بھیج دیا ہے۔ یہ اُس میں چھپے گا۔ یہاں سے براڈ کاسٹ ہوگا تو میں خیال رکھوں گا کہ آپ ہی کے نام سے ہو۔

میں آج کل ایک افسانہ بعنوان ''عنوان کے بغیر'' لکھ رہا ہوں۔ ''کارواں'' میں پڑھیے گا۔ کیا ''کارواں'' آپ پڑھتے ہیں؟ میں نے ایک مضمون ''مجھے شکایت ہے'' لکھا تھا کیا آپ نے پڑھا ہے؟

اس سے زیادہ اب میں نہیں لکھ سکتا۔

صفیہ سامنے لیٹی عارف سے کھیل رہی ہے۔ آداب عرض کرتی ہے۔ مجھے آپ کے دوست ے۔ س۔ کی موت کا پڑھ کر بہت افسوس ہوا۔ خودکشی کرنا بڑی ہمت کا کام ہے۔ مجھ میں اتنی ہمت نہیں ہو سکی تھی۔ خدا آپ کو صبر دے۔

خاکسار

سعادت حسن منٹو

(۵۶)

۱۲۔ محمد جعفر ہاؤس، لیڈی جمشید جی روڈ

ماہم۔ بمبئی

(۲۳ر ستمبر ۱۹۴۰ء)

برادرِ مکرّم

آپ کے دونوں محبت نامے مجھے مل گئے تھے۔ میری طبیعت چونکہ ناساز تھی اس لیے میں ان کی رسید نہ بھیج سکا۔ کچھ تو یہاں کی آب و ہوا نے مجھ پر اثر کیا ہے اور کچھ ناموافق واقعات نے۔ خصوصاً والدہ صاحبہ کی اچانک موت نے جسمانی اور روحانی طور پر مجھے بہت ہی صدمہ پہنچایا ہے۔ پرسوں مجھے ایک سو پانچ درجے کا بخار تھا۔ آج درجہ حرارت ننانوے ہے۔ جس کا مطلب یہ ہوا کہ بخار بدستور موجود ہے۔

چار پانچ روز ہوئے میں نے یہاں کے ایک بڑے ڈاکٹر سے مشورہ لیا تھا۔ اس نے بتایا ہے کہ میرے Abdomen میں خرابی ہے۔ اس خرابی کا باعث صرف میرے جسم کی ساخت ہے۔ میرا پیٹ نیچے سے بہت تنگ ہے جس کی وجہ سے انتڑیاں ٹھیک طور پر پھیل نہیں سکتیں۔

ڈاکٹر نے ایک خاص قسم کی پیٹی باندھنے کو کہا ہے جس کو آج کل میں استعمال کر رہا ہوں۔ بارہ روپے میں خریدی ہے، اس کا یہ فائدہ ہوگا کہ انتڑیاں اوپر کو اٹھی رہیں گی...... بخار اس کے علاوہ ہے جس کے متعلق کل پھر اُس سے بات چیت کروں گا آپ بے فکر رہیں، مجھے ابھی زندہ رہ کر بہت سے تماشے دیکھنا ہیں۔

عارف اب پہلے سے اچھا ہے، امید ہے کہ خدا کے فضل سے وہ دن بدن تندرست ہوتا جائے گا۔ صفیہ بھی خیریت سے ہے۔

اس سے قبل میں آپ کو ایک ایکسپریس چٹھی بھیج چکا ہوں۔ امید ہے مل گئی ہوگی۔

آپ کا خط پڑھ کر معلوم ہوا کہ پنڈت کرپارام نے آپ کو میرے متعلق ایک مفصل خط لکھا ہے۔ ان کی بڑی مہربانی ہے کہ آپ کو انہوں نے میرا دوست سمجھا اور مجھے اس بات سے بھی حوصلہ ہوتا ہے کہ انہوں نے مجھے فراموش نہیں کیا۔ پنڈت جی سے میرا تعارف مسٹر نذیر کی معرفت ہوا تھا۔ ''مصور'' سے علیحدہ کر دیئے جانے پر مجھے اس بات کا اندیشہ پیدا ہوا تھا کہ پنڈت جی بھی مجھ سے چھن گئے ہیں۔ ایک بار خلش صاحب سے مسٹر نذیر کے تعلقات خراب ہو گئے تھے تو اسی بنا پر پنڈت جی نے خلش صاحب کو ایک پچوڑی ہوئی ہڈی سمجھ کر پھینک دیا تھا۔ میرے دل میں ایسا خیال کیوں پیدا ہوا اس کی وجہ یہ بھی ہے کہ آج کل جب کہ مسٹر نذیر سے خلش صاحب کا ملاپ ہو گیا ہے جو کہ اتنا ہی حیرت خیز ہے جتنا کہ روس اور جرمنی کا سیاسی اتحاد ہے، پنڈت جی کے دوستانہ تعلقات پھر سے خلش صاحب کے ساتھ قائم ہو گئے ہیں۔ اس کے لیے میں پنڈت جی کو موردِ الزام قرار نہیں دیتا کیوں کہ وہ دوستی کو گزوں سے ناپتے ہیں۔ میری دوستی، نذیر صاحب کی دوستی کے مقابلے میں کئی میل کم تھی۔ اس لیے میں سمجھا کہ پنڈت جی نے ایک ہی جھٹکے میں میری دوستی کی گردن علیحدہ کر دی ہوگی۔ مگر آپ کے خط سے یہ معلوم کر کے خوشی ہوئی کہ میں ابھی تک ان کے اندر زندہ ہوں...... یہ میرے حقیر اخلاص کا ایک ادنیٰ سا کرشمہ ہے، ورنہ پنڈت جی کے سینے میں تو ایک قبرستان آباد ہوگا۔

پنڈت جی فوج میں رہ چکے ہیں اس لیے وہ ہر شے کو فوجی نظر سے دیکھتے ہیں۔ جب وہ کسی سے دوستی کرتے ہیں تو فوجی خطوط پر اور جب کسی سے دشمنی اختیار کرتے ہیں تو اُن کے دماغ میں

مورچہ بندی کا خیال آجاتا ہے۔ وہ بے قصور ہیں اور میں بھی بے قصور ہوں۔ میں نے اُن کو اپنا دوست نہیں سمجھا اس لیے کہ وہ ان حدود سے گزر چکے ہیں جبکہ میری عمر کے آدمی اُن کو اپنا دوست بناتے۔ میں نے اُن کو اپنا رہبر قرار دیا۔ ایک بار جب انہوں نے والدہ مرحومہ سے کہا تھا ''سعادت میرا بچہ ہے'' تو میں وہاں سے اٹھ کر بالکونی میں چلا گیا تھا کہ میری آنکھوں میں آنسو دیکھ کر میری کمزوری کا اُن کو پتہ چل جائے گا۔ میں دل ہی دل میں ایک خاص قسم کا سرور محسوس کرتا تھا۔ مجھے اُن کی بہت سی باتوں سے اختلاف رہتا تھا مگر میں نے ہمیشہ جبر کیا اور اپنے دل کی سلطنت پر اُن کو ڈکٹیٹر بنا کر بٹھا دیا۔ دنیا جانتی ہے کہ پنڈت کرپا رام صاحب مجھے عزیز تھے اور اب بھی عزیز ہیں، لیکن ایک حادثے سے میرے اندر انقلاب سا برپا ہو گیا ہے اور میں خود کو کسی قدر تبدیل کر چکا ہوں۔ یہی تبدیلی شاید پنڈت جی کو پسند نہیں آئی۔

''مصور'' سے میں چار برس تک منسلک رہا۔ اس دوران میں ہر کام میں نے ایماندارانہ طور پر کیا۔ مسٹر نذیر یا پنڈت کرپا رام جی اِن چار برسوں کے ڈھیر میں سے ایک دن بھی ایسا کُرید کر نہیں نکال سکتے جس کے ساتھ میرا اخلاص چمٹا ہوا نہ ہو۔ مصور کو میں نے اپنا سمجھا۔ نذیر صاحب کو بھی میں نے اپنے دل میں جگہ دی، لیکن ایکا ایکی مجھ سے بات چیت کئے بغیر مجھے تحریری نوٹس ملا جس نے کئی راتوں کی نیند مجھ پر حرام رکھی۔ یہ نوٹس ملنے پر میرے دل و دماغ میں کیسا ہلڑ مچا، میں بیان نہیں کرسکتا۔ فلموں کی کومنٹری لکھنے کا کام مجھے نذیر صاحب نے دلوایا تھا وہ بھی مجھ سے چھین لیا گیا۔ ایک سو بیس روپے ماہوار کی آمدن مجھ سے کسی نامعلوم گناہ کے باعث علیحدہ کر دی گئی۔ میں نے ہوش سنبھالا اور بابوراؤ پٹیل کے پاس گیا۔ اس کو میں نے نوٹس دکھا کر کہا ''تمہیں ایک ایڈیٹر کی ضرورت تھی، میں اس وقت بیکار ہوں کیا تمہیں میری خدمات درکار ہیں، میں ساٹھ روپے ماہوار پر کام کروں گا۔'' سودا منظور ہو گیا اس کے بعد کرپا رام جی سے میری ملاقات ہوئی۔ ان کے یہ الفاظ بستر مرگ پر بھی مجھے یاد رہیں گے۔ ''میرا خیال تھا کہ نوٹس ملتے ہی تم اور صفیہ میرے پاس آؤ گے اور ہم کوئی مصالحت کی صورت پیدا کرلیں گے۔ مگر تم نہ آئے اور بابوراؤ پٹیل کے پاس چلے گئے۔'' خدا کرے کہ پنڈت جی کا وقار قائم رہے۔ اُن کو شاید یہ معلوم نہیں بعض آدمی ایسے ہوتے ہیں جو ایک سو بیس روپے کھو دینے پر بھی بھیک نہیں

مانگتے۔ مجھے جب زبانی پیغام دینے کے بجائے نوٹس دیا گیا تو میں کیوں کسی کے پاس جاتا۔ جب میرے جذبات کی قدر ہی نہیں کی گئی تو میں کیوں انہیں اور پائمال کراتا...... پنڈت جی مجھ پر تمام عمر کوئی جرم عائد نہیں کر سکتے اس لیے کہ میں مجرم نہیں ہوں۔ مجھے اس بات کا دعویٰ ہے کہ اگر وہ میرے سامنے بیٹھ کر گفتگو کریں تو گفتگو کے بعد وہ مجھے اٹھا کر چوم لیں...... خدا کی قسم میں ان کو رلا سکتا ہوں۔ مجھ میں انتقام کی آگ اتنی زیادہ بھڑک رہی ہے کہ میں انہیں ایک روز ضرور اپنے سامنے بٹھاؤں گا اور اتنا بولوں گا کہ ان کے کان بہرے ہو جائیں۔ انہوں نے مجھے بہت دکھ دیا ہے۔ وہ بہت سمجھ دار بنتے ہیں مگر ان کی عقل مندی ملاحظہ ہو کہ خلش سے مجھے نوٹس ملنے کے دوسرے روز ہی کہتے ہیں ''بھئی مجھے سعادت کے بیس روپے دینا ہیں۔''...... یہ کیا ہے؟...... اس ایک بات نے میرے دل پر نہایت ہی بُرا اثر کیا۔ پنڈت جی کے دل میں روپوں کا خیال ''مصور'' سے میری علیحدگی پر کیوں آیا؟...... کیا یہ ثابت نہیں کرتا کہ اُن کا ضمیر محور سے ہٹ چکا تھا۔

مجھے ایسا معلوم ہوتا ہے کہ پنڈت جی اور میرے درمیان دوستی کا جو رشتہ تھا وہ صرف ''مصور'' ہی کے صفحات پر تھا۔ مصور سے میں علیحدہ ہوا اور وہ بھی مجھ سے علیحدہ ہو گئے۔

میں نذیر صاحب سے پوچھ چکا ہوں۔ وہ بتا نہیں سکے کہ انہوں نے مجھے کیوں علیحدہ کیا۔ لیکن انہوں نے اتنا ضرور کہا ہے کہ میرے اخلاص پر انہیں کامل بھروسہ ہے۔ اب کرپارام جی سے پوچھوں گا کہ بھئی آپ نے میری دوستی کو کس بناء پر طلاق دی ہے؟ مجھے یقین ہے کہ وہ وجہ نہیں بتا سکیں گے، اس لیے کہ کوئی وجہ ہے ہی نہیں اور اگر ہے تو وہ اتنی مبہم ہے جو صرف کرپا رام جی ہی سمجھ سکتے ہیں۔ میں آپ سے کیا عرض کروں...... اتنے واقعات ہیں کہ خط میں درج نہیں کیے جا سکتے۔ جیسا کہ میں اوپر لکھ چکا ہوں پنڈت جی سے مجھے عقیدت تھی، میں نے کبھی یہاں رہ کر خود کسی کام کے لیے کوشش نہیں کی بلکہ مسٹر نذیر اور مسٹر کرپارام پر بھروسہ رکھا۔ اب کہ میں بالکل اکیلا ہوں کیا وہ چاہتے ہیں کہ میں کچھ نہ کروں...... اور ڈوب کے مر جاؤں؟ اگر میں نے شادی نہ کی ہوتی تو بخدا میں اُن کو خوش کرنے کے لیے یہ بھی کر دیتا اور ہمیشہ کے لیے اپنی موت کی تختی ان کے گلے میں لٹکا دیتا مگر میں مجبور ہوں۔

کرپارام جی کبھی تخلیے میں سوچیں تو انہیں معلوم ہو جائے گا کہ میں کسی سے برائی کر ہی نہیں سکتا۔ البتہ وہ کر سکتے ہیں، وہ اس کے اہل ہیں۔ وہ اپنی طبیعت خوش کرنے کے لیے جس کا چاہے گلا گھونٹ سکتے ہیں...... میں نے ابھی اتنا تجربہ حاصل نہیں کیا جتنا کہ پنڈت جی کر چکے ہیں، ممکن ہے کہ دس بارہ برس کے بعد مجھ میں بھی یہ بات پیدا ہو جائے۔ اُس وقت میں ان سے زیادہ اچھی طرح بات کرسکوں گا۔ مگر اب کہ میرے اندر صرف جذبات ہی جذبات ہیں۔ میں سوائے آنسوؤں کے ان کی خدمت میں اور کچھ پیش نہیں کرسکتا، یہ آنسو انہی کے عنایت کردہ ہیں۔

مجھ سے بعض لوگوں کے خلاف لکھنے کے لیے کہا گیا، میں نے لکھا اس لیے کہ وہ مجھے خود بھی ناپسند تھے، لیکن میں اب دیکھتا ہوں کہ پنڈت جی ان کے ساتھ گھل مل کر رہتے ہیں۔ میں ان لوگوں کا دشمن ہوں مگر وہ دوست ہیں۔ میں اس پر رشک نہیں کرتا بلکہ افسوس کرتا ہوں۔ وہ یوں اپنا الو سیدھا کرتے ہیں اور میں...... پنڈت جی سے کہیے کہ وہ کبھی میری پوزیشن پر بھی غور کریں۔ میں اگر چاہوں تو اُن بے وقوفوں کو اتنا خوش کرسکتا ہوں کہ پنڈت جی ساری عمر میں نہیں کر سکتے، لیکن مصیبت یہ ہے کہ میں خود عبرتناک حد تک بیوقوف ہوں۔

میں نے اگر دورنگی زندگی بسر کرنا شروع کی تو مجھے یقین ہے کہ میں زیادہ کامیاب رہوں گا کیوں کہ میں یہ کام بھی اخلاص کے ساتھ کروں گا مگر مصیبت یہ ہے کہ وہ دن ہی نہیں آتا جب ایسی زندگی بسر کرنے کی خواہش میرے اندر پیدا ہو۔

میری سمجھ میں نہیں آتا کہ نذیر صاحب یا کرپارام صاحب مجھ پر ناراض کس وجہ سے ہیں۔ کیا میں نے ان کی کوئی جائداد غصب کرلی ہے یا میں نے کبھی ان کو قتل کرنے کی کوشش کی ہے۔ آخر میرا کوئی جرم بھی ہو۔ گو میں یہ پسند نہیں کرتا کہ خود کو عدالت کے کٹہرے میں کھڑا کردوں۔ مگر میں یہ بھی کرنے کے لیے تیار ہوں۔ چلیے میں مجرم ہی سہی، اب کرپارام جی اور ان کے دوست کرسیوں پر بیٹھیں اور مجھ پر جرم ثابت کریں۔ کیا ان میں اتنی جرأت ہے؟...... ان سے پوچھیے۔

وہ میرے خلاف ایک لفظ بھی نہیں کہہ سکتے۔ اگر وہ کچھ کہہ سکتے ہیں تو صرف یہ کہ سعادت

شراب پیتا ہے۔ سعادت شراب پیتا ہے اس لیے کہ شراب صرف میرے جسم کو نقصان پہنچاتی ہے روح کو نہیں۔ کرپارام جی نے تو میری روح کو تکلیف پہنچائی ہے۔

میں بے حد ذکی الحس ہوں۔ میں نے سارے کا سارا سعادت ان کی میلی جھولی میں ڈال دیا مگر اُس کے بدلے میں انہوں نے کرپارام کا صرف ایک ٹکڑا مجھے دیا۔ مجھے اِس کا گلہ ہے۔ جب میں کسی سے دوستی کرتا ہوں تو مجھے اس بات کی توقع ہوتی ہے کہ وہ اپنا آپ میرے حوالے کر دے گا۔ دوستی کرنے کے معاملے میں میرے اندر یہ ایک زبردست کمزوری ہے جس کا علاج مجھ سے نہیں ہوسکتا۔ آپ کو یاد ہوگا کہ جب آپ نے اپنی دوستی کا ہاتھ میری طرف بڑھایا تھا تو میں نے آپ سے کئی بار کہا تھا کہ آپ مجھے دوست نہ بنائیں صرف اسی کمزوری کے باعث میں نے آپ سے درخواست کی تھی۔ اب بھی میری آپ سے یہی درخواست ہے۔ ندیم صاحب معاف فرمائیے گا۔ ''مصور'' سے ایکا ایکی (غیر ضروری بالوں کی طرح) علیحدہ کر دیئے جانے پر اب میرے دل میں بہت تلخی پیدا ہوگئی ہے، میں اب ہر وقت سہما سا رہتا ہوں کہ ممکن ہے کسی روز آپ بھی میرے ساتھ یہی سلوک نہ کریں...... مجھے تو یہ بھی ڈر رہتا ہے کہ کہیں میرے اپنے ہاتھ پاؤں مجھ سے باغی نہ ہو جائیں۔ اللہ رحم کرے۔

مجھے معلوم نہیں پنڈت جی نے آپ کو کیا لکھا ہے، لیکن اگر دنیا میں ایمان واقعی کام کی چیز ہے تو اُس سے کام لے کر آپ انہیں بتایئے کہ میں نے اُن کے بارے میں آپ کو کبھی کچھ لکھا ہے؟...... جو کچھ انہوں نے آپ کو لکھا ہے مجھے ہرگز نہ بتایئے گا۔ میں اپنے آپ کو اور دکھی کرنا نہیں چاہتا۔ کرپارام جی میں اتنا دل گردہ نہیں کہ وہ آگے بڑھ کر میرے دکھ اٹھا کر اپنے کاندھے پر رکھ لیں۔ خدا اُن کو ہمیشہ سکھی رکھے اور اگر وہ مجھے مشکلات میں دیکھ کر ہی خوش رہ سکتے ہیں تو میری دعا ہے کہ میں ہمیشہ مشکلات میں پھنسا رہوں۔ لیکن کرپارام جی سے میں کبھی بھیک نہیں مانگوں گا۔

میں ایک بار پھر عرض کرتا ہوں کہ مجھے نہ کرپارام جی سے دشمنی ہے اور نہ مسٹر نذیر سے۔ میں اول تو ان کو نقصان پہنچا ہی نہیں سکتا اس کا خیال تک میرے دماغ میں نہیں آئے گا لیکن میں اس بھونڈے سلوک کا تذکرہ یقیناً کرتا رہوں گا جو نذیر صاحب اور پنڈت کرپارام جی نے

میرے ساتھ کیا۔ دنیا کی کوئی طاقت مجھے یہ سچی بات کہنے سے نہیں روک سکتی۔

کرپارام جی مجھے اپنی زبان سے بیٹا کہہ چکے ہیں کیا انہوں نے اپنے دوست نذیر صاحب سے یہ پوچھنے کی زحمت گوارا کی کہ سعادت کا قصور کیا ہے اور اگر انہوں نے پوچھا تو کیا نذیر صاحب نے سچی بات ان سے کہی؟

مجھے کچھ معلوم نہیں کہ میں کیا لکھ رہا ہوں لیکن میں اتنا ضرور جانتا ہوں کہ پنڈت کرپارام جی میرے متعلق کچھ بھی نہیں جانتے۔ وہ مجھے بالکل نہیں سمجھ سکے۔ میں ان کو اچھی طرح سمجھتا ہوں۔

میں نے پنڈت جی کے بارے میں اب تک جو کچھ بھی ''کارواں'' میں لکھا ہے خدا کی قسم کسی شخص کی اکساہٹ پر نہیں لکھا۔ کرپارام صاحب سے پوچھیے کہ وہ ناکام ڈائریکٹروں کا راگ کیوں الاپ رہے ہیں۔ اس کے پیچھے کون سا جذبہ کارفرما ہے؟...... مجھے اس بات کا دعویٰ ہے کہ وہ اگر اپنی تمام طاقتیں صرف کر دیں تو بھی وہ مضامین کے ذریعے سے یا زبانی ہرگز ثابت نہیں کر سکتے کہ وہ ناکام ڈائرکٹروں کے خلاف کیوں لکھ رہے ہیں، کیوں کہ ناکام ڈائریکٹر خود اُن کے دوست ہیں جن کی حمایت میں وہ آئے دن ''موویز'' کے کالم بھرتے رہتے ہیں۔ وہ کیوں خوامخواہ ایک ایسی چیز پر قلم اٹھاتے ہیں جس میں وہ خود کو حق بجانب ثابت ہی نہیں کر سکتے۔ انڈسٹری کا درد اُن کے دل میں اُتنا ہی ہے جتنا کہ بابوراؤ پٹیل کے دل میں۔ یہ صاف باتیں ہیں اور پنڈت جی اِس سے انکار نہیں کر سکتے۔

درد مجھ ایسے آدمی کے دل میں ہوسکتا ہے جس کی زندگی کا سارا دارومدار صرف مشقت پر ہے۔ میں محنت کرتا ہوں۔ سیاسی پہلوانی نہیں کرتا۔ پنڈت کرپارام بھی اور مسٹر نذیر دونوں سیاسی پہلوان ہیں۔ میری بات یاد رکھیے گا۔ ان دونوں میں ایک نہ ایک روز ضرور کشتی ہوگی۔ میں اس اکھاڑے سے باہر ہوں اور کوشش کروں گا کہ ہمیشہ باہر ہی رہوں۔

آخر پنڈت جی مجھ سے کیا چاہتے ہیں؟...... کیا میں محنت نہ کروں؟...... کیا میں بھیک مانگنا شروع کر دوں۔ کیا میں دوسروں کے خلاف یوں ہی مضامین کا تانتا باندھ دوں۔ کیا میں لوگوں کی خوشامد شروع کر دوں۔ کیا میں اپنے گلے میں غلامی کا طوق ڈال لوں؟...... کیا میں سارا دن ایک در سے دوسرے در تک پھرتا رہوں؟...... مجھے بتائیں تو سہی کہ میں کیا کروں؟

کرپارام جی کی ایک اور طفلانہ حرکت ملاحظہ ہو۔آج سے کچھ عرصہ پہلے آپ میرے بہت قائل تھے۔ایک صاحب سے جوکہ اپنی اسٹوری کا منظر نامہ لکھانا چاہتے تھے، آپ نے میری سفارش کی اور بہت سارو پیہ دلوانے کا وعدہ کیا مگر اب انہوں نے خلش صاحب سے کہا ہے ''منٹو کو اب میں کام نہیں دے رہا......فلاں شخص کو دوں گا''......بھئی پنڈت جی، آپ کسی کو بھی دیں مگر خلش صاحب کو یہ کہنے کی ضرورت ہی کیا تھی۔جب مسٹر نذیر نے خلش صاحب کو اپنے پاس بلالیا تھا تو میں خوش ہوا تھا۔اب اگر وہ یہ کام کسی اور کو دے دیں گے تو مجھے رنج نہیں ہوگا۔البتہ رنج اس بات کا ہے کہ انہوں نے ایسی بات کہی۔

وہ مجھے روپے پیسوں میں کیوں تولتے ہیں؟......مجھے ان سے اتنی محبت نہیں ہے جتنی کہ مجھے اس تخیل سے ہے جو کہ دوستی کے متعلق میرے دماغ میں موجود ہے۔وہ جو چاہیں کریں، میرے رویے میں ہرگز ہرگز فرق نہیں آئے گا۔میں اپنے آپ کو ذلیل بنانا نہیں چاہتا۔

ایک بات میری سمجھ میں نہیں آتی۔اگر کرپارام جی کو کوئی بات ناگوار گزرتی ہے تو کیا کسی دوسرے کو نہیں گزرسکتی۔اگر وہ کسی شے کو ناپسند کرنے پر اپنی ناپسندیدگی کا اظہار کرسکتے ہیں تو کیا دوسرا نہیں کرسکتا۔اگر وہ کسی آدمی کے خلاف زہر اگل سکتے ہیں تو کیا دوسرا نہیں اُگل سکتا۔اگر پنڈت جی خاص مصلحتوں کے پیش نظر کسی کو بانس پر چڑھا سکتے ہیں تو کیا دوسرا نہیں چڑھا سکتا...... کیا وہ مجھے بتاسکتے ہیں کہ ان کی زندگی کا مقصد کیا ہے؟

میں نے اب تک ان کے متعلق جو کچھ بھی لکھا ہے آپ کی نظروں سے گزرا ہوگا۔بتایئے اس میں کیا برائی ہے۔میں اُن کی کسی بات سے اختلاف نہیں رکھتا لیکن بات صرف یہ ہے کہ وہ خود محسوس کرتے ہیں کہ جو کچھ وہ لکھ رہے ہیں اخلاص پر مبنی نہیں ہے۔یہی احساس ان کو مجبور کرتا ہے کہ وہ میرے خلاف لوگوں سے کچھ کہیں اور اسی احساس نے انہیں مجبور کیا کہ وہ آپ کو خط لکھیں۔

وہ دنیا سے کسی قسم کا بھی سلوک کریں مجھے اُس کی پروا نہیں۔وہ جانیں اور ان کا کام۔ لیکن میرے ساتھ انہیں امتیازی سلوک روا رکھنا ہوگا اس لیے کہ وہ اپنے منہ سے مجھے بیٹا کہہ چکے ہیں۔میں بہت ضدی بچہ ہوگیا ہوں۔طفل تسلیوں سے اب میں نہیں بہلوں گا۔انہیں اپنے

قصور مانتا ہوں گے تاکہ مجھے اطمینان نصیب ہو اور میرے اندر جو انقلاب کا طوفان پیدا ہو رہا ہے ٹھنڈا ہو جائے۔ ان کی بے رخی نے مجھے بہت دکھ پہنچایا ہے۔ بخدا بہت دکھ پہنچایا ہے۔ میں اس سے زیادہ اور کچھ نہیں کہہ سکتا۔ خدا میری اور ان کی دونوں کی حالت پر رحم کرے۔

کرپارام جی سے کہیے کہ وہ مجھ سے ملیں۔ اُن کی شان میں فرق نہیں آئے گا یا مجھ سے کہیں میں اُن سے ملاقات کروں، مگر ایسی جگہ جہاں دس پندرہ آدمی موجود ہوں تاکہ سب کے روبرو ہم باتیں کرسکیں۔

مجھے افسوس ہوا کہ آپ مشکلات میں گھرے ہوئے ہیں۔ دیکھیے میں یہاں کوشش کرتا ہوں۔ آپ کو دو ایک روز میں نتیجہ معلوم ہو جائے گا۔

آپ کی باقی باتوں کا جواب پھر لکھوں گا۔ میں اب زیادہ نہیں لکھ سکتا۔ یہ خرافات لکھ کر میرا دماغ پریشان ہو گیا ہے۔ ایسا بے ربط خط شاید ہی میں نے کبھی لکھا ہو۔

اگر ہو سکے تو "مجھے شکایت ہے" کی تائید میں ایک مضمون ضرور لکھ کر بھیجئے۔

صفیہ آداب عرض کرتی ہے۔

خاکسار

سعادت حسن منٹو

(۵۷)

۱۲۔محمد جعفر ہاؤس

لیڈی جمشید جی روڈ، ماہم۔ بمبئی

(ستمبر ۱۹۴۰ء)

برادر مکرّم

میرا طول طویل خط جس میں نہ جانے کیا بکواس لکھی گئی ہے آپ کو مل گیا ہوگا۔ اس خط کو بھول جائیے مگر یہ یاد رکھیے کہ میرا خیال بالکل درست تھا کہ نذیر صاحب اور کرپارام صاحب میں ایک روز ضرور چخ ہو گی۔ کل مجھے معلوم کر کے خوشی ہوئی کہ ان دونوں میں جھگڑا ہو گیا ہے......

اناللہ وانا الیہ راجعون۔

کل رات کو رفیق صاحب کے مکان پر ہم دیر تک آپ کی باتیں کرتے رہے۔آپ کا نیا افسانہ ''طلائی مہر'' میں نے پڑھا ہے۔ بہت اچھا ہے۔رفیق نے اس کے کچھ حصّے ڈا گا صاحب کو پڑھ کر سنائے۔ہم سب سمندر کے پاس شام کے وقت بیٹھے بیئر پی رہے تھے اور ڈا گا صاحب آپ کا ایک شعر بار بار پڑھ رہے تھے۔ڈا گا دولت مند ہے،اس کے پاس اتنی دولت ہے کہ ختم ہی نہیں ہو سکتی مگر حیرت ہے اس کا دل مٹی کا ہے۔وہ آرٹسٹ ہے۔واللہ بڑا پیارا انسان ہے۔ آپ اُسے چوم لیں گے۔

ڈا گا صاحب کی خواہش ہے کہ آپ بمبئی چلے آئیں۔وہ آپ کو اپنے پاس رکھنے کے لیے تیار ہیں۔آپ سوچ کیا رہے ہیں۔بھئی میں مانتا ہوں کہ آپ کے ذمے بہت سے فرائض ہیں مگر حضرت آپ کو بھی تو کچھ کرنا ہے۔آپ کب تک اپنے آپ کو قید رکھیں گے۔کیا یہ مناسب ہے؟ ہندوستان میں نوکری ایک لعنت بن کے رہ گئی ہے۔میں خود اس لعنت سے بری نہیں لیکن اب مجھ میں بیداری پیدا ہو رہی ہے۔

ہاں مجھے آپ سے یہ بھی کہنا تھا کہ میں ''غالب'' کے نام سے ایک فلمی کہانی لکھنے کا ارادہ کر رہا ہوں۔آپ شاعر ہیں، اگر آپ یہاں ہوتے تو مجھے کتنی مدد ملتی۔میں نے ''غالب'' سے متعلق بہت سی کتابیں اکٹھی کر لی ہیں۔اور کتابیں بھی جمع کر رہا ہوں۔اگر آپ کے پاس کوئی ایسا رسالہ ہو جس میں غالب کی زندگی کے متعلق کوئی مضمون چھپا ہو تو مجھے فوراً بھیج دیجئے۔

کیا ایسا نہیں ہو سکتا کہ ایک دو مہینے کے لیے اپنے آپ کو بیمار یا قریب المرگ ظاہر کر کے...... یہاں چلے آئیں۔

خدا کے لیے ضرور آئیے۔زندگی میں انسان کو ہر روز موقعے نہیں ملتے۔کل رات میری طبیعت اچانک طور پر خراب ہو گئی تھی۔خیال تھا کہ ہیضہ ہو گیا ہے مگر خدا کا فضل رہا۔اب ٹھیک ہوں۔

آپ یہ لکھیے ''بغیر عنوان کے'' کیسا ہے؟ اس کی دوسری قسط غور سے دیکھیے گا۔تیسری قسط ابھی نہیں لکھی۔کل لکھنا شروع کروں گا۔میرا خیال ہے کہ یہ آٹھ دس قسطوں میں پھیلے گا۔

صفیہ آداب عرض کرتی ہے۔عارف رو رہا ہے۔

اُس کی ماں چاہتی ہے کہ وہ پیشاب کرے مگر وہ کسی کے کہنے پر پیشاب کرنا پسند نہیں

کرتا۔ اب چپ ہو گیا ہے۔

آپ کا بھائی
سعادت حسن منٹو

(۵۸)

۱۲۔محمد جعفر ہاؤس
لیڈی جمشید جی روڈ، ماہم۔بمبئی
(ستمبر ۱۹۴۰ء)

برادرِ مکرّم

آپ کا محبت نامہ ملا۔ کہانی میں سین یہ تھا کہ ہیرو، ہیروئین کو دریا سے نکال کر لاتا ہے اور اُسے ایک گیت سنا کر سلانے کی کوشش کرتا ہے، اس گیت میں اس کی محبت کی جھلک نظر آتی ہے اور بس......

گیت کے بول بالکل سادہ ہونے چاہیے۔ چڑیوں وڑیوں کا ذکر نہ ہونا چاہیے۔ میں شاعر نہیں، اسی لیے میں آپ کو ٹھیک طور پر سمجھا نہیں سکتا میں نثر میں اس کو سُلانے کے لیے کچھ اس طرح کہتا۔

نیند کی ایک پری اپنے ہلکے پھلکے پروں پر اڑتی آئے
اور تیری آنکھوں کے پیمانوں میں نیند کی شراب انڈیل دے
حسن جب سو جائے تو زیادہ حسین ہو جاتا ہے
تارے کرنوں کے سہارے چھم چھم کرتے نیچے اتر آئیں
چاند ڈھولک بجائے اور تو سو جائے
آنکھیں مند جائیں تو دل سیر کے لیے نکلتا ہے
تیری پلکوں پر شاعر کے سپنے سوئیں
مصور کی تمنائیں انگڑائیاں لیں
اور اسی طرح کی بکواس

براہ کرم آپ اسی قسم کا گیت لکھ کر فوراً روانہ فرمائیں۔ مجھے انتظار رہے گا۔

میں آج ڈاگا صاحب سے مل رہا ہوں۔ ان سے گفتگو کرنے کے بعد آپ کو مفصل خط لکھوں گا۔ میرا خیال ہے کہ بمبئی آپ کے لیے بہترین جگہ ہے آپ کو زندگی کے ہر دور سے گزرنا چاہیے۔ کیا آپ کو ملتان کی زندگی پسند ہے؟

امید ہے کہ آپ کے دوست اب بصحت ہونگے۔ آپ کے خط کا مجھے انتظار ہے۔

آپ نے ''بغیر عنوان کے'' کے متعلق کچھ نہیں لکھا۔ میں یہ خط دفتر سے لکھ رہا ہوں۔

خاکسار

سعادت حسن منٹو

(۵۹)

۱۲۔ محمد جعفر ہاؤس

لیڈی جمشید جی روڈ، ماہم۔ بمبئی

(اکتوبر ۱۹۴۰ء)

برادر مکرّم

آپ کا کارڈ دفتر سے واپسی پر ابھی ابھی ملا۔ افسوس ہوا کہ آپ بہت متفکر ہیں۔ آپ کی پریشانی کی وجہ معلوم نہیں ہو سکی۔

میں نے بہت کوشش کی کہ کہیں سے کچھ روپئے مل جائیں مگر ناکام رہا۔ میں چونکہ ایک مہینے سے بالکل فضول سی چیزیں لکھتا رہا ہوں اس لیے آمدن پر اس کا برا اثر ہوا ہے۔ کاش میں آپ کے آڑے وقت میں کام آسکتا۔ میں خود آج کل مالی پریشانیوں میں مبتلا ہوں۔ خرچ زیادہ ہے اور آمدن کم۔

میرے پہلے خطوط آپ کو مل گئے ہوں گے۔ ان کا جواب جلد عنایت فرمائیے گا۔ آپ کے مفصل خط کا مجھے انتظار رہے گا۔

میں آج کل ''غالب'' کا مطالعہ کر رہا ہوں اس پر ایک فلمی افسانہ لکھنے کا ارادہ کر رہا ہوں، مواد بہت کم ہے بہر حال گزارہ ہو جائے گا۔

گیت بہت جلد بھیجئے۔ پریشانیاں ہمیشہ ساتھ چپکی رہیں گی، ان کی پرواہ نہ کیجئے اور اپنا کام کرتے چلے جائیے۔ میں اب ٹھیک ہوں۔ عارف بھی اچھا ہے۔

آپ تھوڑے دنوں کے لیے یہاں کیوں نہیں چلے آتے۔ ایک ماہ کی چھٹی لے لیجئے کہہ دیجئے کہ لبوں پر جان ہے، بس مر رہا ہوں۔ آپ سے بہت باتیں کرنے کو جی چاہتا ہے۔

صفیہ آداب عرض کرتی ہے۔

خاکسار

سعادت حسن منٹو

(۶۰)

۱۲-محمد جعفر ہاؤس

لیڈی جمشید جی روڈ

ماہم-بمبئی

(اکتوبر ۱۹۴۰ء)

برادر مکرّم

اس سے پہلے آپ کو خط لکھ چکا ہوں۔ میں آج کل ''غالب'' پر فلمی افسانہ لکھنے کے سلسلے میں بہت مصروف ہوں۔ خدا جانے کیا کیا خرافات پڑھ رہا ہوں۔ سب کتابیں منگوالی ہیں۔ کام کی ایک بھی نہیں۔ سمجھ میں نہیں آتا کہ ہمارے سوانح نگار سوانح لکھتے ہیں یا کہ لطیفے۔ بہر حال کچھ نہ کچھ ہو جائے گا۔

میں ابھی تک ڈاگا اور رفیق سے نہیں مل سکا۔ خدا جانے وہ کہاں رہتے ہیں؟ دفتر میں کوئی بھی نہیں آتا۔

آج اور کل یہاں بہت بارش ہوئی۔ اس طوفان باد و باراں نے ہزارہا درخت گرا دیئے۔ چھجے اڑ گئے۔ ریلیں رک گئیں۔ موٹریں درختوں کے نیچے آگئیں۔ ایک اگن بوٹ کو ہوا کے زور نے پتھریلی دیوار کے ساتھ دے مارا۔ ابھی تک ہوا کا زور نہیں تھما۔ اللہ خیر کرے۔

آپ کے افسانے کا مجھے انتظار رہے گا۔

عارف اچھا ہے مگر میرے سینے میں سردی کے باعث درد شروع ہوگیا ہے۔
امید ہے کہ آپ بخیر ہوں گے۔
کیا ''بغیر عنوان کے'' آپ باقاعدہ پڑھ رہے ہیں؟

آپ کا بھائی
سعادت حسن منٹو

(۶۱)

۱۲۔محمد جعفر ہاؤس
لیڈی جمشید جی روڈ، ماہم۔بمبئی
(اکتوبر ۱۹۴۰ء)

برادرِ مکرّم

آپ کا طویل خط ملا۔گانا بہت اچھا ہے۔مجھے پسند آیا ہے۔رفیق صاحب کے ہاں میں اُسی وقت آپ کا خط لے کر گیا مگر اُن سے ملاقات نہ ہوسکی۔وہ سیلانی آدمی ہیں جانے کہاں چلے جاتے ہیں اور ڈاگا صاحب کی تو کچھ پوچھیے ہی نہیں۔آٹھ روز سے دفتر نہیں آرہے۔آج صبح ان کو گھر پر ٹیلی فون کیا تھا، چنانچہ انہوں نے دفتر میں چار بجے ملنے کا وعدہ کیا۔میں وہاں پانچ بجے تک انتظار کرتا رہا مگر وہ نہ آئے۔

اُن سے ملاقات کی کوشش کر رہا ہوں، جونہی اس میں کامیاب ہوگیا آپ کو گیت کے بارے میں مفصل لکھوں گا۔

''اولاد'' میں نے پڑھا۔افسانے کے بجائے اسے ایک تاثر کہنا چاہیے۔میں نے اس کا عنوان بدل دیا ہے اور ''بچے'' رکھ دیا ہے۔میرا خیال ہے کہ آپ کو اِس معمولی سی تبدیلی پر کوئی اعتراض نہ ہوگا۔میں نے اسے کیوں بدلا ہے، اسکا جواب میں شاید آپ کو نہ دے سکوں، اس لیے کہ کسی خاص وجہ سے یہ تبدیلی ظہور میں نہیں آئی۔اس افسانے میں بعض باتیں بہت اچھی ہیں، مثال کے طور پر اُس بھنگی عورت کے سر پر سے دوپٹے کا بار بار سرک جانا۔

تازہ ادب لطیف میں آپ کا فوٹو دیکھا۔دہلی کی یاد تازہ ہوگئی۔خدا آپ کو خوش رکھے۔

میرا فوٹو وہی ہے جو کہ آپ دیکھ چکے ہیں۔

آپ کو یہاں لانے اور پھر آپ کے لیے کسی اچھی ملازمت کا بندوبست کرنے پر میں غور کر رہا ہوں۔ بہت جلد آپ کو نتیجے سے مطلع کروں گا۔

قصہ یہ ہے کہ میں ''غالب'' پر ایک فلمی افسانہ لکھنے والا ہوں۔ کچھ مواد میں نے جمع کر لیا ہے اور کچھ ابھی جمع کرنا ہے۔ مجھے امید ہے کہ افسانہ دلچسپ ہو جائے گا۔ یہ بات اپنے تک ہی رکھیے گا۔

''بغیر عنوان کے'' میں آپ نے اُس فقرے کی داد نہیں دی بہت ظلم کیا......

''ننھے سے سینے پر چھاتیوں کا ابھار ایسے تھا جیسے کسی مدھم راگ میں دو سُر غیر ارادی طور پر اونچے ہو جائیں۔'' کیا آپ نے اس کی باقی قسطیں پڑھی ہیں؟ اس ہفتے کی قسط یقیناً غور طلب ہے۔

خلش صاحب کو سمجھنے کی کوشش نہ کریں۔ میں ان کو اچھی طرح سمجھتا ہوں میں نے چالیس روپے آپ کے لیے نکال کر رکھے تھے مگر وہ آئے اور لے گئے میں انکار تک نہیں کر سکا۔ آجکل وہ یہاں بمبے میں شادی کرانے کی دھن میں مگن ہیں۔ خدا خیر کرے۔ عارف چیچک کا ٹیکہ لگوانے کے باعث بیمار ہے۔ میں جی رہا ہوں۔ صفیہ آداب عرض کرتی ہے۔

آپ کا بھائی

سعادت حسن منٹو

(۶۲)

۱۲۔ محمد جعفر ہاؤس

لیڈی جمشید جی روڈ، ماہم۔ بمبئی

(اکتوبر ۱۹۴۰ء)

برادرِ عزیز

آپ کا محبت نامہ بہت انتظار کے بعد ملا۔ پریشانیاں ہی پریشانیاں ہیں...... پریشانیاں تو ہوں گی۔ اب اِس کا کیا کیا جائے۔ کوئی صورت پیدا نہیں ہوتی۔ میں نے انڈیا

آرٹسٹس لمیٹڈ میں آپ کے لیے کوشش کی تھی مگر بات بنتی نظر نہیں آتی۔ وہ لوگ چند جھگڑوں میں الجھ گئے ہیں اور کام ہی شروع نہیں ہوتا اور ادھر ریڈیو میں بھی کچھ گڑبڑ پیدا ہوگئی ہے۔ ڈرامے کم کر دیئے گئے ہیں۔ خود میرا کوئی ڈرامہ دو ڈھائی مہینے سے براڈ کاسٹ نہیں ہوا۔ ایک افراتفری سی پڑی ہوئی ہے۔

آپ کا ''پنگھٹ پر'' لے آؤں گا اور ''کارواں'' میں چھاپ دوں گا۔ ''قاضی جی کا فیصلہ'' براڈ کاسٹ ہوگا مگر کہہ نہیں سکتا کہ کب۔ رفیق خدا معلوم کن الجھنوں میں گرفتار ہے کہ اُس کو ترتیب ہی نہیں دے رہا۔

یہ دوَر بڑا طوفانی ہے۔ میں خود ہاتھ پاؤں مار رہا ہوں۔ اللہ رحم کرے۔ یہ سُن کر بہت تشویش ہوئی کہ آپ شدید بخار میں مبتلا رہے۔ اپنی خیریت مزاج سے جلد مطلع فرمائیے۔

''بگولے'' کی قیمت وصول کرنے کا خیال بالکل درست ہے۔ یہ رائلٹی وائلٹی محض بکواس ہے۔ جب معاملہ طے ہو جائے تو مجھے ضرور لکھیے گا۔

واللہ آپ بہت یاد آتے ہیں۔ سادہ پانی چھوڑیئے۔ پگھلی ہوئی آگ پینا شروع کیجئے۔ حقیقت کی طرف آئیے۔ شاہد لطیف کبھی کبھی ملتا ہے۔ دلچسپ چیز ہے۔ آج کل وہ فلمی کہانی کے لیے کوئی پلاٹ سوچ رہا ہے۔

مجھے خوشی ہوئی کہ آپ نے ''بغیر عنوان کے'' پسند کیا ہے۔ یہ سلسلہ خدا معلوم کب تک جاری رہے گا۔ اس ہفتے کی قسط قابل غور ہے، کئی لحاظ سے۔

میں نے ایک افسانہ ''خوشیا'' کے عنوان سے لکھ کر بیدی صاحب کو بھیجا ہے، دیکھئے چھاپتے ہیں یا نہیں۔ یہ بھی قابل غور ہے۔ ہمایوں میں ''تلون'' چھپ رہا ہے۔ ساقی میں ''کبوتروں والا سائیں'' شائع ہوگا۔

ایک اور افسانہ ''بانجھ'' کے عنوان سے لکھا ہے۔ اس میں محبت پر بحث کی ہے۔ ایک خاص کیریکٹر پیش کیا ہے جس کو آپ پسند کریں گے۔

میری ''ادبی رنگینیاں'' تو ایک زمانے سے دنیوی، پتھروں کے نیچے دبی ہوئی ہیں۔ رنگینیاں نہ کہیے۔ یہ ضرورتیں ہیں۔ اشد ضرورتیں۔ رنگینیاں آپ ان کو نہیں کہہ سکتے۔

عارف اب اچھا ہے لیکن میری طبیعت کچھ دنوں سے خراب ہے۔میں بے حد مصروف ہوں۔غالب کی زندگی کے متعلق میں نے بہت سا مواد جمع کر لیا ہے اور افسانہ لکھنا شروع کر دیا ہے۔دس مناظر لکھ چکا ہوں۔جب نصف مکمل ہو جائے گا تو آپ کو مسودہ بھیج دوں گا۔یہ کام مشکل ہے مگر ناممکن نہیں۔

شاہد احمد صاحب نے خط لکھا ہے کہ میں سالنامے کے لیے ان کو پنجاب کا دیہاتی افسانہ بھیجوں......کیا لکھوں گا میں دیہات پر۔بہر حال کوشش کروں گا۔

ڈاگا صاحب سے ابھی تک ملاقات نہیں ہو سکی اور نہ رفیق ہی ملا ہے۔میں کل اُن کو پکڑنے کی کوشش کروں گا۔

صفیہ تسلیمات عرض کرتی ہے۔

خاکسار

سعادت حسن منٹو

(۶۳)

۱۲۔محمد جعفر ہاؤس

لیڈی جمشید جی روڈ

ماہم۔بمبئی

(نومبر ۱۹۴۰ء)

برادرِ مکرّم

مجھے سخت افسوس ہے کہ میں آپ کے خطوط کا جواب وقت پر نہ دے سکا۔پہلے تار بھیجنے کا شکریہ قبول فرمایئے۔نہ ملنے پر بھی وہ مجھے مل گیا۔میں دراصل بہت پریشان ہوں۔چند روز سے انفلوئنزا میں گرفتار ہوں۔بہت تکلیف محسوس کر رہا ہوں۔کچھ کام نہیں ہوتا لیکن کام کرنا ہی پڑتا ہے۔

آپ کی مالی مشکلات کا مجھے احساس ہے اور یہ احساس میرے دکھ میں اضافہ کر دیتا ہے۔کیا کروں میں بہت مجبور ہوں۔دو سو روپے میں نے کل ڈاگا سے بصد مشکل لیے اور دو دن

میں خرچ ہو گئے۔ سمجھ میں نہیں آتا کہ یہ روپیہ اتنی جلد غائب کیوں ہو جاتا ہے۔

ہاں دیکھئے میں نے آپ کے لیے بہت کوشش کی ہے مگر قصہ یہ ہے کہ ابھی تک انڈیا آرٹسٹس والوں نے پروڈکشن کا کوئی فیصلہ نہیں کیا ڈائریکٹروں کے درمیان جھگڑا اچل رہا ہے۔ جب تک اس کا فیصلہ نہ ہو جائے کچھ بھی نہیں کیا جا سکتا اور ادھر بمبے ریڈیو اسٹیشن نے ہندوستانی پروگرام کم کر دیئے ہیں۔ تین مہینے سے میرا کوئی ڈرامہ یہاں سے براڈ کاسٹ نہیں ہوا۔ دعا کیجئے کہ حالات بہتر ہو جائیں۔

آپ کا افسانہ مجھے پسند آیا۔ اب آپ صحیح راستے پر آ رہے ہیں۔

اس وقت بھی مجھے بخار ہے۔ بدن دُکھ رہا ہے۔ زیادہ نہیں لکھ سکتا۔

''ساقی'' میں ''کبوتروں والا سائیں'' پڑھیے گا۔ ''خوشیا'' کو آپ نے پسند کیا۔ ''دس روپے'' بھی آپ پسند کریں گے جو کہ ساقی کے سالنامے میں چھپ رہا ہے۔

صفیہ آداب عرض کرتی ہے۔ عارف اب اچھا ہے۔ امید ہے کہ آپ اب بالکل ٹھیک ہوں گے۔

خاکسار

سعادت حسن منٹو

(٦٤)

۱۲۔ محمد جعفر ہاؤس

لیڈی جمشید جی روڈ، ماہم۔ بمبئی

(دسمبر ۱۹۴۰ء)

برادرِ مکرّم

اطلاعاً عرض ہے کہ میں یہاں دس دسمبر کو فرنٹیر میل سے لاہور جا رہا ہوں لاہور میں میرا قیام صرف دو تین روز تک رہے گا۔ اگر آپ وہاں اس دوران میں تشریف لا سکیں تو ممنون ہوں گا۔ آپ سے ملنے کو بہت جی چاہتا ہے۔

مکتبہ اردو سے میرا پتہ آپ کو مل جائے گا۔

امید ہے کہ آپ بخیریت ہوں گے۔

خاکسار

سعادت حسن منٹو

(۶۵)

۲۔صدیق منزل، نکلس روڈ۔دہلی

(جنوری ۱۹۴۱ء)

برادرِ مکرّم

میں دہلی سے بول رہا ہوں۔

آپ کو یہ تو معلوم ہو گیا ہوگا کہ میں ریڈیو میں نیم سرکاری ملازم ہو گیا ہوں اس لیے اس بات کی اطلاع دینے کی معذرت نہیں چاہتا البتہ اس امر کا مجھے واقعی افسوس ہے کہ آپ کے دو خطوں کا جواب ابھی تک میرے ذمّے باقی ہے، لیکن اس کے لیے بھی عذر موجود ہے کہ میں نے اس دوران میں دو مرتبہ لاہور سے بمبے اور بمبے سے لاہور تک کا سفر کیا۔ دو بار دہلی بھی گیا اور پھر سارا وقت چیونٹیوں بھرا کباب بنا رہا۔

چونکہ میری صحت اکثر خراب رہتی تھی اس لیے میں نے بمبے چھوڑ دیا ہے اور اب یہاں ایک سو پچاس روپیہ ماہوار پر چلا آیا ہوں۔ آپ کو یہ سن کر تو ضرور خوشی ہوئی ہوگی کہ چند دنوں ہی میں میری صحت بہت اچھی ہو گئی ہے۔

میں سُنتا ہوں کہ آپ دہلی کے مشاعرے میں شامل ہو رہے ہیں۔ اگر یہ خبر سچ ہے تو دہلی میں میرے یہاں ٹھہریئے گا۔

آپ کا افسانہ ''سائے'' میں ابھی تک نہیں پڑھ سکا۔ پڑھ کر اپنی رائے لکھوں گا۔

امید ہے کہ آپ خیریت سے ہوں گے۔

خاکسار

سعادت حسن منٹو

(۶۶)

(اپریل ۱۹۴۱ء)

برادرِ مکرّم

میرا عارف صرف دو دن بیمار رہ کر کل رات کے گیارہ بجے ارون ہسپتال میں مر گیا۔

آپ کا

سعادت حسن منٹو

(۶۷)

۹۔حسن بلڈنگ، نکلسن روڈ۔دہلی

(مئی ۱۹۴۱ء)

پیارے احمد ندیم

تمہارا خط اور تار مجھے مل گیا تھا۔صدمے کے باعث میرے سینے میں اعصابی درد شروع ہو گیا جو آٹھ دس روز تک مجھے سخت تنگ کرتا رہا۔اب خدا کا فضل ہے۔

میں تمہاری ہمدردی کا شکریہ ادا کرتا ہوں۔مجھے افسوس ہے کہ دہلی آ کر میں خط وکتابت کا سلسلہ چند در چند پریشانیوں کے باعث جاری نہ رکھ سکا۔اب انشاءاللہ کوشش کروں گا کہ پہلے کی طرح باقاعدہ خط لکھتا رہوں۔

کیا آپ نے کوئی نیا افسانہ لکھا ہے؟

''اُلو کا پٹھا'' آپ نے پڑھا؟

جون کے ساقی میں ''ترقی پسند'' ضرور پڑھیے گا۔آپ کو لطف آئے گا۔

صفیہ آداب عرض کرتی ہے۔

خاکسار

سعادت حسن منٹو

(۶۸)

۹۔حسن بلڈنگ
نکلسن روڈ۔دہلی
(مئی ۱۹۴۱ء)
برادرِ مکرّم

السلام علیکم۔آپ کا محبت نامہ مل گیا تھا۔اس دوران میں چونکہ بمبے اور امرتسر سے میری بہنیں یہاں آئی ہوئی تھیں اس لیے میں زیادہ مصروف رہا اور آپ کو حسبِ وعدہ خط جلدی نہ لکھ سکا۔آج صبح بمبئی سے لطیف صاحب کا خط موصول ہوا کہ انہوں نے آپ کا ڈرامہ ''قاضی جی کا فیصلہ'' بُک کر لیا ہے اور غلطی سے آپ کا نام دے دیا ہے۔اب انہوں نے رائلٹی فارم میرے پاس بھیجا ہے کہ میں اُس پر کسی کے دستخط کرادوں تاکہ آپ کو روپیہ وصول ہو جائے مگر یہ اس صورت میں ناممکن ہے جبکہ آپ کا یہ اوپیرا آپ کے نام سے چھپ چکا ہے۔لہٰذا یہ رائلٹی فارم آپ کو بھیج رہا ہوں تاکہ مناسب کاروائی کریں۔

میرا خیال ہے کہ آپ اگر چپکے سے دستخط کر دیں تو کسی کو کانوں کان خبر نہ ہو گی اور آپ کو روپیہ وصول ہو جائے گا یا آپ وہاں سے کسی اور دوست کے دستخط کرا کے یہ رائلٹی فارم بمبے بھیج دیں۔چیک اے این قاسمی کے نام سے آجائے گا جو ملتان میں کیش ہو جائے گا۔

بہرحال آپ اس کے متعلق فوراً ہی کچھ کیجئے۔اگر روپیہ وصول ہونے کی کوئی امید نہ ہو تو آپ خود ہی دستخط کر دیجئے اور تیس روپے کی فاتحہ پڑھ لیجئے گا۔

مجھے فوراً لکھیں کہ آپ نے اس بارے میں کیا کیا ہے تاکہ میں لطیف صاحب کو جواب دے سکوں۔

امید ہے کہ آپ خیریت سے ہوں گے۔میں آپ کے افسانے پوری توجہ سے پڑھوں گا۔

''اُلّو کا پٹھا'' کی داد کا شکریہ۔اب ادبِ لطیف میں ''ڈرپوک'' پڑھیے گا اور تازہ ''ساقی'' میں ''ترقی پسند''۔

صفیہ آداب عرض کرتی ہے۔

خاکسار

سعادت حسن منٹو

(۶۹)

برادرمکرّم

ابھی دفتر میں کرشن سے معلوم ہوا کہ رائلٹی کے لیے گورنمنٹ کے قیود نہیں رہتے۔اس لیے آپ بے تکلف رائلٹی فارم پر دستخط کر کے بمبے بھیج دیجئے مگر فوراً۔یعنی جس وقت آپ کو یہ خط ملے اسی وقت آپ رائلٹی فارم پر دستخط کر کے بمبے بھیج دیجئے۔ساتھ ایک خط لکھ دیجئے گا جس پر اپنا ملتان کا پتہ تحریر کر دیجئے گا تاکہ چیک آپ کو وہیں مل جائے۔

خاکسار

سعادت حسن منٹو

(۷۰)

۹۔حسن بلڈنگ
نکلسن روڈ۔دہلی
(جون ۱۹۴۱ء)

برادرِندیم

السلام علیکم۔میں اِن دنوں سخت پریشان رہا۔اس لیے آپ کو خط نہ لکھ سکا اور یہ بھی نہ بتا سکا کہ آپ نے رائلٹی فارم دستخط کر کے بہت دیر سے بھیجا جس کے باعث آپ کا ڈرامہ شاید کینسل نہ ہو گیا ہو مگر اب بمبے سے لطیف صاحب کا خط آیا ہے جس میں انہوں نے یہ لکھ کر میری تسلی کر دی ہے کہ وہاں انتظام کر لیا گیا تھا۔اب آپ اس سلسلے میں خاموش ہو جائیں۔روپیہ آپ کو وہ بہت جلد منی آرڈر کر دیں گے۔یہ اُن کی مہربانی ہے کہ انہوں نے آپ کی اجازت نہ پہنچنے پر کچھ انتظام کر کے ڈرامہ براڈ کاسٹ کر دیا۔

میں بیمار ہوں۔ سینے میں شدّت کا درد ہے۔ اب کسی حکیم کے پاس جا رہا ہوں۔ اللہ اپنا فضل کرے۔

امید کہ آپ بخیریت ہوں گے۔ خط لکھتے رہا کیجئے۔

خاکسار

سعادت حسن منٹو

(۷۱)

دہلی

(جولائی ۱۹۴۱ء)

برادرِ عزیز

السلام علیکم۔ آپ کا محبت نامہ مل گیا تھا۔ افسوس کہ اس دوران میں میری طبیعت ناساز ہی رہی۔ پرسوں سے پھر شدّت کا درد ہو رہا ہے۔ مالی حالت اس قدر خراب ہے کہ میں بیان نہیں کرسکتا۔ یہاں کے سول سرجن کے زیرِعلاج ہوں۔ وہ کہتا ہے ہسپتال میں داخل ہوجاؤ مگر ادھر چھٹیاں ملتی ہیں تو تنخواہ نہیں ملتی۔ عجب مصیبت میں پھنس گیا ہوں۔ ایک صرف کرشن کی ہمدردی مجھے یہاں میسر ہے مگر اکیلی ہمدردی کیا کرسکتی ہے۔

آپ کا خط ملتے ہی میں نے بمبے لکھ دیا تھا۔ وہاں سے آج جواب آیا ہے۔ انہوں نے پندرہ روپے بھیجے ہیں، باقی پندرہ وہ اگلے مہینے بھیجیں گے۔ ظاہر ہے کہ وہاں بھی مشکلات پیدا ہوگئی ہوں گی۔ سوچتا ہوں یہ پندرہ روپے میں خرچ کرلوں اور آپ کو کچھ نہ بھیجوں۔ اگلے مہینے جب پندرہ آئیں تو اکٹھے تیس روانہ کردوں گا۔ کیا خیال ہے آپ کا۔

مجھے افسوس ہے کہ میں آپ کی مدد نہیں کرسکا۔ میں خوفناک طور پر مفلس ہو رہا ہوں۔ اس کا عملی ثبوت میں نے آپ کو دے دیا ہے۔

یہ معلوم کر کے خوشی ہوئی کہ آپ نے ''ڈرپوک'' پسند کیا۔ میں علالت کے باعث آپ کا کوئی تازہ افسانہ نہیں پڑھ سکا۔

صفیہ بمبے گئی ہوئی تھی، اب واپس آ گئی ہے۔ آپ کو سلام لکھواتی ہے۔

خط لکھتے رہا کریں۔ یہ زندگی بہت مختصر ہے۔

جواب آل انڈیا ریڈیو کے پتے سے دیجئے۔ یہاں خط مجھے آسانی سے مل جاتے ہیں۔

خاکسار

سعادت حسن منٹو

(۷۲)

آل انڈیا ریڈیو، دہلی

(اگست ۱۹۴۱ء)

برادرِ مکرّم

خط آپ کا ملا۔ ہمدردی کا بہت بہت شکریہ۔ دراصل مجھے دواؤں سے زیادہ ہمدردوں کی ضرورت ہے۔ خدا آپ کو اس کا اجر دے۔

میں ہسپتال میں ابھی تک داخل نہیں ہو سکا۔ کام اسی رفتار سے کر رہا ہوں۔ ہسپتال میں داخل ہونے کا مطلب یہ ہے کہ میں ایک مہینے بیکار رہوں گا اور ایک مہینہ بیکار رہنا میرے لیے بہت مشکل ہے۔ دیکھئے خدا کیا اسباب پیدا کرتا ہے۔

درد بدستور موجود ہے۔ بہت دبلا ہو گیا ہوں۔ اللہ اپنا فضل کرے۔

صفیہ تندرست ہے، آپ کا بہت بہت شکریہ ادا کرتی ہے۔

آجکل میں خوب سوتا ہوں۔ دو بجے سو جاتا ہوں اور چھ بجے جاگتا ہوں۔ رات کو پھر گیارہ بجے سوتا ہوں اور صبح ساڑھے پانچ بجے بیدار ہوتا ہوں۔ آجکل مجھے نیند بہت آتی ہے۔

امید ہے آپ خیریت سے ہوں گے۔

خاکسار

سعادت حسن منٹو

(۷۳)

(اردو ٹائپ میں)

۹۔حسن بلڈنگ
نکلسن روڈ۔دہلی
(اگست ۱۹۴۱ء)

برادرِ مکرّم

آپ کے خط سے آپ کی علالت کا حال معلوم ہوا تھا۔میں فوراً ہی آپ کی خیریت اس لیے دریافت نہ کر سکا کہ میں خود بہت بیمار تھا۔انفلوئنزا ہو گیا ہے۔ابھی تندرست نہیں ہوا۔

کل باتوں باتوں میں کرشن نے کہا کہ آپ چھٹی لے کر ''انگہ'' جانے والے ہیں، چنانچہ اس خط کے ذریعے سے آپ کی خیریت جاننا چاہتا ہوں۔خدا کرے اب آپ اچھے ہو گئے ہوں، مجھے سخت تشویش ہے۔

اگر آپ قریب ہوتے تو کتنی اچھی بات تھی۔

براہ کرم اس خط کی رسید سے جلد مطلع فرمائیے۔

آپ کا بھائی
(دستخط) سعادت حسن منٹو

(۷۴)

۹۔حسن بلڈنگ
نکلسن روڈ۔دہلی
(اکتوبر ۱۹۴۱ء)

برادرِ مکرّم

السلام علیکم۔آپ کا تار وقت پر مل گیا تھا۔تساہل کے باعث میں فوراً ہی اُس کے جواب سے آپ کو مطلع نہ کر سکا۔آپ کی ہمدردی کا میں بہت ممنون ہوں۔میری ذات سے آپ کو جس قدر دلچسپی ہے۔اس سے آپ کی شرافت کا اندازہ ہو سکتا ہے۔خدا آپ کو اس کا اجر دے۔

میں اب رو بہ صحت ہوں۔ یہاں ایک آسٹرین ڈاکٹر سے علاج کرا رہا ہوں، درد کو افاقہ ہے، کمزوری بھی کسی حد تک دور ہوگئی ہے۔

امید ہے کہ اب آپ کی صحت بھی اچھی ہوگی۔ پچھلے دنوں مجھے معلوم ہوا تھا کہ آپ علیل ہیں اور اپنے گاؤں ''انگہ'' تشریف لے گئے ہیں۔ وہاں سے شاید آپ نے مجھے خط بھی لکھا جس کا جواب میں نہ لکھ سکا۔ اُس کی معذرت اب چاہتا ہوں۔

کرشن نے جو آپ کے افسانوں کے مجموعے کا دیباچہ لکھا ہے، میں نے پڑھا ہے۔ مختصر ہے لیکن اچھا ہے۔ کرشن اب دیباچہ نگاری میں کافی مہارت حاصل کرگیا ہے۔

اور کوئی بات لکھنے کے قابل نہیں۔ پریشانیاں ہی پریشانیاں ہیں۔

بمبے والوں نے ابھی تک باقی روپے نہیں بھیجے۔ میں خود بھی قصور وار ہوں، امید ہے آپ مجھے معاف کردیں گے۔

اپنی خیریت سے آگاہ فرمائیے۔

آپ کا بھائی

سعادت حسن منٹو

(۷۵)

۹۔ حسن بلڈنگ، نکلسن روڈ۔ دہلی

(نومبر ۱۹۴۱ء)

برادرِ مکرّم

آپ کا خط ملا اور تار ملا۔ قصّہ یہ ہے کہ یہاں میں نے اور کرشن نے ایک فلم اسٹوری بیچی ہے۔ اُس کے گیت آپ کو لکھنے ہیں جس کا معاوضہ ہم سے آپ کو دو سو روپے مل جائے گا۔ اس کے علاوہ آپ سے ریڈیو والے ایک Opera لکھوانا چاہتے ہیں، اُس کا معاوضہ بھی آپ کو سو روپے مل جائے گا۔ اس کے علاوہ آپ کے لیے ریڈیو اسٹیشن میں ملازمت حاصل کرنے کی کوشش کی جائے گی۔ امید ہے کامیابی ہوجائے گی۔ اب خدا کے لیے آپ زیادہ تفصیل میں نہ

جائیے۔میں بہت مصروف ہوں۔مصروفیت کے علاوہ بیمار بھی ہوں۔آپ فوراً چلے آئیے۔ روپے آپ کو یہاں مل جائیں گے۔بے فکر رہیں۔

باقی ملاقات پر۔

جلدی چلے آئیے۔ایسا نہ ہو کہ مجھے پھر تار بھیجنا پڑے۔

کرشن سلام لکھواتا ہے۔

امید کہ آپ خیریت سے ہوں گے۔

خاکسار

سعادت حسن منٹو

(۷۶)

۹۔حسن بلڈنگ،
نکلسن روڈ۔دہلی
(فروری ۱۹۴۲ء)

پیارے ندیم

آپ کے خط مل گئے تھے۔میں علیل بھی تھا اور مصروف بھی۔اس کے علاوہ بے شمار مہمان آئے ہوئے تھے۔اب صحت ٹھیک ہے لیکن مصروفیت ویسی کہ ویسی ہے۔

حامد علی صاحب ۳۸ کو میں نے اس لیے خط نہیں لکھا کہ میری سمجھ میں نہیں آتا کہ انہیں کیا لکھوں۔انہوں نے چند باتیں اپنے خط میں ایسی لکھی ہیں جن کا جواب دینے کے لیے مجھے ایک پورا مضمون لکھنا پڑتا۔میرے دل میں ان کی بے حد عزت ہے۔میں ان کو اپنا بڑا بھائی ہی نہیں بلکہ مرّبی سمجھتا ہوں۔

''ہمایوں'' کے پرچے مجھے واقعی نہیں ملتے رہے۔آپ اس کے گواہ ہیں۔اس بارے میں انہیں شک نہیں کرنا چاہیے۔میری ڈاک کا انتظام واقعی خراب ہے مگر اب کیا کیا جائے۔کئی شکایتیں کر چکا ہوں مگر کچھ حاصل نہیں ہوتا۔میں حامد علی خاں صاحب کو بہت جلد خط لکھوں گا اور سارے حالات سے انہیں باخبر کروں گا۔

آپ کو یہ سُن کر افسوس ہو گا کہ لالہ جی فلم نہیں بنا رہے۔ جنگ کی وجہ سے۔ میں نے کہانی ہزار کے بجائے پانچ سو میں انہی کے پاس بیچ دی ہے تاکہ جھگڑا ہی ختم ہو۔ سو آپ کو مل گئے، سو کرشن کو، باقی تین سو مجھے۔ اب مزید روپے کی آپ توقع نہ رکھیے۔ کچھ اور سوچا جائے گا۔

میں ہمایوں کے لیے عنقریب کوئی افسانہ لکھوں گا۔ میں اپنے تمام افسانے ہمایوں کو دینے کے لیے تیار ہوں مگر افسوس ہے کہ وہ ایسے افسانے جو کہ آج کل میرے قلم سے نکل رہے ہیں نہیں چھاپیں گے۔

ابو سعید یہاں پروگرام اسٹنٹ ہو گیا ہے۔

امید ہے کہ آپ بخیریت ہوں گے۔

صفیہ آپ کو سلام عرض کرتی ہے۔

میرے لائق کوئی خدمت۔

خاکسار

سعادت حسن منٹو

(۷۷)

۹۔ حسن بلڈنگ

نکلسن روڈ۔ دہلی

(اپریل ۱۹۴۲ء)

بھائی ندیم

آپ سے کوئی غلطی یا ''گستاخی'' نہیں ہوئی۔ یہ سارا قصور میرے اضمحلال کا ہے کہ جو کئی دنوں سے مجھ پر طاری ہے۔ آجکل میں بہت سُست ہو گیا ہوں۔ بمبے کی زندگی اور یہاں کی زندگی میں زمین و آسمان کا فرق ہے۔ وہاں میں دوست نما دشمنوں سے الگ تھلگ تھا۔ لیکن یہاں ایسے بے شمار لوگوں سے ملنا پڑتا ہے جس کے باعث کوفت ہوتی ہے۔ یہی باعث ہے

اِس اضمحلال کا اور یہی باعث ہے آپ کو خط نہ لکھنے کا۔

آپ سے میں کبھی بدظن نہیں ہوسکتا۔ اور اگر کبھی بدظن ہو بھی جاؤں تو اس سے آپ کو کوئی نقصان پہنچنے کا احتمال نہیں ہوگا۔

مجھے معاف کر دیجئے کہ میری خاموشی سے آپ کو صدمہ ہوا۔ میں آپ کو نہیں بھول رہا۔ آپ یہ کہہ سکتے ہیں کہ میں خود اپنے آپ کو بھولنے کی کوشش کر رہا ہوں۔

یہاں سب خیریت سے ہیں۔ ابوسعید سلام عرض کرتا ہے۔

خاکسار
سعادت حسن منٹو

(۷۸)

۹۔ حسن بلڈنگ
نکلسن روڈ۔ دہلی
(جولائی ۱۹۴۲ء)

جانِ من

میں تم سے ناراض نہیں ہوں۔ ناراض ہونا بھی چاہوں تو نہیں ہوسکتا۔ دراصل میں بہت سست ہوگیا ہوں۔ تمہارے دونوں خط مجھے مل گئے تھے۔ ان کا جواب لکھنے کا کئی بار میں نے ارادہ کیا لیکن......

یہ دلّی بہت بری جگہ ہے، خدا کی قسم اس نے مجھ پر جمود طاری کر دیا ہے۔ بمبئی میں تھا تو کتنی جلدی خطوں کا جواب تمہیں مل جاتا تھا۔ یہاں خود تو خطوں کا جواب نہیں دیتا لیکن خطوں کا انتظار ضرور کرتا ہوں۔ آجکل میرے دماغ کی بہت بری حالت ہے۔ اللہ اپنا رحم کرے۔

تم میرے بھائی ہو۔ مجھے تم سے اگر بے پناہ محبت نہیں تو پیار ضرور ہے۔ تمہارے خلاف مجھے کون اُکسا سکتا ہے...... تم یہ وہم اپنے دل سے نکال دو اور میرے لیے دعا مانگو۔ صرف تمہاری دعا ہی سے میری یہ تساہل پسندی دور ہوسکتی ہے۔ خدا میری حالت پر رحم کرے۔ تم مجھے خط لکھتے رہا کرو۔ میں نے صفیہ سے کہہ دیا ہے کہ وہ مجھے ملامت کرتی رہا کرے۔

اُمید ہے تم بخیریت ہو گے۔

تمہارا بھائی

سعادت

(۷۹)

۱۷۔اڈلفی چیمبرز

کلیئر روڈ۔بمبئی ۸

(ستمبر ۱۹۴۲ء)

پیارے ندیم

دہلی میں تمہارا خط ملا تھا۔میں جواب دیتا لیکن افراتفری میں یہاں آنا پڑا۔یہاں آتے ہی بیمار پڑ گیا۔اب چھٹی پر ہوں۔ چھ دانت اب تک نکلوا چکا ہوں۔سارا فساد ان دانتوں ہی کا تھا۔

ایک فلم ڈائریکٹر تم سے کچھ گیت لکھوانا چاہتے ہیں۔براہِ کرم ذیل کے گیت لکھ کر بواپسی ڈاک روانہ کردو۔

(۱) ایک دوگانہ۔دیہاتی فضا ہو۔بہت ہی خوبصورت ہو۔شاعری اور جذبات بہت زیادہ ہوں کیونکہ شوکت صاحب ایسی چیزیں پسند کرتے ہیں۔(اسی قسم کا ایک اور دوگانہ جو ایک ننھی سی لڑکی (پانچ چھ برس) اور ننھے سے لڑکے کے درمیان ہوگا۔اس میں بچپن کے جذبات ہوں مگر عشق کی بُو بھی آئے۔بڑے ہو کر وہ پہلا ڈوئٹ گائیں گے یعنی ہیرو اور ہیروئن)

(۲) ایک گیت اس وزن پر لکھ دیجئے۔

ندی کنارے گاگر لے کر جل بھرنے کو آئے
کیف کی بارش آنکھوں کے میخانے سے برسائے
قدم قدم پر پھول کی ڈالی بن کر لچکا کھائے
آنکھ کا جادو نیند کی دیوی کا جوبن شرمائے

یہ گیت عام فہم زبان میں ہو۔ ہندی کے الفاظ زیادہ استعمال نہ کیجئے گا کیونکہ کردار مسلمان ہیں۔

(۳) ایک غزل آسان زبان میں جس میں معشوق کی فریاد ہو۔ (اپنے عاشق کا وہ انتظار کر رہی ہوگی) یہ بہت جذباتی چیز ہو۔ یہ بھی لڑکی گائے گی۔

(۴) ایک غزل جس میں خوشی کے جذبات کا اظہار ہو۔ (یہ لڑکی گائے گی)

(۵) ایک گیت اس وزن پر لکھئے گا۔ پنجابی بول اس کے یہ ہیں:۔

اجڑی ہوئی دنیا توں میری فیر وسا دے۔ بگڑی نوں بنا دے
ایس پاپ دی دنیا وچ وسنا نہیں مِلدا
رونا نہیں مِلدا اکتے ہنسنا نہیں مِلدا
روندے ہوئے نیناں نوں میرے ہسناں سکھا دے
دکھ درمٹا دے مرے دکھ درد مٹا دے...... بگڑی نوں بنا دے

اس وزن پر یہ گیت لکھنا ہے۔ بول اُردو کے ہوں۔ زبان عام فہم، سلیس اور جذباتی ہو۔ اس سے زیادہ بے قراری اُس میں ہو۔

جتنے اور گیت تمہارے پاس لکھے ہوئے موجود ہیں، ان کی نقلیں فوراً روانہ کردو۔ یہ بہت ضروری ہے۔ وہ گیت جو تم نے پنجابی طرز پر دہلی میں لکھے تھے (بولیاں) وہ بھی روانہ کردو۔

امید ہے تم خیریت سے ہوگے۔ میں ان تمام چیزوں کا بڑی بے صبری کے ساتھ انتظار کروں گا۔

تمہارا

سعادت

مکرّر: شوکت صاحب زور دیتے ہیں کہ گیت اور غزلیں فوراً مل جانی چاہئیں کیونکہ یہاں کام شروع ہو چکا ہے۔

(۸۰)

۱۷۔اڈلفی چیمبرز، کلیئر روڈ۔بمبئی ۸

(۵نومبر ۱۹۴۲ء)

پیارے ندیم

تمہارا خط مل گیا تھا۔نظمیں اور غزلیں بھی۔افسوس ہے کہ میں رسید سے مطلع نہ کرسکا۔گیت وغیرہ ڈائریکٹر کو پسند نہیں آئے۔اس لیے کہ اُس کا مذاق از حد پست ہے۔خیر چھوڑو اس قصّے کو۔

میرے بمبے میں آنے کے متعلق تم نے ضرور کسی نہ کسی ذریعے سے ساری بات سن لی ہو گی اس لیے میں اسے دہرانا نہیں چاہتا۔

میں آٹھ دانت نکلوا چکا ہوں۔چار لگوا لیے ہیں،ابھی چار لگوانے باقی ہیں۔

پچھلے دنوں سخت بیمار رہا۔وہی درد تھا، پرانا۔اب افاقہ ہے۔اللہ رحم کرے۔

میں نے سنا ہے تم نوکری چھوڑ کر لاہور آگئے ہو۔چلو یہ بھی اچھا ہوا۔

میں یہاں ''مصوّر'' کا ماہنامہ (ساقی سائز) نکال رہا ہوں۔یہ اپنی قسم کا واحد پرچہ ہوگا۔ پہلے شمارے کے لیے تمہارا مضمون چاہیے جو کسی فلمی موضوع پر ہو۔اگر تم فلمی گیتوں پر کوئی تنقیدی مضمون لکھ سکو تو بہت ہی اچھا ہو۔مضمون بڑا ہونا چاہیے۔

اس مضمون کے علاوہ مزاحیہ رنگ میں ایک نظم بھی ہو جو فلمی دنیا سے متعلق ہو۔یہ دونوں چیزیں مجھے بہت جلد مل جانی چاہئیں۔تمہیں اِن کا معاوضہ روانہ کر دیا جائے گا۔

اگر لاہور سے تم دو تین اچھے فلمی مضامین فراہم کرسکو تو بہت ہی ممنون ہونگا۔

صفیہ سلام عرض کرتی ہے۔

خلش صاحب کا خط آیا تھا جس میں انہوں نے تمہارے افسانوں کی بہت تعریف کی ہے۔

اُمید ہے کہ تم اپنا مضمون اور نظم فوراً بھیجدوگے۔

تمہارا بھائی

سعادت

(۸۱)

۱۷۔اڈلفی چیمبرز، کلئیر روڈ۔بمبئی ۸
(دسمبر ۱۹۴۲ء)

پیارے ندیم

تمہارا خط ملا۔میں تمہیں مفصّل خط پھر لکھوں گا کیونکہ اس وقت میں سخت مصروف ہوں۔ مجھے تمہارے سب گیتوں کی ضرورت ہے۔مہربانی کر کے اپنے تمام گیت جو تمہیں یاد ہوں نقل کر کے فوراً بھیج دو۔ یہاں جو جو گیت استعمال کیا جائے گا اس کا حق الخدمت تمہیں روانہ کر دیا جائے گا۔

چند نئے گیت بھی چاہئیں۔ان کے متعلق ہدایات دوسرے کاغذ پر مندرج ہیں۔

میں بخیریت ہوں۔

صفیہ بھی تندرست ہے۔

گیت فوراً مل جائیں تو عنایت ہوگی۔

مفصّل خط گیت ملنے پر لکھوں گا۔

تمہارا

سعادت

غزل:۔

ایک پاگل ہے، وہ پھرتا پھرتا ایک چھوٹی سی بچی سے ملتا ہے۔وہ اس سے گانے کے لیے کہتی ہے۔ یہ غزل پاگل اس کے کہنے پر گائے گا۔اس میں وہ بتائے گا کہ وہ راستہ بھٹک گیا ہے۔اسے منزل کا پتہ نہیں۔اسی قسم کے دوسرے پریشان خیالات کا وہ اظہار کرے گا۔ پانچ چھ شعر کافی ہوں گے۔غزل دردناک ہو۔الفاظ نہایت آسان ہوں۔وزن یہ ہو۔

جھوم رہی ہیں شوخیاں دیدہ نیم باز میں

گیت: (ڈوئٹ)

نئی دنیا کی تعمیر کے متعلق۔اس میں عاشق و معشوق ایک نئی دنیا بنانے کا ارادہ ظاہر کریں

گے۔ بہتر ہوگا اگر آپ یہ دوگانہ دو مختلف طرزوں میں لکھ کر بھیجیں۔

دوسرا ڈوئٹ:

عاشق و معشوق باغ میں ہیں۔ پھولوں کو دیکھتے ہیں، موسم کی خوشگواری محسوس کرتے ہیں اور دوگانے میں اس کا اظہار رومانی انداز میں کرتے ہیں۔

اس وزن پر یہ دوگانہ لکھا جائے کیونکہ طرز بن چکی ہے۔

ساون کی رُت بھائے سجنیا (پہلا مصرع یہی رہے)

ساون کی رُت بھائے

میری گلی میں پھول کھلے ہیں، کوئل شور مچائے

ایک ڈھولک کا گیت......شادی کے موقع پر جو لڑکیاں کورس کی شکل میں گائیں گی۔

(۸۲)

۱۷۔اڈلفی چیمبرز

کلیئر روڈ۔ بمبئی ۸

(فروری ۱۹۴۳ء)

پیارے ندیم

مجھے معاف کر دینا بھائی۔ میں سخت شرمندہ تھا اسی لیے خط نہ لکھ سکا۔ تمہارے گیت منگوائے، مگر یہاں وہ صاحب ہی غائب ہو گئے جو لینا چاہتے تھے ناچار ''مصور'' میں چھاپنا پڑے۔ میری تقصیر معاف کر دینا۔ میں بہت شرمندہ ہوں۔ بخدا۔

یہاں ہر روز تمہاری باتیں ہوتی ہیں۔ صفیہ کہتی ہے کہ ندیم بھائی کو یہاں اپنے پاس بلا لو۔ میں بھی یہی سوچتا ہوں۔ شاہد لطیف اور عصمت بھی یہی چاہتی ہیں۔ میں نے تمہیں خط بلکہ تار بھیج دیا ہوتا مگر ادھر اس کمبخت گاندھی نے روزہ رکھ لیا اور یہ بات کھٹائی میں پڑ گئی۔

ہاں، تم یہ لکھو کہ لاہور میں تمہارے گذارے کی کیا صورت ہے۔ مجھے تمہاری بہت فکر رہتی ہے۔ خدا وہ دن جلد لائے جب ہم تم دونوں ایک جگہ رہ سکیں۔

ہاں بھائی۔ وہ تم نے ماہنامہ ''مصور'' کے لیے جو مضمون شروع کیا تھا بھیجا ہی نہیں۔ پہلا نمبر شائع ہونے میں بس اب کچھ دیر نہیں۔ خدا کے واسطے اپنا مضمون جو کہ شاید گیتوں پر تھا اپنی چند تازہ غزلوں اور نظموں کے ہمراہ فوراً بھیج دو اور مجھے ممنون کرو۔ تمہارے مضمون اور تمہاری غزل کے بغیر پرچہ شائع نہیں ہوگا۔ اس نمبر میں تم اپنے تمام دوستوں کو پاؤ گے۔

نذیر صاحب آداب عرض کرتے ہیں۔

مضمون اور غزلیں جلد بھیجو۔

صفیہ سلام لکھواتی ہے۔

تمہارا بھائی

سعادت

(۸۳)

۱۷۔اڈلفی چیمبرز

کلئیر روڈ۔ بمبئی ۸

(اپریل ۱۹۴۳ء)

پیارے ندیم

آپ کا خط اُن دنوں ملا جب کہ صفیہ شدید قسم کے بخار میں مبتلا تھی۔ درجۂ حرارت ایک سو چھ تک پہنچ جاتا تھا۔ دس پندرہ روز تک یہ سلسلہ جاری رہا۔ اب خدا کا فضل ہے۔ بخار بالکل دور ہوگیا ہے۔

آپ نے خط بھیجنے میں اتنی تاخیر کی کہ میرے دل میں عجیب عجیب قسم کے شکوک پیدا ہو رہے تھے۔ آپ کا خط ملا تو اطمینان ہوا کہ آپ مجھے بھولے نہیں اور آپ مجھ سے بدستور ویسی ہی محبت کرتے ہیں۔ اس کے لیے میں آپ کا شکر گزار ہوں۔

مصّور میں اب کوئی دم نہیں۔ میں نہیں چاہتا کہ آپ اسے پڑھیں، البتہ ماہنامہ نمبر جو ابھی تک نہیں چھپا آپ کو بھجوا دوں گا۔

آپ یہاں کیوں نہیں آجاتے۔ مصیبت یہ ہے کہ آپ لاہور میں ہیں، میں اتنی دور بیٹھ کر

آپ کی بطریق احسن کیسے خدمت کرسکتا ہوں۔اگر آپ یہاں ہوتے تو بہت کچھ ہوسکتا تھا۔

میں دو کہانیاں لکھ رہا ہوں۔ایک تو غالب کی سوانح حیات ہے، دوسری ایک ذلیل قسم کی کہانی ہے۔اس کہانی کے لیے مجھے گیتوں کی ضرورت ہے،لیکن پھر فاصلہ آڑے آتا ہے۔بہر حال آپ کو اس کہانی کے پہلے مناظر بھیج رہا ہوں۔اس میں ٹائپ کی بے شمار غلطیاں ہیں ان کو آپ نظر انداز کر دیجئے گا۔اور جہاں جہاں گیتوں کی ضرورت ہے وہ گیت لکھ کر بہت جلد مجھے روانہ کر دیجئے گا۔بہت جلد۔اور ساتھ ہی یہ مناظر بھی بذریعہ رجسٹری واپس کر دیجئے گا۔

پہلا گیت جو سائیکل پر گایا جائے گا۔ساون کے نظارے...... کی قسم کا ہو۔مجھے پوری امید ہے کہ آپ یہ گیت بہت عمدہ لکھیں گے۔

دوسرا گیت جو اپاہج لڑکی گائے گی بہت ہی دردناک ہونا چاہیے۔کیونکہ آگے چل کر اسکو دہرانا ہے۔

خدا کے لیے یہ گیت لکھ کر جلدی روانہ کر دیجئے گا تاکہ میں یہاں کوئی فراڈ کرسکوں۔

مجھے آپ کے خط کا انتظار رہے گا۔صفیہ آداب عرض کرتی ہے۔

آپ کا بھائی

سعادت

(۸۴)

۱۷۔اڈلفی چیمبرز،کلیئر روڈ۔بمبئی ۸

(مئی ۱۹۴۳ء)

ندیم بھیّا

آپ کا محبت نامہ ملا۔مجھے آپ کے خلوص پر نہ پہلے کبھی شک تھا اور نہ اب ہے اگر میرے دل میں ذرا برابر میل بھی آپ کی طرف سے موجود ہوتا تو مجھ سے پہلے آپ کو شاید اس کا علم ہو جاتا۔میرے دل کی کوئی بات چھپی نہیں رہ سکتی اور نہ میں کسی بات کو چھپانا چاہتا ہوں۔

چند روز ہوئے جبکہ صفیہ بستر علالت پر پڑی تھی، دیوندر ستیارتھی کا ٹیلی فون آیا۔میں نے اس کو گالیاں دیں۔میرے دل میں اس کے متعلق جو خیالات بھی تھے ان کا اظہار کر دیا اور اُس

سے کھلے لفظوں میں کہہ دیا کہ میں تم سے ملنا نہیں چاہتا۔ اُس نے اُس کے بعد کمال ڈھٹائی سے دو تین مرتبہ پھر فون کیا لیکن میں نے اپنا ارادہ تبدیل نہ کیا بلکہ اُس کی اس ڈھٹائی نے مجھے اور متنفّر کر دیا۔ اگر وہ جواب میں مجھے گالیاں دیتا اور اس حملے کا جواب دیتا جو میں نے اس پر کیا تھا تو بہت ممکن ہے میں خود اس کے پاس جا کر اپنے یہاں مہمان ٹھہرا لیتا۔ صفیہ نے فون پر میری یہ تمام باتیں سنیں، مجھے برا بھلا کہا لیکن میں نے اس سے کہا کہ میں دل میں نفرت رکھتے ہوئے زبان پر پیار محبت کے الفاظ نہیں لا سکتا۔

یہ واقعہ میں نے اس لیے بیان کیا کہ اگر مجھے آپ سے کوئی شکایت ہوتی تو میں نے بے کھٹکے اس کا اظہار کر دیا ہوتا۔

بات یہ ہے کہ اب میری دماغی حالت میں بہت تغّیر واقع ہو گیا ہے سینکڑوں چیزیں بیک وقت سوچنے سے میں افراتفری کے عالم میں رہتا ہوں یہی وجہ ہے کہ اس دوران میں مَیں کوئی قابل قدر چیز نہیں لکھ سکا۔

بہت زیادہ شراب پینے لگا ہوں۔ اس لیے نہیں کہ کچھ لکھوں۔ پی کر میں لکھ ہی نہیں سکتا۔ دراصل میں اپنے اندر وہ بات ڈھونڈ رہا ہوں جو مجھے کرنا ہے۔ اگر مجھے یہی کچھ کرنا ہے جو میں اب تک کر چکا ہوں تو یہ کچھ بھی نہیں یعنی کوئی بڑا کارنامہ نہیں۔ اگر مجھے ایسے ہی افسانے لکھنا ہیں تو پھر میں ایک خاص لائحہ عمل مرتب کروں گا اور اس کے مطابق کام کروں گا۔ زیادہ مغز دردی کی کیا ضرورت ہے۔

مگر چھوڑیئے اس قصّے کو۔

آپ گانے جلد از جلد بھیجئے۔ میں نے آپ کے لیے ہمیشہ کوشش کی ہے اور آئندہ بھی کرتا رہوں گا۔ مصیبت یہ ہے کہ میری کوششوں میں ہمیشہ کوئی نہ کوئی چیز حائل ہوتی رہی ہے۔ خدا کرے کہ اب نہ ہو۔

کہانی کے چند مناظر اور بھیج رہا ہوں۔ اس میں ٹائپ کی بے شمار غلطیاں ہیں مگر آپ فوراً سمجھ لیں گے۔ میرا خیال ہے کہ ان میں ایک گیت کی ضرورت ہے۔ وہ آپ لکھ دیں۔

یہ گیت بھی خاص طور پر اچھا ہونا چاہیے۔ آپ منظر کو ایک دو بار پڑھیں اور غور کریں تو

آپ مطلب کی چیز لکھ سکیں گے۔سوال و جواب جذباتی قسم کے ہوں جو Situation کے ساتھ چسپاں ہو جائیں۔یاد رکھیے کہ چمپا ایک لولی لنگڑی عورت ہے اس کو سہارے کی ضرورت ہے لیکن یہ خطرہ بھی لاحق ہے کہ ممکن ہے یہ سہارا جواب دے جائے اور وہ اور زیادہ گہرائیوں میں غرق ہو جائے۔محبت میں ٹھوکر کھا کر جسم کے ساتھ اس کی روح بھی مفلوج ہو جائے...... دوسری طرف شنکر کو یقین دلانا چاہیے کہ وہ ایماندار آدمی ہے۔یہ مضمون آسان اور جذباتی لفظوں میں اگر آپ نے باندھ دیا تو سمجھ لیجئے کہ آپ فلمی گیت لکھنے کا گُر پا گئے۔

صفیہ آپ کے خلوص کی بہت شکر گزار ہے۔اب اس کی طبیعت اچھی ہے۔سلام عرض کرتی ہے۔جونہی مصّور کا ماہنامہ چھپا میں آپ کو نئے پتے سے بھیج دوں گا۔امید ہے آپ بخیریت ہوں گے۔

کرشن چندر مستعفی ہو کر یہاں بمبے آیا تھا۔دو روز رہ کر پونا چلا گیا۔جہاں وہ ایک فلم کمپنی میں ملازم ہو گیا ہے۔آپ کا رجسٹرڈ لفافہ مل گیا ہے۔گیتوں اور کہانی کے متعلق پھر لکھوں گا۔

خاکسار

سعادت حسن منٹو

(۸۵)

۱۷۔اڈلفی چیمبرز
کلیئر روڈ۔بمبئی ۸
(ستمبر ۱۹۴۳ء)

پیارے ندیم

تم اپنے دل میں خدا جانے کیا سمجھتے ہو گے کہ مجھے کیا ہو گیا ہے۔حقیقت یہ ہے کہ میں کچھ عرصہ سے بہت ہی سست ہو گیا ہوں۔کئی بار دل چاہا ہے کہ تمہیں خط لکھوں، بہت ہی مفصّل خط لکھوں مگر لکھنے سے طبیعت اچاٹ سی ہو گئی ہے۔جانے کیوں؟

تمہارے اخلاص پر مجھے ناز ہے میری جان۔خدا کے لیے دل میں کبھی اس خیال کو جگہ نہ دینا کہ میں تمہیں بھول گیا ہوں۔تمہاری یاد سے میرا دل ہمیشہ لبریز رہتا ہے۔اور میں ہمیشہ

ایسے موقع کی تاک میں رہتا ہوں کہ ہم تم اکٹھے رہ سکیں۔

تمہاری علالت بہت افسوسناک ہے مگر یہ اور بھی زیادہ افسوسناک بات ہے کہ میں اب کسی کی علالت کے دکھ کو محسوس نہیں کر سکتا۔ شاید اس لیے کہ میں خود جسمانی اور روحانی طور پر علیل رہتا ہوں۔ اللہ میرے حال پر رحم کرے۔

میں اس کوشش میں ہوں کہ تمہیں یہاں بلالوں۔ دعا کرو کہ میں اس کوشش میں کامیاب ہو جاؤں۔

شاہد لطیف نے تمہاری علالت کا سنا تو اُسے بہت دکھ ہوا۔ وہ تمہیں سلام لکھواتا ہے اور تمہاری صحت کے لیے دعا کرتا ہے۔ صفیہ پچھلے دنوں بہت بیمار رہی ہے مگر اب خدا کے فضل سے بصحت ہے۔ تمہیں سلام عرض کرتی ہے۔

میں آج کل ''فلمستان'' میں نوکر ہوں جہاں شاہد لطیف ملازم ہے۔ صبح ساڑھے دس بجے جاتا ہوں اور رات کو گیارہ بارہ بجے لوٹتا ہوں۔ عجب زندگی ہے۔

''پھول'' ۹۳۱ اخبار میں تم کیا کرتے ہو۔ اُسے چھوڑو اور یہاں چلے آؤ۔ مجھے امید ہے کہ تم یہاں لاہور سے زیادہ کما لیا کرو گے۔ افسوس تو یہ ہے کہ تم نے آج تک میری نہیں مانی۔

میری صحت اچھی تو نہیں لیکن ٹھیک ہے، یعنی سینے کا درد اب کچھ عرصے سے نہیں ہو رہا۔

امید ہے کہ تم اب بخیریت ہو گے۔ اپنی صحت سے فوراً مطلع کرو۔

ہمیشہ تمہارا

سعادت حسن منٹو

(۸۶)

۱۷۔ اڈلفی چیمبرز

کلیئر روڈ۔ بمبئی ۸

(مارچ ۱۹۴۴ء)

پیارے ندیم

مجھے بے حد افسوس ہے کہ اس دوران میں آپ کے کئی خط ملنے پر بھی میں نے آپ کو یاد

نہ کیا۔ اسکی وجہ صرف میری بڑھی ہوئی پریشانیاں تھیں۔ اب کئی دنوں سے ارادہ کر رہا تھا کہ آپ کو یہ سطور لکھوں چنانچہ اب موقع ملا ہے۔

''فلمستان'' ایک بہت اچھا فلمی ادارہ ہے۔ اس میں آپ کے لیے جگہ پیدا کر لی گئی ہے۔ ایک دفعہ آپ نے فلم لائن میں آنے کی خواہش ظاہر کی تھی، اگر یہ خواہش ابھی تک آپ کے دل میں موجود ہے تو آپ فوراً چلے آئیے۔ دوسرے فلم کا کام شروع ہونے والا ہے، اگر آپ جلدی سے چلے آئے تو آپ کے لیے اچھا ہے کیونکہ شروع سے لیکر آخر تک آپ فلم کے سارے عواقب وعواطف سے آشنا ہو جائیں گے۔

ڈھائی سو روپے ماہوار آپ کو تنخواہ مل جائے گی۔ ترقی بھی ملتی رہے گی براہ کرم مجھے بواپسی ڈاک اپنے ارادے سے مطلع فرمائیے۔

چوہدری صاحب مجھے اتنے دنوں غلط پتے سے خط لکھتے رہے۔ اب اُن کا ایک خط پہنچا ہے جس کا جواب کل یا پرسوں لکھوں گا۔ حیرت ہے کہ مجھے کتابیں ابھی تک نہیں ملیں حالانکہ وہ خط میں لکھتے ہیں کہ مطلوبہ کتابیں روانہ کی جارہی ہیں۔ ''ادب لطیف'' کا سالنامہ ملا۔ بہت اچھا ہے۔

اختر حسین رائے پوری کا افسانہ پڑھ کر افسوس ہوا۔ ''محبت اور نفرت'' کا مصنف ایسی پوچ چیز لکھے!!

امید ہے آپ بخیریت ہوں گے۔ صفیہ سلام عرض کرتی ہے۔

آپ کا

سعادت

(۸۷)

فلمستان لمیٹیڈ

بمبئی

(اکتوبر ۱۹۴۵ء)

پیارے ندیم

میں سخت شرمندہ ہوں کہ آپ تو مجھ سے اتنی محبت کریں اور میں آپ کے خطوں کا جواب

بھی نہ دے سکوں۔ کچھ سمجھ میں نہیں آتا کہ کیا عذر پیش کروں۔ سوائے اسکے کہ میں بے حد سست اور کاہل ہوگیا ہوں۔

جس روز آپ کے دوست چٹھی لے کر میرے پاس آئے میں اپنے مقدمے کی پریشانیوں میں غرق تھا۔ یہ کمبخت ہیرا لال ؔ نہایت ہی واہیات انسان ہے۔ اُس نے مقدمہ میں ذرہ برابر دلچسپی نہیں لی۔ نتیجہ یہ ہے کہ صفائی کا گواہ پیش نہیں ہوا اور فیصلے کی تاریخ مقرر ہوگئی ہے۔ ۲۲/اکتوبر کو حاضر عدالت ہونا تھا مگر میں بیمار ہوں۔ نومبر کے وسط میں اگر کوئی تاریخ مل گئی تو چلا جاؤں گا۔ میرا پروگرام یہی ہے کہ لاہور پہنچ کر آپ سے ملوں، کیونکہ آپ کے دوست کی زبانی معلوم ہوا ہے کہ آپ نومبر میں لاہور آنے والے ہیں۔

یہ سن کر خوشی ہوئی کہ اب پہلے سے آپ کی صحت بہتر ہے۔ خدا آپ کو تندرست رکھے۔

سمجھ میں نہیں آتا مجھے کیا ہوگیا ہے۔ خط لکھتے وقت ایسا محسوس ہوتا ہے جیسے میں بیگار کی جسمانی مشقت کر رہا ہوں۔ کیا ہی اچھا ہوتا اگر آدمی لکھے بغیر اپنے خیالات دوسرے تک پہنچا سکتا۔

لاہور آ کر آپ سے مفصل باتیں ہوں گی اور وہیں بیٹھ کر مستقبل کے متعلق کوئی پروگرام بھی سوچیں گے۔ اصل میں اس ایٹم بم ؔ نے میری زندگی کو بہت صدمہ پہنچایا ہے۔ ایسا لگتا ہے ہر شے فضول ہے۔ مستقبل کے متعلق کیا سوچیں گے۔ میں اس کے متعلق کچھ نہیں کہہ سکتا کیونکہ حال اور مستقبل اب بالکل بے معنی سے ہو کر رہ گئے ہیں۔ بہر حال دیکھئے ہم کیا سوچتے ہیں۔

میں نے ابھی تک کوئی نئی چیز نہیں لکھی۔ ارادہ ہے کہ ساقی کے لیے ایک افسانہ لکھوں۔

صفیہ مجھ سے سخت ناراض ہے کہ میں نے اتنی دیر آپ کو خط نہیں لکھا۔ یہ خط میں اسی کے اصرار پر لکھ رہا ہوں۔ پوسٹ کرنے کا ذمہ اُس نے لیا ہے۔

خدا آپ کو جزائے خیر دے۔ آپ کے اخلاص کی مجھے ہمیشہ ضرورت رہے گی۔

آپ کا بھائی

سعادت

(۸۸)

۱۷۔اڈلفی چیمبرز
کلیئر روڈ۔ بمبئی ۸
(ستمبر ۱۹۴۶ء)

پیارے ندیم

پرسوں صفیہ کے نام آپ کا تار ملا مجھے سخت شرمندگی ہے کہ میں اتنا عرصہ خاموش رہا اور آپ کو ایک خط بھی نہ لکھ سکا۔ اس کا باعث کچھ تو تساہل ہے جو بالکل Chronic ہو چکا ہے اور کچھ مصروفیت بھی تھی۔

آپ کو یہ سن کر خوشی ہوگی کہ نو جولائی کو خداوند تعالیٰ نے ہمیں ایک ننھی سی بچی عطا فرمائی ہے میں نے اس کا نام نکہت رکھا ہے۔ امید ہے آپ پسند کریں گے۔

میں نے کئی دفعہ آپ سے کہا مگر خدا معلوم آپ بمبے کیوں نہیں آتے......اب آپ کی صحت کیسی ہے۔ میرا خیال ہے انگہ کی آب و ہوا ضرور آپ کو راس آئی ہوگی۔

میں انشاء اللہ اب آپ سے باقاعدہ خط و کتابت کرتا رہوں گا۔ آپ کو اب شکایت کا موقعہ نہیں ملے گا۔

صفیہ آداب عرض کرتی ہے۔

آپ کا
سعادت

(۸۹)

۱۷۔اڈلفی چیمبرز
کلیئر روڈ۔ بمبئی ۸
(جولائی ۱۹۴۷ء)

پیارے ندیم

آپ کا شکایت نامہ ملا۔ میں نے "سویرا" کے لیے افسانہ نہیں بھیجا تھا اس لیے کہ ایک

غیر مطبوعہ افسانہ بعنوان ''بدتمیز'' چوہدری نذیر احمد کے پاس ابھی تک پڑا ہوا ہے۔ آپ اسے چھاپتے کیوں نہیں۔

بہر حال آپ کے ارشاد پر ایک نیا افسانہ ''پڑھیے کلمہ'' بھیج رہا ہوں۔ امید ہے آپ پسند کریں گے۔ ایک افسانہ ''چغد'' ''ساقی'' کو بھیجا ہے۔

''سوراج کے لیے'' کے متعلق آپ کا کیا خیال ہے۔ کتابت کی بے شمار غلطیاں اس میں رہ گئی ہیں۔ لعنت کا پیاں دیکھنے والوں پر۔

صفیہ بخیریت ہے۔ نکہت کل خدا کے فضل سے ایک برس کی ہوئی ہے اُس کی صحت اتنی اچھی نہیں اس لیے کہ دانت نکال رہی ہے۔

امید ہے آپ پشاور میں خوش ہوں گے۔ یہاں ساری فلم انڈسٹری کی حالت قابل رحم ہے۔

اقبال ؔ کو میرا سلام دے دیجئے گا۔

آپ کا

سعادت

(۹۰)

۱۸۔ آکسفورڈ چیمبرز

کلیئر رروڈ۔ بمبئی ۸

(فروری ۱۹۴۷ء)

پیارے ندیم

جو شکایت آپ نے کی ہے وہی صفیہ نے آج سے چند روز پہلے (جب میں نے ''تازہ اور طویل اور محبت بھرے خط'' لکھے تھے) کی تھی۔ کہہ رہی تھی کہ آپ نے کبھی ایسے دلچسپ خط مجھے نہیں لکھے۔ میں نے جواب دیا تھا ''جن سے مجھے حقیقی لگاؤ ہوا نہیں میں خط ہی نہیں لکھ سکتا، اگر لکھتا ہوں تو وہ بقول تمہارے رائٹر کی خبریں ہوتے ہیں۔''

کیا میں آپ کو بھی یہی جواب دوں؟

ویسے میں سخت نادم ہوں۔ مجھے آپ ایسے خلیق اور پرخلوص دوست کو باقاعدہ خط لکھنا

چاہیے۔ میں قصووارہوں...... لیکن کیا قصووارہو کر بھی آدمی ایک قسم کا لطف نہیں اٹھا سکتا۔ اگر آپ مجھے اس لطف...... اس...... اس...... قصور آلو دلذّت سے محروم رکھنا چاہتے ہیں تو لیجئے میں آپ کو یقین دلاتا ہوں کہ میں اب سے باقاعدہ خط وکتابت جاری رکھوں گا...... مگر پھر آپ یہ نہ کہئے گا کیا رائٹر کی خبریں موصول ہو رہی ہیں۔

مکتبہ اردو، مکتبہ جدید اور اب یہ نیا ادارہ کا کیا گورکھ دھندا ہے۔ ابھی کل مجھے گوپال متّل کا خط ملا ہے۔ پتہ چلتا ہے کہ وہ بھی ''ادب لطیف'' کا ایڈیٹر ہے۔ اس سے کچھ عرصہ پہلے مفتی اور فکر ۴۳؎ کے خط ملے تھے کہ ''سویرا'' یا ''نیا سویرا'' کے لیے کچھ لکھو۔ بعد میں یہ دونوں ''فلم کی ماں'' بن کر پیش ہوئے۔ یعنی ''فلمان'' کے ایڈیٹروں کی صورت میں...... کچھ سمجھ میں نہیں آتا، لاہور میں کیا ہو رہا ہے۔

سنا تھا کہ...... اور...... ۴۴؎ ایک دوسرے سے جدا ہو گئے ہیں۔ غیر مصدقہ اطلاع یہ تھی کہ...... نے...... کے تمام گناہوں کا کفارہ ادا کرنے کی تیاری کر لی ہے۔ آپ لکھیے کہ ان دونوں میں سے کون زیادہ گنہگار ہے...... مجھے گناہگاروں سے زیادہ ہمدردی ہے...... آپ چونکہ بالکل بے گناہ ہیں اس لیے میں آپ کی کوئی سفارش سننے کے لیے تیار نہیں۔

یہاں فلمستان والوں سے میں قریب قریب ناراض ہو چکا ہوں۔ لاہور میں ایک فلم ساز مجھے ایک ہزار روپیہ ماہوار دینے کے لیے تیار ہے۔ سوچ رہا ہوں کہ چلا جاؤں۔ فکر اور مفتی کو میں نے اسی سلسلے میں محبت بھرے طویل اور تازہ (تازہ پہلے، طویل درمیان میں اور محبت بھرے آخر میں...... معاف کیجئے گا!) خط لکھے تھے۔

''آٹھ دن'' ۴۵؎ کی تعریف کا شکریہ۔ یہ پہلا فلم ہے جس کی میں نے کئی آدمیوں سے تعریف سنی ہے۔ خدا کرے کہ میرا آئندہ فلم اس سے اچھا ثابت ہو۔ اگر آپ نے اس فلم کے بارے میں ذرا تفصیل سے اپنی رائے قلمبند کی ہوتی تو میں زیادہ مستفید ہو سکتا۔

مجھے معلوم ہو گیا تھا کہ آپ آل انڈیا ریڈیو پشاور میں ہیں۔ تنخواہ کچھ اتنی زیادہ تو نہیں لیکن گزارے کے لیے ٹھیک ہے۔ خدا آپ کو ترقی دے۔

آپ خفا ضرور ہوں گے، مگر میں ابھی تک آپ کی بھیجی ہوئی کتاب ''آبلے'' نہیں پڑھ

سکا۔انتساب کا شکریہ ادا کرنے کی ضرورت ہے؟

افسانے کے متعلق عرض ہے کہ ابھی نامکمل ہے...... ان دنوں دماغ عجیب حالت میں ہے۔کوئی کہتا ہے یہیں رہو، کوئی کہتا ہے نہیں لاہور چلے آؤ، ایک صاحب ہیں وہ فرماتے ہیں تم کہیں بھی جاؤ لیکن تمہیں میرے لیے پھر واپس بمبئی آنا ہی پڑے گا...... ایک طرف یہاں مکان چھوڑنے اور سارا فرنیچر بیچنے کا سوال درپیش ہے، دوسری طرف لاہور میں رہائش کے بندوبست کا مسئلہ۔خدا کے لیے مجھے معاف کیجئے۔میں لاہور آگیا تو ہر مہینے آپ کو ایک افسانہ دے دیا کروں گا۔میرے دماغ کی جیبیں ابھی خالی نہیں ہوئیں۔

صفیہ اور نگہت دونوں خدا کے فضل سے تندرست ہیں۔نگہت کا فوٹو آپ کو ضرور روانہ کروں گا...... پیاری بچی ہے۔

پشاور ریڈیو نے میرا ایک ڈرامہ ''جرم وسزا'' عرصہ ہوا براڈ کاسٹ کیا تھا۔دو تین خط لکھ چکا ہوں۔سمجھ میں نہیں آتا کہ وہ اسکی رائلٹی کیوں ادا نہیں کرتے۔

صفیہ آداب عرض کرتی ہے۔پشاور ریڈیو میں اگر کوئی دوست دشمن ہو تو اسے میرا اسلام کہہ دیجئے گا۔

امید ہے کہ آپ خیریت سے ہوں گے۔

آپ کا
سعادت حسن منٹو

(۹۱)

۱۸۔آکسفورڈ چیمبرز
کلیئر روڈ
بمبئی ۸
(فروری ۱۹۴۷ء)

پیارے ندیم

اس سے پہلے ایک خط روانہ کر چکا ہوں۔ابھی ابھی فوٹو گرافر سے نگہت کی تصویریں چھپ کر آئیں۔ایک آپ کے لیے روانہ کر رہا ہوں۔

آپ کا
سعادت حسن منٹو

(۹۲)

۳۱۔لکشمی مینشن
دی مال۔لاہور
(فروری ۱۹۴۸ء)

پیارے ندیم

مجھے افسوس ہے کہ وعدہ کر کے آپ تشریف نہ لائے۔بہر حال میں خود ایک کام سے اپنے ایک عزیز دوست کے ساتھ پشاور آرہا ہوں ۲۶ ء۔انشا اللہ خوب باتیں ہوں گی۔ظاہر ہے کہ تین چار روز تک آپ ہی کے پاس قیام رہے گا۔

صفیہ سلام لکھواتی ہے۔نگہت ماشااللہ بصحت ہے۔

آپ کا
سعادت

(۹۳)
سردار بیگم[۴۷] کے نام

بٹوت[۴۸]

(مئی تا اگست ۱۹۳۶ء)

مکرمی والدہ صاحبہ

السلام علیکم۔کل شام کو سیر کے لیے نکل رہا تھا کہ آپ کا گرامی نامہ موصول ہوا۔ یہ پڑھ کر نہایت خوشی ہوئی کہ اقبال[۴۹] خیر و عافیت سے بمبئی پہونچ گئی ہے۔جاوید[۵۰] کی علالت کی خبر سخت وحشت ناک ہے۔خدا اس ننھے سے جی کو اپنی ایمان (امان) میں رکھے۔اگر اس کو مجھ سے محبت ہے تو کیا آپ سمجھتے ہیں کہ میں اس سے کم پیار رکھتا ہوں۔وہ مجھے خاص طور پر اس لیے عزیز ہے کہ وہ میری اپنی بہن کا نورنظر ہے۔میرے دل میں اس کے متعلق سینکڑوں امیدیں ہیں۔خدا کرے کہ وہ بروئے کار آئیں۔بہرحال مجھے یقین ہے کہ وہ بہت ہوشیار لڑکا ثابت ہوگا۔

جاوید کی علالت کا سب سے بڑا سبب جو مجھے اول میں ڈاکٹر نے بتایا وہ یہ تھا کہ وہ دانت نکال رہا ہے۔اس قسم کی بیماری میں قے اور دست بھی ہو سکتے ہیں۔یہ اطلاع بہت جاں بخش ہے کہ اب وہ روبصحت ہے اور خدا کے فضل سے بہت خوش ہے۔اس شریر کا وہ مسکین اور نہایت ہی مظلوم شکل بنانا مجھے یہاں بھی نہیں بھول رہا۔کیا بمبئی میں بھی اب وہ اس قسم کی ترحم انگیز شکل بناتا ہے۔اس کا منٹ منٹ کے بعد ہاتھ نکالنا! میرے خیال میں ایسی پیاری حرکتیں بہت کم ہی بچے کرتے ہیں۔

میری صحت میں کوئی خاص فرق نہیں، سینے میں درد رہتا ہے۔بہرحال اتنا ضرور ہے کہ میری کمر کا درد اب بہت حد تک جاتا رہا ہے اور سیر کرنے کے بعد تکان محسوس نہیں ہوتی۔میں چار پانچ نہیں روزانہ صبح اور شام سیر کرتا ہوں اور دن کا بیشتر حصہ چیڑوں کے سائے میں گذارتا ہوں۔آپ کوئی فکر نہ کریں۔انشاءاللہ صحت بہت جلد ہوجائے گی۔

اس ہفتے میں یہاں نئے قسم کے دو ٹیکے کرائے ہیں، باقی پانچ اور بھی۔ جموں سے دوا کی دو شیشیاں بھی لے گیا تھا جس کا استعمال جاری ہے۔ اس ہفتے میں دو بار سالم چوزے بھی کھائے ہیں جو ہضم ہو گئے۔ یہاں کا پانی ہاضم ہے۔ یہ جگہ بہت اچھی ہے مگر رہائش اور کھانے کا دام بہت زیادہ ہیں، اس لیے کہ یہاں ہر شئے باہر سے آتی ہے۔ کشمیر گورنمنٹ نے محصول اس قدر بڑھا رکھا ہے کہ لازماً ہر چیز کے دام دگنے یا ڈیوڑھے ہو جاتے ہیں۔

اگر عباس ۵۱ آئے تو اس سے کہیے کہ وہ میرے خط کا جواب کیوں نہیں دیتا۔ اس سے یہ بھی کہیے کہ وہ یہاں میرے پاس چلا آئے۔ اس طرح تنہائی محسوس نہ ہوگی۔ اگر وہ آنا چاہے تو اسے میری دونوں دھوتیاں اور چپل دے دیجیے گا۔ اگر اقبال کو خط لکھیں تو اسے میرا اسلام لکھ دیجیے گا۔ امید ہے آپ بخیریت ہوں گی۔ سفید کپڑے والے علم دین کا خاندان بی بی جان ۵۲ کے بھائی کی اولاد کی خدمت میں سلام۔ کشور ۵۳ کو پیار۔ خط کے کونے میں کشور نے مجھے سلام لکھا ہے مگر میرا خیال ہے کہ یہ اس کا خط نہیں بلکہ ظہیر ۵۴ یا کسی اور کا ہے۔

آپ کا بیٹا

سعادت حسن

(۹۴)

(ہفت روزہ 'مصور' بمبئی۔ ۸)

مارچ ۱۹۳۷ء

مکرمی والدہ صاحبہ

السلام علیکم

آپ کے جانے کے بعد میں غالباً ملک صاحب ۵۵ کے ہاں ساڑھے سات بجے تک بیٹھا رہا اور خدا کو معلوم کیا کیا باتیں کرتا رہا۔ اب اگر میں سوچتا ہوں کہ میں نے اس روز اتنی بکواس کی ہے تو مجھے تعجب سا ہوتا ہے اور میں کئی کئی گھنٹے اپنے آپ کو ملامت کرتا رہتا ہوں۔ ذرا سوچیے تو وہ لوگ کیا خیال کرتے ہوں گے۔ ایک دن کی معمولی ملاقات اور باتوں کا طوفان... گویا عمران ہی میں گزری ہے۔ میں خاموش پسند ہونے کا دعویٰ تو نہیں کرتا لیکن میں جانتا ہوں

کہ میں اتنا باتونی نہیں ہوں۔آپ کا کیا خیال ہے،کیا مجھ میں یہ عادت ہے؟...اگر ہے تو میں اسے دور کرسکتا ہوں۔کچھ بھی ہو مگر اس روز کی بکواس نے میرا دماغ ضرور ہلکا کردیا ہے۔

آپ کے ارشاد کے مطابق ''ساوتری'' کا پاس حاضر ہے۔جس روز آپ کو یہ خط ملے اس کے دوسرے روز ہی یہ کھیل دیکھنے جائیے گا۔منگل کے بعد شاید یہ کام کا نہ رہے۔اگر آپ چاہیں تو دو ایک کھیلوں کا پاس بھجوادیتا ہوں۔

''کسان کنیا'' دیوالی کی تقریب میں نمائش کے لیے پیش ہوگا۔یعنی ابھی اس کی نمائش میں بیس پچیس روز باقی ہیں۔

آج کل کتنی گرمی ہے۔بخدا بھیجا پگھل پگھل جارہا ہے۔لاہور کی گرمی کچھ اور قسم کی ہے......چکنی سی گرمی ہے۔کچھ سمجھ میں نہیں آتا کہ یہ کیا بلا ہے۔میرے سر میں گھی کی سی (؟) دور ہونے ہی میں نہیں آتی۔یہ مہینہ ختم ہو تو جان میں جانے آئے اور کچھ کام ہوسکے۔

اقبال کو نہیں چاہئے تھا کہ وہ میری سنجیدگی کے باوصف اور معاملے کی اہمیت کے باوجود میرا مذاق اڑانا شروع کردیتی وہ شاید یہ نہیں جانتی کہ ان دنوں شادی کے مسئلے پر میں بہت غور کررہا ہوں۔میں ''شادی'' کو (خوشی) کی صورت میں دیکھنے کا گر معلوم کرنا چاہتا ہوں۔اس کو چاہیے کہ اس ضمن میں وہ میری مدد کرے۔

ماسٹر ظہیر کو سلام۔بی بی جان یہ لڑکا بڑا ذہین معلوم ہوتا ہے۔اس کی ذہانت میں وہ چالاکی نہیں جو عام طور پر سکول کے ذہین لڑکوں میں پائی جاتی ہے۔اگر وہ اس چالاکی کے بغیر ذہین رہا تو میرا خیال ہے کہ اس کی ماں کو خوش ہونا چاہیے کیوں کہ یہ لڑکا آگے چل کر ضرور کامران ثابت ہوگا۔میں نے اس سے کچھ دیر باتیں کی ہیں اور اس سے میں نے یہی اندازہ لگایا ہے۔

امید ہے کہ اب آپ کے گھٹنے کا درد دور ہوگیا ہوگا۔آپ کو اس کے علاج سے کبھی غافل نہ ہونا چاہیے۔اقبال کی صحت اور اس کی مسرت کے لیے ہمیشہ دعا گو رہتا ہوں۔ملک صاحب اور ان کے گھر میں سب کی خدمت میں سلام۔مزید ہدایات سے ضرور مطلع فرمائیں۔

آپ کا بیٹا

سعادت

(۹۵)

ناصرہ اقبال[۵۸] کے نام

کوچہ وکیلاں، امرتسر

مورخہ ۲۰ر فروری، پیش چراغ، ۱۹۳۴ء

پیاری باجی

السلام علیکم۔ چھ گھنٹہ کی مسلسل دماغ سوزی کے بعد کالج سے واپس آ رہا تھا کہ بی بی جان کو خط لکھنے میں محو پایا۔ ان کے قریب ہی دو بڑے نیلے رنگ کے لفافے پڑے ہوئے تھے۔ دیکھتے ہی پتہ لگ گیا کہ وہ خطوط بمبئی سے آئے ہیں۔ اس امید میں کہ آپ نے مجھے ایک مفصل خط لکھا ہو گا میں نے دونوں لفافے چھان مارے مگر میرے خط کی رسید کہیں نہ ملی۔ والدہ صاحبہ مکرمہ کے خط کو شروع سے آخر تک پڑھ گیا مگر اس تلخ حقیقت کا یقین ہو گیا کہ آپ نے مجھے خط لکھنے کی زحمت تو درکنار میرا نام تک بھی نہ لیا تھا... ایسی یاد آوری کا تہہ دل سے مشکور ہوں۔

اگر میرے خطوط کا یہی حشر ہوا تو مجھے اندیشہ ہے کہ میں اپنا ذہنی توازن کھو بیٹھوں گا اور اس کی تمام ذمہ داری جناب پر ہی عائد ہو گی اور اس نتیجہ کے آپ ہی مورد الزام ٹھہرائے جائیں گے۔

ابھی آپ کو رخصت ہوئے جمعہ جمعہ آٹھ دن گزرے ہیں مگر معلوم ہوتا ہے کہ آپ اس قلیل عرصہ میں اپنے دور افتادہ بھائی، واژگوں بخت اور برگشتہ نصیب شخص کی تصویر جو آپ کے سینے میں اتنی دیر سے منقش تھی، مٹا چکے ہیں اور اس شخص کی یاد جس کا آپ کے ساتھ ایک چھوٹے بھائی کا رشتہ ہے قریباً قریباً محو کر چکے ہیں۔ اگر میرے متعلق لکھنے کے بارے میں آپ سے سہو ہوئی ہے تو افسوس ہے ایسے سہو پر... یہ غلطی ایک عظیم دماغی ہیجان کا موجب ہوتی ہے۔

اگر آپ اپنی سیر و سیاحت کا اس خوبی کے ساتھ تذکرہ کر سکتے ہیں، اپنی دلچسپیوں کو اس دلچسپ انداز میں بیان کر سکتے ہیں تو کیا آپ اس بھائی کے متعلق جو دماغی ہیجان کے سمندر میں

متلاطم، زندگی کی بڑی شاہراہ پر بغیر کسی سہارے کے گامزن، امرتسر کے ایک کوچہ میں، گھر کی چار دیواری میں مقید زندگی کے تلخ ایام کو کمال حوصلہ سے گزار رہا ہے، دو حرف بھی لکھنا گوارا نہیں فرما سکتے......

اے فلک ایں ہمہ آوردہ تست

خیر! آپ کے شدید انتظار کردہ خط نے ایک بڑے بوجھ کو جو مجھے عرصہ سے دبائے جا رہا تھا اور جو مجھے اندرونی طور پر دیمک کی طرح چاٹ رہا تھا دور کر دیا... شکر ہے اس خدائے بزرگ و برتر کا جس نے والدہ مکرمہ اور میری دعائیں قبول کیں۔

میرے لیے جس کا والدہ صاحبہ کے بعد آپ کا وجود ہی رہی سہی پونجی ہو، جس کی محبت کا مرکز آپ دونوں ہستیوں پر ہی محدود ہو اس سے بہتر اور کیا خوش نصیبی اور مسرت ہو سکتی ہے کہ آپ اپنی جگہ خوش ہوں۔

کسی ایسے شخص کی خوشی کا اندازہ لگانا جس نے اپنی زندگی میں صرف ایک ہی خوش خبری سنی ہو اور وہ بھی اس کی نسبت جو اسے دنیا میں ایک عزیز ترین نعمت کی مترادف ہو کسی اتھاہ اور بے پایاں سمندر کی وسعت اور گہرائی ماپنے کے برابر ہے...شاید آپ اسے نہ سمجھ سکیں۔

باجی! دیکھیے... میں کچھ لکھنا چاہتا ہوں، لیکن لکھ نہیں سکتا، کیا آپ اس عہد ماضی کی خاطر جو ہم نے ماں کی گود سے لے کر اب تک باہم گزارا، نہیں بتا سکتے یا کم از کم مجھے یہی لکھ کر یقین ہی دلا سکتے کہ آپ نے میرے متعلق لکھنے کے بارے میں جو اہم غلطی کا ارتکاب کیا ہے، محض بھول تھی؟...آہ! آپ کے چند الفاظ... اگر وہ میرے نام سے معنون کیے گئے ہوتے مجھے کس قدر خوش کرتے...اسے جو اس وقت اسی رنج میں کھویا ہوا آپ کی چند سطور کا منتظر ہے۔

میں اپنے آپ کو ہر چند تسلی دیتا ہوں کہ یہ غلطی محض اتفاقیہ امر تھی مگر آپ کے خط کے پونے دو صفحے اور متعدد الفاظ اس رنجیدہ حقیقت کو صاف، عیاں طور پر بیان کر رہے ہیں کہ آپ نے یہ چیز قصداً کی تھی...خدارا یہ تو بتائیے کہ آپ کو اس طرح میرے صبر اور اطمینان قلب کا امتحان لینا مقصود تھا؟...اگر میں ایسا خیال کرنے میں درست ہوں تو میں اس امتحان کے لیے قطعی طور پر تیار نہیں...اس امتحان کے لیے جو مجھے شب بیداری ایسی مرض میں مبتلا کر دے۔

باجی! آپ کا بھائی غیر تمدن یافتہ ٹھوس، اور چڑچڑا سہی مگر وہ اپنے پہلو میں ایک حساس دل رکھتا ہے جس کی ہر حرکت میں ''محبت''..... صرف محبت پوشیدہ ہے۔ اس لیے اس کے لیے چھوٹی سی غلطی ایک عظیم واقعہ کے مترادف ہے... یہ ''کمزوری'' مجھے قدرت سے عطا ہوئی ہے اس میں میرا کوئی قصور نہیں...

خط ہذا کے ساتھ ساتھ ہی ''کالج میگزین'' ۵۹ارسال خدمت ہے۔ امید نہیں آپ کی ناقدانہ نگاہیں اسے شرف قبولیت بخشیں... تاہم اس خیال سے بھیج رہا ہوں کہ شاید اس میں سے آپ کو کوئی چیز پسند آجائے۔

''مشاہدات'' میں ''نصف حضرت'' کا لفظ قابل غور ہے۔ ''۱/۲ حضرت'' سے مراد میرے عزیز دوست خواجہ حسن عباس ہیں۔ رسالہ میں کتابت کی بہت اغلاط ہیں، بہتر یہی ہے کہ آپ انھیں خود ہی صحیح کرلیں۔

کل قبلہ حامد علی خاں مدیر ''ہمایوں'' کا گرامی نامہ ملا۔ میری اس درخواست پر کہ وہ میری ترجمہ شدہ کتاب ''روسی افسانے'' کا دیباچہ لکھیں فرماتے ہیں مجھے فرصت نہیں۔ میرے خیال میں موجودہ صورت میں شاید مناسب یہی ہو کہ کوئی اور شخص جسے فرصت ہو دیباچہ لکھے لیکن اگر آپ کے خیال میں میرا لکھنا ہی ضروری ہے تو پھر جیسا آپ نے لکھا ہے اسی طرح ہو جائے گا۔ کتاب ضرور شائع کیجئے غرضیکہ ''ایڈیٹرانہ'' بخل سے کام لیتے ہوئے رضامند ہو گئے ہیں۔ میرے خیال میں حامد علی صاحب کا دیباچہ خوب رہے گا۔ آپ کا کیا خیال ہے؟

ماہ مارچ کے پرچہ میں ''سپاہی اور موت'' اور ''سرگذشتِ اسیر'' پر ریویو شائع ہو گا۔

ادبی دنیا کے ایڈیٹر کا خط آیا تھا۔ وہ میرے تراجم کو بقول اس کے بصد شکریہ شائع کرنے کو تیار ہے۔ آپ کا خط والدہ کشور کو دکھایا گیا ہے۔ پڑھ کر بہت خوش ہوئیں۔ ہزاروں دعائیں بھیج رہی ہیں۔

''کشور لالی'' کا خط اسی لفافہ میں ملفوف ہے۔ آپ کی سیروں کے حال سن کر اچھل پڑی اور کہنے لگی ''باجی جان تو خوب سیریں کر رہی ہیں'' ''ذرا'' ہیں'' کو لمبای کر کے پڑھیے گا۔

''ظہیر صاحب'' دنیا نگر سے واپس تشریف لے آئے ہیں۔ علیل ہیں، اس وقت بی بی جان

کے پاس بیٹھے اونگھ رہے ہیں۔اب حقہ نوشی کر رہے ہیں۔ابھی ابھی انگریزی ڈکشنری کو حفظ کرنے کا قصد کر رہے تھے۔سلام عرض کرتے ہیں۔

"بڑے صاحب" آپ کو خط لکھنے کا کبھی سے ارادہ کر رہے ہیں...خدا کرے وہ اس ارادہ کو عملی جامہ پہنانے میں کامیاب ہو جائیں...آپ بھی یہی دعا کریں۔یہی اس کا سلام سمجھئے۔

"کسکو" کی بابت آپ نے کچھ ذکر نہیں کیا۔ہم لوگوں کو اس کی یاد بہت ستا رہی ہے۔ فرمائیے وہاں بھی "دروازہ کھولتا ہے" یا نہیں "میاؤں" تو ضرور کرتا ہوگا۔

آپ کا "عالمگیر" موصول ہوا تھا، چنانچہ اسی وقت یعنی بغیر پڑھے ارسال خدمت کر دیا گیا ہے۔فرمائیے مل گیا؟

☆ آپ کا مضمون دو تین روز تک نیرنگ خیال میں بھیج دوں گا......انشاءاللہ۔

ہاں! یہ تو بتایئے آپ نے ٹرنک وغیرہ رکھنے کا بندوبست کر لیا ہے؟ آپ کی موجودہ جگہ میں اس قدر ٹرنکوں کا سمانا اگر مشکل نہیں تو معجزہ ضرور ہے۔

میرے خطوں کے جواب میں اپنی سیر کی مفصل تفصیل تحریر فرمائیں۔

"سرکس" کیسی رہی؟...باجے کی سنایئے؟ گلی والوں کی طرف سے سلام۔

آپ کا بھائی

سعادت

(۹۶)

کوچہ وکیلاں، امرتسر

مورخہ ۲/اپریل، ۱۹۳۴ء

پیاری باجی

السلام علیکم۔آپ کی روانگی کے کچھ دن قبل کی دماغی پریشانیوں نے اس قابل تو نہ چھوڑا تھا کہ یکم اپریل پر عوام کو جی بھر کر بے وقوف بنایا جائے تاہم اس پریشان شدہ دماغ کے نتائج اس لایق ہیں کہ انہیں صفحہ قرطاس پر لایا جائے۔دوسرے الفاظ میں شہر امرتسر کے اُن معززین کی تصویر پیش کی جائے جو ہمارے تیار کردہ جال میں جانتے بوجھتے ہوئے داخل ہوئے۔

اصل قصہ شروع کرنے سے پیشتر یہ لازم خیال کرتا ہوں کہ واقعہ کو شروع سے بیان کروں تاکہ تسلسل اور لطف قائم رہے..."میں اور عباس بیٹھک میں بیٹھے کچھ ادھر اُدھر کی باتیں کر رہے تھے کہ فاضل کی آمد نے ہمیں چونکا دیا۔اس کی زبانی معلوم ہوا کہ آج کا دن تو اپریل کی پہلی تاریخ ہے، باتوں باتوں میں یہ خیال آیا کہ کیوں نہ آج کے روز عوام کو بے وقوف بنایا جائے۔صلاح یہ ٹھہری کہ کسی معدوم جلسہ کی بابت شہر میں اشتہار بانٹے جائیں۔باری صاحب[۱۶] کی لاہور سے برقوت آمد نے اس خیال کو عملی جامہ پہنا دیا۔چنانچہ تینوں دماغوں نے ایک عجیب و غریب اشتہار مرتب کرلیا۔اب صرف طباعت باقی تھی۔مگر بدقسمتی سے اتوار کا دن ہونے کی وجہ سے تمام پریس بند تھے۔تلاشِ بسیار کے بعد ایک پریس ملا مگر وہ جو صرف انگریزی حروف میں ہمارا اشتہار چھاپنے کے لیے تیار تھا۔خیر اُسی پر قناعت کرتے ہوئے ہم نے اسی جگہ بیٹھے بیٹھے اشتہار کا انگریزی زبان میں ترجمہ کر دیا...قصہ مختصر پانچ سو اشتہار چھ بجے شام کے قریب ہمارے پاس موجود تھے اور ہم انہیں ہال بازار میں تقسیم کر رہے تھے۔اشتہاروں کی تقسیم ہر حالت میں قابل اطمینان تھی۔کیونکہ جس شخص کو بھی ہم نے اشتہار دیا وہ پڑھ کر بحفاظت تمام جیب میں رکھ لیتا...
شام کے آٹھ بجے کے قریب میں اور باری صاحب اپنی کوشش کا نتیجہ دیکھنے کے لیے جامع خیر الدین کی طرف گئے۔کیا دیکھتے ہیں کہ مبلغ چار عدد خفیہ پولیس کے سپاہی مسجد کے ارد گرد منڈلا رہے ہیں۔ان سے دریافت کرنے پر معلوم ہوا کہ کوئی روسی صاحب تقریر کرنے والے ہیں اس لیے وہ ڈائری لکھنے کے لیے آئے ہیں۔ابھی ان سے باتیں کر رہے تھے کہ تین چار معززین مسجد میں تشریف لے جا کر واپس ہو گئے۔فاضل کو ان کے پیچھے دوڑایا تو معلوم ہوا کہ وہ جلسہ شروع ہونے پر دوبارہ تشریف لاویں گے...ہمارے معزز غلام محی الدین وکیل صاحب بھی تقریر سننے کے لیے آئے مگر لیکچرار صاحب عنقا تھے...اور بہت سے شریف آدمی آئے مگر سر کھجلاتے واپس ہو گئے...بے وقوفوں کی مجموعی تعداد پچاس ساٹھ کے قریب تھی۔ان حضرات کو تادم آخر یقین تھا کہ جلسہ ضرور ہو گا خواہ وہ رات کے دس بجے ہی کیوں نہ ہو۔یقین کی یہ حد ہے کہ عبدالرحیم ((نانا چاچا) صبح مجھ سے دریافت کرتا تھا کہ اب لیکچر کب ہو گا...بہر حال "جلسہ" بہت کامیاب رہا۔خوب گرما گرم اور دھواں دار تقریریں ہوئیں۔

اس واقعہ نے شہر بھر میں دھوم مچا دی ہے۔ ہر شخص کی زبان پر اسی واقعہ کا ذکر ہے۔ ''بے وقوف'' گو ہمارا دشمن ہو یا دوست ہماری دماغی اختراع کی داد دیئے بغیر نہیں رہا۔

درج ذیل اس شتہار کی عبارت ہے جو اردو میں تیار کی گئی تھی۔ اس اشتہار میں نام اور یونیورسٹی کے نام خود ایجاد کردہ ہیں۔ دنیا میں ان شخصوں اور یونیورسٹیوں کا کوئی وجود نہیں۔

''دورِ حاضر کی پے چیدگیاں''

جامع خیر الدین میں ایک عام جلسہ ''زیر صدارت شان لوف حسن (فول کا الٹ) آج شام کے آٹھ بجے سردار (اپریل) سائن بی۔ اینچ۔ ڈی۔ ایس۔ سی مشہور ہندوستانی مفکر ''دور حاضر کی پے چیدگیاں'' پہ بزبان انگریزی تقریر فرمائیں گے۔

تقریر کا ترجمہ ڈاکٹر حموق بے (احمق سے متعلق) کرمانا یونیورسٹی کے پروفیسر کریں گے۔

ڈاکٹر شان لوف حسن میکین یونیورسٹی (جاپان) کے وائس چانسلر ہیں۔

سیکریٹری

مجلسِ استقبالیہ امرتسر

1-4-34

اصل اشتہار جو انگریزی میں ہے وہ بھی ارسال ہے تاکہ آپ اس واقعہ سے پوری طرح حظ اٹھا سکیں... یہ سب کچھ مطالعہ فرما کر اپنی رائے سے ضرور مطلع کریں کہ ہماری سعی واقعی کامیاب ہے؟

بخار کی لعنت میں فی الحال کوئی کمی واقع نہیں ہوئی۔ ڈاکٹر کی دوا استعمال کر رہا ہوں۔ امید ہے کچھ افاقہ ہو جائے گا۔

فرمائیے راستہ کیسے کٹا۔ کیا اسباب کی زیادتی تو کچھ تکلیف دہ ثابت نہیں ہوئی؟

بی بی جان آپ کی غیر حاضری بہت محسوس کر رہے ہیں۔ ان کا ہر وقت آپ کی ہی طرف خیال لگا رہتا ہے.... خیر عادی ہو جائیں گی.... رفتہ رفتہ... سفر کے متعلق ہر چیز تفصیل سے لکھیں۔ یہ بھی لکھیں کہ نادرہ بھابھی آپ کے ہاں اترے تھے یا اپنے گھر چلے گئے تھے۔

خط کے جواب کا ہر گھڑی منتظر ہوں۔ خدارا اس تساہل کو ہرگز کام میں نہ لائیں جو آپ کی عادت بن چکا ہے.... مجھ سے انتظار کی گھڑیاں برداشت نہیں ہو سکتیں۔ صاف الفاظ میں مَیں

اپنے خط کا جواب چاہتا ہوں....اور بس

مس پروڈوفٹ کو مندرجہ ذیل سطور دکھلا دیں تا کہ وہ آپ کو اس فرض سے سبکدوش ہونے میں کچھ مدد دے سکیں۔

''سعادت''

(نوٹ): خان صاحب کی خدمت میں صرف اس صورت میں سلام عرض کریں اگر ان کا پارہ کچھ درجہ گر گیا ہو...کاش وہ کسی دور افتادہ شخص کی قلبی کیفیت اور جذبہ الفت کے صحیح انعماق کا بطریق احسن اندازہ لگا سکیں!...خیر...

Miss proud fost ,

It shall be awfully kind of you if you will remind my sister that she was me a reply ....would you do this bit of service for one who is but a stranger to you? ...Between you and me, my sister is a terrible miser...try to make him leave this habit!

Sincerely yours

SAADAT.H.MINTO

(۹۷)

دارالاحمر، امرتسر

مورخہ ۳ رمئی ۱۹۳۴ء

پیاری ہمشیرہ

گرامی نامہ ملا۔معلوم ہوا کہ آپ میری ''طویل خاموشی'' سے پریشان ہو رہے ہیں، اگر خط ملنے کے دو روز بعد ہی جواب لکھ دینا تاخیر یا بقول آپ کے طویل خاموشی کے زمرہ میں آسکتا ہے تو انشاء اللہ پھر کبھی ایسا نہ ہوگا۔اس حکم پر ابھی سے تعمیل ہو رہی ہے یعنی آپ کا خط ملنے

پر فوراً جواب تحریر کر رہا ہوں۔

اگر مجھے خدا خط لکھنے کی توفیق عطا فرمائے تو مجھے خطرہ ہے آپ کو خط کے مطالعہ کے لیے بہت سا وقت نذر کرنا پڑے گا۔

امینہ [۶۲] کو آپ کا خط نہیں ملا۔ معلوم ہوتا ہے کہ راستہ میں کھو گیا ہے۔ اسی ملفوف میں آپ کو ایک اور خط ملے گا جو میں آج کے روز ارسال کرنے والا تھا۔ میرے دونوں خطوں کا جواب فوراً دیں کیوں کہ میں بمبئی آنے کا ارادہ کر رہا ہوں۔ دیکھیے جواب میں مطلقاً تاخیر نہ ہونے پائے۔

خاں صاحب [۶۳] کی خدمت میں سلام عرض کر دیویں۔ میں ان کے جواب کا منتظر ہوں۔

آپ کا بھائی

سعادت

(۹۸)

حسن بلڈنگ

نیچ ڈان روڈ

پیاری بہن

تمہارا خط ملا۔ فریدہ [۶۴] کی علالت کا سن کر بہت افسوس ہوا۔ خدا اس پیاری بچی کو اپنی امان میں رکھے اور نظر بد سے بچائے۔ تمہارے خط نہ لکھنے کی وجہ شاید فریدہ کی علالت ہی تھی۔ خدا کا شکر ہے کہ اب وہ بالکل ٹھیک ہے، اس کی کھانسی کے دفعیہ کے لیے ڈاکٹر سے ضرور مشورہ لینا چاہیے۔ میں سمجھتا ہوں کہ اسے (in all) کی شکایت ہے۔ ڈاکٹر سے اس کا باقاعدہ علاج کرنا چاہیے۔ میں نے لاہور خط لکھا ہے۔ میرا خیال ہے کہ عباس چند دنوں میں تمھیں کچھ روپے لا کر دے دے گا۔ مجھے افسوس ہے کہ تنخواہ میں سے میں کچھ بھی تمھیں روانہ نہیں کر سکا۔ تمھیں یہاں کا حال بخوبی معلوم ہے اس لیے مزید وضاحت کی ضرورت نہیں۔

صفیہ کو پھوڑوں سے تو نجات مل گئی ہے مگر اس کی آنکھ کی پھنسیاں برابر نکل رہی ہیں۔ اس کے چہرے کا بہت برا حال ہو گیا ہے۔ معلوم نہیں داغ دور ہوں گے یا نہیں۔

میں اب ٹھیک ہوں لیکن ان کم بخت پھوڑوں نے بہت تنگ کیا۔ اللہ بچائے ان سے۔

نہیں، فخر صاحب بمبئی چلے گئے ہیں۔ صرف دس دن یہاں ٹھہرے۔ بیدی اور وہ دونوں تمھیں اور فریدہ کو بہت یاد کرتے تھے۔

ہاں بھئی! عباس کی ہاں تمہیں ضرور جانا پڑے گا۔ ورنہ وہ میری جان کھا جائے گا۔ تم جانتی ہو کہ عباس سے میرے کیسے مراسم ہیں۔ اناج وغیرہ کہاں سے خریدیں۔ جن کے پاس روپیہ ہے خرید سکتے ہیں۔ ہم تو صرف ایک بوری گیہوں کی خرید سکے ہیں۔ گھی ملتا ہی نہیں۔ اگر تمھیں دو روپے سیر تک مل جائے تو خرید رکھنا، میں یہاں سے روپے بھجواؤں گا۔

نذیر صاحب[65] کے لیے تم نے جس رشتے کا ذکر کیا ہے اس کی میں تفصیل چاہتا ہوں۔ تم لڑکی کو خود دیکھو۔ قبول صورت ہونی چاہیے۔ باقی سب ٹھیک ہے۔ تم اس کو فوٹو بھجوانے کی کوشش ضرور کرو تا کہ سلسلہ جنبانی کی جائے۔ میں نذیر کو آج ہی لکھوں گا۔ بھابی جان سے بھی ضرور بات کرنا۔ ممکن ہے ان کی نگاہ میں بھی کوئی رشتہ ہو۔

کشور کے متعلق تم نے کچھ نہیں لکھا۔ کیا میری دی ہوئی کتابیں اسے پسند آئیں اور اس کے خط لکھنے کے وعدے کا کیا ہوا؟ بہت جھوٹی لڑکی ہے۔

عذری[66] اور خالدی[67] ضرور آئیں۔ حامد[68] کا خط آیا تھا۔ لکھتا ہے میں دلی آؤں گا۔ کب آئے گا یہ مجھے معلوم نہیں۔ آج اس کے خط کا جواب بھی لکھوں گا۔ صفیہ خالدی کو بہت یاد کرتی ہے۔

صفیہ بٹ ایک مہینے سے کشمیر میں ہے۔ اپنے ماں باپ کے پاس۔ اس کا ایک خط آیا تھا۔ اگر ہو سکے تو سعید بھائی جان کا کشمیر کا ایڈریس دریافت کر کے مجھے لکھو تا کہ صفیہ، نادرہ بھابی سے کشمیر میں مل سکے۔

صفیہ فوراً ہی تمھارے بعد امرتسر پہونچ جاتی مگر اسے پھوڑوں نے بالکل اٹھنے نہیں دیا۔ شاید کچھ دنوں کے بعد آئے۔ لیکن پھر تم دونوں کو فوراً ہی یہاں واپس آنا ہوگا کیوں کہ مجھے کھانے وغیرہ کی بہت تکلیف ہوگی۔ سلیم بھائی جان[69] مرحوم کی یہاں اکثر باتیں ہوتی رہتی ہیں۔ صفیہ کو بہت رنج ہے کہ وہ ان کی بیمار پرسی امرتسر جا کر نہ کرسکی۔

ثریا بھابھی[70] کو میرا اسلام کہو۔ ایک دفعہ امرتسر جا کر ان کے غسل خانے میں دو دفعہ

نہایا۔ پرانی یاد تازہ ہوگئی۔ خدا میری بھابی کو سلامت رکھے۔ ان سے کہو کہ وہ اپنی خالہ زاد بہن کی تصویر ضرور بھیجیں۔ یہ ہمارے پاس محفوظ رہے گی۔ ذکیہ اے سے ملو تو اسے میرا سلام کہنا۔

دنیا میں کتنی تبدیلیاں ہو چکی ہیں۔ ذکیہ، بھابی ثریا......تم......سب لوگ کیا سے کیا بن گئے ہیں اور میں خود......عجب تماشا ہے۔

صفیہ فرداً فرداً سب کو سلام لکھواتی ہے۔ کشور کو پیار۔ اصغر ۲ے کے اباجی کی خدمت میں آداب۔ آپا جان کو سلام۔ من بے بے کا کیا حال ہے۔ میں نے جب ان کو دیکھا تھا تو وہ بہت کمزور تھیں۔ خدا کرے کہ اب تندرست ہوں۔ کیوں نہیں وہ کچھ دیر کے لیے یہاں آجاتیں۔

میاں صاحب کے متعلق تفصیل سے لکھنا۔ خدا ان کو صحت بخشے۔ آپا جان کی خدمت میں آداب۔ صفیہ بھی ان کو سلام عرض کرتی ہے۔

تمہارا بھائی

سعادت

(۹۹)
ایم یو خان[۴۳] کے نام

کوچہ وکیلاں، امرتسر

مورخہ ۱۹؍فروری ۱۹۳۴ء

مکرمی بھائی جان

السلام علیکم۔آپ کی تار آج صبح ملی......اس قدر جلد یاد آوری کا شکریہ۔

آپ کی تار اور ہمشیرہ صاحبہ کی استانی سے پتہ چلتا ہے کہ آپ لاہور میں قریباً پانچ روز رہے مگر تعجب آمیز افسوس ہے کہ آپ نے اس دوران میں ہمیں اپنے ارادہ سے بالکل مطلع نہ کیا۔اور کچھ نہیں تو یہی لکھ دیا ہوتا کہ ہم فلاں گاڑی سے بمبئی روانہ ہو رہے ہیں تا کہ امرتسر سٹیشن پر ملاقات ہو سکتی ہے۔

والدہ صاحب بھی اس افسوس میں برابر کے شریک ہیں۔انھیں اس امر کا آپ سے سخت گلہ ہے، وہ علیل ہونے کی وجہ سے خود خط نہیں لکھ سکتے۔چند دنوں کے بعد وہ آپ کو خود لکھیں گے...... بہر حال آپ کا یہ سہو قابل داد ہے۔فرمائیے سفر آرام سے گزرا؟

خط کے جواب میں یہ ضرور تحریر فرمائیے کہ آپ نے ہمشیرہ صاحب کو کس کس جگہ کی سیر کرائی ہے۔انھیں بمبئی پسند ہے یا نہیں؟

اس وقت بارہ بج رہے ہیں۔سخت نیند آ رہی ہے۔اس لیے انہی چند سطور پر خط کو ختم کرتا ہوں۔خط کا جواب آنے پر مفصل لکھوں گا۔والدہ صاحبہ دعائے خیر سے یاد فرماتی ہیں۔

راقم

سعادت حسن

(۱۰۰)

حامد علی خاں کے نام

کوچہ وکیلاں، امرتسر

مورخہ ۱۳ر ستمبر ۱۹۳۳ء

مکرمی ایڈیٹر صاحب

السلام علیکم۔ گرامی نامہ ملا۔ یاد آوری کا شکریہ

از راہِ عنایت اپنے گرامی ناموں میں مجھے مکرمی اور محترمی ایسے الفاظ سے یاد نہ فرمایا کریں۔ اس طرح میرے قلب کو بہت صدمہ پہنچتا ہے۔ یہی بھلا کیا کم عنایت ہے کہ آپ کالج کی دوسری جماعت کے طالب علم میں اس قدر دلچسپی کا اظہار فرمارہے ہیں۔ دیکھئے آئندہ مجھے شرمندہ نہ ہونا پڑے۔

حسبِ ارشاد افسانوں کے مجموعہ کے لیے میسر ڈراما کرشنا کو لکھ دیا ہے۔ میری ناچیز رائے میں روسی مفکر ''چیخوف'' کے افسانے دوسروں سے بہتر ہیں۔

انشاءاللہ ہفتہ عشرہ تک آپ کو افسانہ کا نام لکھ کر بھیجوں گا۔ مجھے انگریزی لٹریچر کو اردو کا جامہ پہنانے کا بہت شوق ہے اور بے حد۔ جب سے اس شوق نے دل میں جگہ پکڑی ہے دو ناولوں کا ترجمہ کر چکا ہوں۔ The Last Days of a Condemned وکٹر ہیوگو کا شہرہ آفاق ناول جو کہ قریباً تین سو چھوٹی تقطیع کے صفحات پر مشتمل تھی، بغیر کسی امداد کے مکمل کر چکا ہوں۔ لیکن مجھے اس امر کا اعتراف ہے کہ اس ترجمہ میں بہت سی خامیاں ہیں۔

کیا میں امید کرسکتا ہوں کہ آپ وقتاً فوقتاً میرے ترجمہ شدہ افسانوں کی اصلاح فرما دیا کریں گے؟ مولانا اولاً میرے دل میں آپ کی عزت بحیثیت ایک ادبی انسان کے تھی مگر آپ کے پہلے خط سے وہ ایک ''نیک دل'' میں تبدیل ہوگئی۔ مگر آپ میرے intellectual father ہیں۔ کیا میں یہی سمجھوں نا؟

کوئی خدمت؟

جواب کا منتظر

تابع فرمان

سعادت حسن

(۱۰۱)

کوچہ وکیلاں، امرتسر

اواخر ۱۹۳۳ء

محترمی ایڈیٹر صاحب

السلام علیکم۔ گرامی نامہ پہنچا۔ معلوم ہوا کہ جناب میرے تراجم کی اصلاح کے لیے تیار ہیں۔ اس تکلیف کے لیے خلوص میں ڈوبا ہوا شکریہ قبول ہو۔ خداوند تعالیٰ آپ کو جزائے خیر دے۔

ان دنوں حسبِ ارشاد چھوٹے چھوٹے افسانوں کے مجموعہ میں سے ایک افسانہ کا ترجمہ کر رہا ہوں۔ افسانے روسی مفکر EvanYergner کے زورِ قلم کا نتیجہ ہیں۔ بہت خوب ہیں۔

فی الحال پہلے افسانے Knock knock knock یعنی ''دستک'' کے چار باب ترجمہ کر چکا ہوں۔ ہفتہ عشرہ تک اصلاح کے لیے ارسالِ خدمت کروں گا۔

آپ اپنے افسانوں کا مجموعہ چھپوا رہے ہیں۔ دعا ہے وہ خوب کامیاب ثابت ہوں۔ جب چھپ چکیں تو ایک جلد غلام کے نام بھی وی پی ارسال فرمادیں۔ عین عنایت ہوگی۔ Autographed ہو تو سب سے بہتر ہے۔

فی الحال ہمارا رشتہ صرف خط و کتابت تک محدود ہے۔ دعا ہے کہ خدا وہ دن جلد لائے جب میں جناب کا نیاز حاصل کرسکوں۔

میرے دل میں جناب کی ویسی ہی عزت ہے جیسی آپ کے محترم بھائی مولانا ظفر علی خان صاحب ۵۷ کی۔ اس سے کچھ زیادہ کیونکہ میں آپ کو intellectual father

کا نام دے چکا ہوں۔

محترم اخوند! اگر آپ کا کوئی work آج سے قبل شائع ہو چکا ہے تو آپ بتلا سکتے ہیں کہ وہ کہاں اور کس قیمت پر مل سکتا ہے۔

جواب کا منتظر

تابعدار

سعادت حسن منٹو

(۱۰۲)

علی گڑھ

(مئی ۱۹۳۵ء)

مکرمی مولوی صاحب

السلام علیکم۔ میں یہاں علی گڑھ پہنچ گیا ہوں۔ آپ کے دیے ہوئے خط میرے پاس ہیں۔ انشاءاللہ ان حضرات سے کل ملاقات ہوگی۔

آپ از راہ عنایت سرٹیفکٹ کی شکل کا ایک خط تحریر فرما کر مجھے روانہ کر دیں جس میں میرے متعلق آپ کی رائے گرامی کا اظہار ہو۔ یہ سند میرے لیے مفید ہوگی۔ امید ہے آپ مجھے ممنون فرمائیں گے۔

داخلہ صرف تھوڑے دنوں تک جاری رہے گا۔ اس لیے آپ یہ خط جلد روانہ کرنے کی سعی کریں۔ امید ہے کہ آپ بخیریت ہوں گے۔ مفصل خط پھر لکھوں گا۔

خاکسار

سعادت حسن

(۱۰۳)

علی گڑھ

(مئی ۱۹۳۵ء)

مکرمی مولوی صاحب

السلام علیکم۔ میں نے کل آپ کی خدمت میں ایک خط روانہ کیا تھا۔ اس وقت تک میں شریف صاحب ۶۷ سے ملا نہ تھا۔ یہی وجہ تھی کہ میں نے آپ سے تعارفی خط لکھنے کی درخواست کی تھی۔

کل وہ خط ڈاک کے سپرد کرنے کے ٹھیک بعد اتفاقاً ہال میں شریف صاحب مل گئے۔ میں نے وہیں پر انہیں آپ کا دیا ہوا خط پیش کر دیا۔ آپ میری خوشی کا اندازہ نہیں لگا سکتے جب انہوں نے خط پڑھتے ہی آفتاب ہال ریٹ پر مجھے S.S. East میں داخل کرلیا اور ساتھ ہی فیس معاف کر دی۔ اب مجھے صرف پندرہ سولہ روپیہ ماہانہ ادا کرنے پڑیں گے۔

میں آپ کا پہلے بھی ممنون تھا اور اب اس سے زیادہ ممنون ہوں کہ آپ کی عنایت سے میری تعلیم کا خاطر خواہ بندوبست ہوگیا۔ کاش! میں بھی آپ کی خدمت میں کچھ پیش کرسکتا۔ میں تادمِ آخر آپ اور میاں شریف کے اس احسان کو فراموش نہیں کرسکتا۔

اگر آپ شریف صاحب ۶۸ کو خط لکھیں تو یہ ضرور لکھیے گا کہ سعادت وفورِ انبساط کی وجہ سے ان کا پوری طرح شکریہ بھی ادا نہ کرسکا، جس کے لیے وہ سخت نادم ہے۔ فرمائیے ''ساحرہ'' کب تک شائع ہوگا۔ اگر ہوسکے تو اس افسانے کو آئندہ پرچے میں ضرور شائع کیجئے گا۔

فرانس نمبر کے باقی مضامین میں عنقریب روانہ کروں گا۔ آپ باری صاحب کو لکھیں کہ وہ بھی 'فرانس نمبر' کے لیے کچھ نہ کچھ لکھ کر روانہ کریں۔ وہ اس نمبر پر بہت کچھ لکھ سکتے ہیں۔ بشرطیکہ آپ انہیں ایسا کرنے کے لیے کہیں۔ امید ہے کہ آپ بخیریت ہوں گے۔

دوسرے خط میں اپنا پتہ لکھوں گا۔

خاکسار

سعادت حسن

(۱۰۴)

کوچہ وکیلاں، امرتسر

(ستمبر ۱۹۳۶ء، بٹوت سے واپسی کے بعد)

مکرمی مولوی صاحب

السلام علیکم۔ گرامی نامہ اور مضامین ملے۔ بے حد شکریہ!

میں نے سعید کے ہاتھ خط اور تصویر بھجوائے تھے، مگر بعد میں معلوم ہوا کہ وہ لاہور نہیں گئے اور انہوں نے تصویر پوسٹ کر دی ہے۔ خط ان کے پاس ہی پڑا ہے۔

مجھے بٹوت سے واپس آئے چھبیس ستائیس روز ہو گئے اور میں یہاں آتے ہی پھر علیل ہو گیا ہوں۔ ڈاکٹر صاحب نے مشورہ دیا تھا کہ میں پھر بٹوت چلا جاؤں مگر میرے محدود وسائل اس میں مانع رہے۔ میں نے ایک ہفتے کی متواتر محنت کے بعد تین افسانے (طبع زاد) لکھے۔ دو روسی افسانوں کے ترجمے کیے۔ پھر ایک ساٹھ صفحے کا اور طویل افسانہ لکھا اور چند مضامین کے ہمراہ انہیں اس امید پر ''ہند'' اور ''مصور'' کو روانہ کیا کہ شاید کچھ مدد مل جائے گی مگر کل ملیح آبادی صاحب کا جواب موصول ہوا کہ وہ دفتر کی مالی حالت کمزور ہونے کے باعث کوئی صورت نہیں نکال سکے اور وہ مضامین واپس بھیج رہے ہیں۔ دیکھیے ''مصور'' سے کیا جواب ملتا ہے۔

مولوی صاحب آج کل سخت پریشان ہوں۔ معلوم نہیں کہ پریشانیاں کبھی ختم بھی ہوں گی یا نہیں۔

آپ کے ارسال کردہ ٹکٹ ملے۔ شکریہ یقین کیجئے ان تین ٹکٹوں نے میری آنکھوں میں شکریے کے آنسو پیدا کر دیئے تھے۔ کاش کہ میں اس قابل ہوتا کہ آپ جیسے

مخلص انسان کی خدمت کرسکتا۔ بخدا میں آپ کا بے حد ممنون ہوں۔

ایک لفافہ ارسال کررہا ہوں۔ اگر یہ کسی قابل ہو تو اکتوبر کے پرچے میں جس میں گورکی پر مضمون شائع ہوگا، شامل کرلیجئے گا ورنہ واپس بھیج دیجئے گا۔ ایک قطعہء تاریخ بھی ارسال ہے۔ اس کے متعلق اپنی رائے عالیہ سے آگاہ فرمائیے۔ میری صحت ابھی تک اچھی نہیں ہوئی۔ امید ہے کہ آپ بخیریت ہوں گے۔ خدا آپ کو زندہ رکھے۔

خاکسار

سعادت حسن منٹو

(نوٹ) اکتوبر کے پرچے میں ''محفلِ ادب'' کے کالموں میں رولیں ردلاں کا وہ مضمون ضرور شائع کیجئے گا جو ادبی دنیا کی کسی تازہ اشاعت میں پہلے صفحوں پر شائع ہوا ہے۔

(۱۰۵)

سعادت حسن منٹو

ایڈیٹر انچارج ''مصور'' ویکلی

پیرخان اسٹریٹ، بمبئی۔ ۸

جنوری تا فروری کے دوران ۱۹۳۷ء)

مکرمی مولوی صاحب

السلام علیکم۔ آپ کا گرامی نامہ ملا۔ پڑھ کر حیرت ہوئی کہ آپ کے دل سے لکھنے کی امنگ کیوں مٹ رہی ہے۔ اس کا باعث یقیناً کوئی داخلی تاثرات ہوں گے جو مجھے معلوم نہیں۔ ادب سے آپ کی کنارہ کشی تو طالسطائی کی صناعانہ دورغ گوئی کے مترادف ہے یا ہوسکتا ہے کہ آپ واقعی اس سے علاحدہ ہونے کا مصمم ارادہ کرچکے ہوں۔

آپ کو ڈراما ضرور لکھنا چاہئے۔ اس سے یقیناً فائدہ ہوسکتا ہے۔ بشرطیکہ آپ فلم لائین کی طرف توجہ فرمائیں۔ پچھلے دنوں امپریل کمپنی نے حکیم احمد شجاع صاحب ۷؎ کے چند ڈرامے ایک رقم خطیر کے عوض خریدے تھے۔ اس سے آپ اندازہ لگا سکتے ہیں کہ اب

فلم والے اچھے افسانوں کی تلاش میں رہتے ہیں۔ حکیم صاحب کا ڈراما ان دنوں کمپنی میں ''دو عورتیں'' کے نام سے شوٹ ہو رہا ہے۔ ڈائریکٹر صاحب نے اس ڈرامے کے دس بارہ مناظر تبدیل کر دیئے ہیں اور یہ مناظر میں نے لکھے ہیں۔ چوں کہ منظر نگاری اور مکالمہ نویسی کرتے وقت میرے پیشِ نظر تمام منظر نامہ رہا ہے اور مجھے تین چار اور مشہور ڈراموں کے منظر نامے کا مطالعہ کرنے کا اتفاق ہوا ہے، اس لیے میں آپ کو ہدایت روانہ کرسکتا ہوں۔

آپ کا ڈراما اگر جدید النوع ہو تو یقیناً سات آٹھ سو روپے یا اس سے زیادہ رقم میں فروخت ہو جائے گا۔ ڈرامے میں 'حرکت' زیادہ اور مکالمے کم ہونے چاہئیں۔ آپ کسی سوشل ڈرامے کا اختصار روانہ فرمائیں۔ اس سے فلم کمپنی کے مالک پلاٹ کی جان کے متعلق اندازہ لگا سکیں گے۔ یہ اختصار یا مواد آپ دس پندرہ فل اسکیپ کاغذوں پر لکھ سکتے ہیں۔

ڈرامے میں situation جتنی زیادہ ہوں گی، اتنا ہی وہ جاندار ہوگا۔ اسٹوری کے اختصار کو Scene by scene لکھیے گا۔

''دو عورتیں'' کی شوٹنگ ختم ہونے والی ہے۔ بہتر ہوگا کہ آپ اپنے اختصار کو فوراً روانہ فرمادیں۔ مجھے عین مسرت ہوگی اگر میں آپ کی کوئی خدمت کرسکا۔ میں ان دنوں کمپنی میں بے حد مصروف ہوں اس لیے مفصل خط نہیں لکھ سکتا۔ منظر نامے کا ملنا مشکل ہے مگر میں اس کے چند مناظر کی نقل آپ کو روانہ کرسکتا ہوں۔

''ہمایوں'' کے لیے ایک صفحے کا مضمون ارسال ہے۔ یہ میں نے جلدی میں لکھا ہے۔ اگر چھپنے کے قابل ہو تو سالنامے میں شائع فرما دیجئے گا۔ گورکی والا مضمون واپس روانہ فرمادیں ممنون ہوں گا۔

خاکسار

سعادت حسن منٹو

(۱۰۶)

ویکلی ''مصوّر''، بمبئی ۔ ۸

(جنوری تا فروری کے دوران ۱۹۳۷ء)

مکرمی مولوی صاحب

وعلیکم السلام ۔آپ اپنے افسانے کو فلمی شکل دے کر فوراً روانہ فرما دیں۔کل ڈائریکٹر صاحب نئی اسٹوری کے متعلق استفسار کر رہے تھے اور میں چاہتا ہوں کہ دوسرا افسانہ آپ ہی کا ہو جو The Brute کے بعد فلمایا جائے گا۔

مجھے بے حد ندامت ہے اور میں شرمسار ہوں کہ میرے قلم سے واقعی وہ فقرہ نکل گیا جس کے عجیب ہونے میں کوئی شبہ نہیں ۔معلوم نہیں کہ وہ کس تاثر کا نتیجہ تھا۔

میرا ڈائریکٹروں پر اثر ہے اور وہ مجھے اپنا دوست یقین کرتے ہیں ،لیکن جیسا آپ نے فرمایا ہے کہ ہر بات میں ''سرمایہ داری'' حائل ہے ۔خیر اس ذکر کو چھوڑیے ۔۔ اس فقرے کے لیے میں آپ سے معافی چاہتا ہوں اور مجھے امید ہے کہ آپ معاف کر دیں گے۔

افسانے کو جلد ختم کر کے بھیجیے تا کہ ابھی سے اس کے متعلق فیصلہ کر لیا جائے اور جو جو تبدیلیاں کرنا ہوں وہ بھی کر لی جائیں اور اس کا منظر نامہ بالکل تیار کر لیا جائے۔

افسانے میں ''تفریح'' کے عنصر کا بہت زیادہ خیال رکھیے گا۔آپ کے افسانہ کا افتتاحی منظر نہایت ہی دلچسپ ہونا چاہیے ۔کلب گھر میں آپ تفریح کے لیے اچھے سے اچھا sequence پیدا کر سکتے ہیں ۔اسٹوری میں ''ولن'' کا کردار ضرور ہونا چاہئے ۔یہ ضروری نہیں ہے کہ روایتی ولن کی طرح از حد برا ہو۔اسٹوری میں اس کا وجود suspense اور intrigue پیدا کرنے کے لیے ہونا چاہیے ۔امید ہے آپ بخیریت ہوں گے ۔میں آپ سے پھر اپنی غلطی کی معافی چاہتا ہوں۔

خاکسار

سعادت حسن منٹو

(۱۰۷)

ویکلی ''مصور''، بمبئی ۔ ۸

(فروری ۱۹۳۷ء)

مکرمی مولوی صاحب

السلام وعلیکم ! آپ کا رجسٹرڈ لفافہ ملا۔ میرے متعلق آپ نے جو رائے مرتب فرمائی ہے میں اس کا اہل نہیں ۔ یہ درست ہے کہ مجھے آپ سے خدا معلوم کیوں از حد محبت ہے۔ اس کی وجہ یہ بھی ہو سکتی ہے کہ آپ میرے محسن ہیں۔

افسانہ میں نے پڑھا ہے۔ بے حد اچھا ہے اگر اس میں مناسب اور موزوں تبدیلیاں کر دی جائیں تو فلم کے لیے اور بھی اچھا ہو سکتا ہے۔ افسانوی صورت میں قمر کا کریکٹر اچھی طرح paint نہیں کیا گیا۔ میں یہ کہنا چاہتا ہوں کہ اگر افسانے کی موجودہ شکل ہی سے فلمی اسٹوری تیار کی جائے تو قمر ابھرتی نہیں ہے۔ آپ کہانی لکھتے وقت قمر کا کریکٹر بڑھا دیجئے گا۔

وکیل کا کردار Running ہونا چاہئے، یعنی یہ کہ وہ شروع سے آخر تک ساتھ ساتھ چلے۔ اس سے آپ کو بہت مدد ملے گی۔

فی الحال آپ اس اسٹوری کا خلاصہ تحریر فرمائیے۔ یہ خلاصہ لکھنے میں آپ کو آسانی ہو گی اگر آپ ''پراتھنا'' ۸ے پڑھ لیں گے۔ یہ حکیم احمد شجاع کی اسٹوری کا مواد ہے۔ آپ اسے احتیاط سے رکھیے گا۔ ایسا نہ ہو کہ کسی اور کو پتہ چل جائے۔ یہ کاغذات میں ڈائریکٹر کو پوچھے بغیر بھیج رہا ہوں۔ اس ضمن میں مجھے کچھ اور کہنے کی ضرورت نہیں اس لیے کہ مجھے آپ پر کامل بھروسہ ہے۔

میں نے ابھی تک ''سفر کا مقصد'' ۹ے کے متعلق ڈائریکٹر سے ذکر نہیں کیا۔ ڈائریکٹر گڈوانی ۸۰ باہر گئے ہوئے ہیں۔ امپیریل میں ایک اور ڈائریکٹر سے میرے مراسم ہیں مگر وہ بہت ''چور'' واقع ہوئے ہیں۔ مجھے اندیشہ ہے کہ میں نے اگر انہیں یہ کہانی سنائی تو وہ اس سے خود ایک اسٹوری گڑھ لیں گے۔ بہتر یہی ہے کہ آپ اسے فلمی شکل میں لکھ کر فوراً ہی

روانہ فرمادیں۔ جہاں جہاں گانا ہو وہاں اشارہ کر دیجئے گا۔ فلم میں کم از کم چھ گانے ہوں۔ میرا خیال ہے اس میں اتنے insert کیے جاسکتے ہیں۔

اسٹوری بے حد اچھی ہے اور بے حد اچھی ہے۔ غالباً یہ پہلا ہندوستانی افسانہ ہے جو مجھے بے حد پسند آیا ہے۔ فلم میں یہ ایک نئے باب کا اضافہ کرے گا۔ افسانہ لکھتے وقت یہ پیشِ نظر رکھیے گا کہ یہ progressive ہو یعنی ہر سین کے بعد ایک نئی چیز آتی چلی جائے۔ اس افسانے میں یہ خوبی پہلے ہی سے موجود ہے۔

آپ خوش قسمت ہیں کہ آپ کی بہن اتنی اچھی افسانہ نگار ہے۔ بہتر ہوگا کہ آپ خلاصہ لکھتے وقت ان کی رائے بھی لیتے رہیں۔

جب سینریو لکھنے کی ضرورت ہوگی تو بھی آپ کو ایک اسٹوری کا پورا سینریو روانہ کر دوں گا۔ ہاں، یہ خیال رکھیے کہ جو چیز بھی آپ چاہیں وہ ایسی ہو کہ پردہ پر آجائے۔ مثلاً اگر آپ لکھتے ہیں۔ ''احمد بڑا ظالم ہے'' تو پردے پر اس وضاحت کے لیے ایک incident درکار ہے۔ اسٹوری پر میں نے چند نشانات بنائے ہیں۔ اس سے اصلاح مقصود نہیں بلکہ میں نے رائے دی ہے۔

میری خدمات آپ کے لیے ہر وقت حاضر ہیں۔ میری صحت کل سے خراب ہے۔ سینے میں پھر سے درد شروع ہوگیا ہے۔

جہاں نما میں خبر شائع کرنے کا شکریہ۔ اگر غیر مناسب نہ ہو تو میرا بھی ذکر کر دیجئے گا کہ میں نے اس فلم کے مکالمے لکھے ہیں۔

اگر آپ گورکی والا مضمون واپس روانہ فرمادیں تو میں اسے کسی اور پرچے میں چھپوا دوں۔ امید ہے آپ بخیریت ہوں گے۔ خلاصہ جلد ہی لکھ کر روانہ کریں۔ آپ اردو بھی لکھ سکتے ہیں۔

خاکسار

سعادت حسن منٹو

(۱۰۸)

بار با بنگلو،
جیکسن گارڈن،
ناسک سٹی۔
(مارچ ۷ ۱۹۳ء)

مکرمی مولوی صاحب

وعلیکم السلام۔آپ کا خط بمبئی سے ہو کر یہاں ناسک میں ملا۔میں یہاں Divine Brute کی شوٹنگ کے سلسلے میں آیا ہوں۔چونکہ فلم رنگین ہوگا اس لیے اس کا بیشتر حصہ بیرونی مناظر پر مشتمل ہے۔آٹھ ہزار فٹ کے قریب ہم فلم شوٹ کر چکے ہیں۔خیال ہے کہ ابھی ایک ماہ تک یہاں قیام رہے گا۔

آپ کے خط سے یہ معلوم نہیں ہوا کہ آپ کو حکیم احمد شجاع کے افسانے ''پراتھنا'' کا انگریزی زبان میں خلاصہ ملا ہے یا نہیں۔میں نے یہ آپ کے افسانے کے ساتھ ہی پوسٹ کیا تھا۔یہ افسانہ اب ''دو عورتیں'' کے نام سے فلم ہو چکا ہے۔اس کے پندرہ بیس مناظر میں نے لکھے ہیں اور اس طرح اسٹوری کی شکل کچھ اور ہوگئی ہے۔وہ خلاصہ میں نے آپ کو صرف اس غرض سے روانہ کیا تھا کہ آپ فلمی تکنیک کو سمجھ سکیں۔اگرچہ وہ بہت خام ہے لیکن موجودصورت میں جبکہ کسی زبان میں بھی اس فن پر کوئی جامع کتاب نہیں لکھی گئی اور نہ یہاں کوئی افسانہ نویس اپنے فلمی افسانے کو دکھاتا ہے،تو یہی غنیمت ہے۔

ابھی ابھی میں نے آپ کے خط کو پھر پڑھا، مجھے غلطی لگی، آپ کو وہ خلاصہ پہنچ گیا ہے۔چونکہ اس امر کا اشارہ موجود ہے۔خیر! مجھے افسوس ہے کہ کوئی بھی صورت نہیں کہ آپ کو کسی اچھے افسانہ نگار کا فلمی افسانہ دیکھنے کو مل سکے۔جب کہ برے افسانہ نگار بھی اپنے افسانوں کو چھپا چھپا کر رکھتے ہیں۔

آپ کوشش تو کیجئے۔گڈوانی صاحب کی ہدایت پر اگر آپ عمل کریں تو یقیناً اپنے افسانے کو فلمی شکل دے سکیں گے۔آپ خلاصہ لکھ کر روانہ کیجئے۔پھر میں پانچ چھ سین

لکھ کر آپ کو روانہ کر دوں گا۔ منظر نویسی کا نمونہ آپ کو مل جائے گا۔

آپ کا افسانہ بے حد دلچسپ ہے، بشرطیکہ اس میں کوئی ہیروئین کا کریکٹر بھی running ہو اور اس کو کافی موقع دیا جائے، ولن کا ہونا بھی ضروری ہے۔ یہ کریکٹر آپ اپنے افسانے کے ہیرو کے دوست وکیل میں develop کر سکتے ہیں۔ ولن کی موجودگی سے افسانے میں climax اور suspense کا عنصر پیدا کرنا آسان ہو جاتا ہے۔

یہ ہوسکتا ہے کہ وکیل پہلے ہی سے ہیروئین کی محبت میں گرفتار ہو، لیکن جب وہ دیکھے کہ معمولی سا joke بہت serious رنگ اختیار کر گیا ہے تو وہ سٹپٹا جائے اور گڑبڑ پیدا کرنے کی کوشش کرے مگر اس کی کوئی پیش (یا غالباً کوشش) نہ چلے۔ اس سے بہتر آپ خود بھی سوچ سکتے ہیں۔

آپ جلدی کیجئے۔ یہ فلم بہت جلدی ختم ہو جائے گی۔ اس کے بعد آپ کی اسٹوری پیش کی جاسکتی ہے۔

میری صحت اب پہلے سے بہت اچھی ہے۔ آپ کی ہمدردی کا شکریہ۔ کاش آپ میری مجبوریوں سے واقف ہوتے۔ ساٹھ روپئے ماہانہ حاصل کرنے کے لیے مجھے ہر روز اپنے خون کے ساٹھ قطرے دینا پڑتے ہیں۔ گورکی والا مضمون موجودہ پتے سے روانہ فرما دیجئے گا۔ ممنون ہوں گا۔

خاکسار

سعادت حسن منٹو

(نوٹ) اگر ہو سکے تو ''ہمایوں'' موجود پتے سے بھی روانہ فرما دیں۔ ممنون ہوں گا۔ امید ہے اس میں اطلاع شائع ہوگئی ہوگی۔

(۱۰۹)

بار با بنگلو،
جیکسن گارڈن،
ناسک سٹی۔
(مارچ ۱۹۴۳ء)

مکرمی مولوی صاحب

السلام و علیکم۔ دس روز سے میں یہاں ناسک میں ہوں۔ مسٹر گڈوانی اپنے نئے فلم کی شوٹنگ کے لیے یہاں تشریف لائے ہوئے ہیں۔ غالباً ایک ماہ تک قیام رہے گا۔

رخصت ہوتے وقت عجلت میں اپنے ہاتھ سے آپ کے نام خط رجسٹری نہ کر سکا، البتہ میں نذیر صاحب کو تاکید کر آیا تھا کہ وہ اپنے میز پر پڑا ہوا لفافہ ضرور پوسٹ کر دیں۔ اب معلوم نہیں کہ وہ آپ کو روانہ کیا گیا ہے یا وہیں پڑا ہے۔

آپ کی اسٹوری گڈوانی صاحب کو بے حد پسند آئی تھی۔ جو ہدایت انہوں نے دی تھیں وہ میں نے آپ کو اس خط میں لکھ بھیجی ہیں۔ اگر آپ ان پر عمل کریں تو کہانی فلمی روپ میں آجائے گی۔

گڈوانی صاحب اپنے تازہ فلم کو دو مہینے کے اندر اندر ختم کر دینے والے ہیں۔ اس لیے نئی اسٹوری کی فوراً ضرورت محسوس ہوگی۔ کیا اچھا ہو کہ وہ اس فلم کے بعد آپ ہی کی اسٹوری کو فلمائیں۔

اگر آپ گڈوانی صاحب کی suggestions پر عمل کرتے ہوئے اسٹوری میں suspense اور Entertainment کے عناصر اور زیادہ بڑھا سکیں تو اسٹوری یقیناً لے لی جائے گی۔ مطلع فرمائیے گا کہ میرا رجسٹرڈ خط آپ کو ملا ہے یا کہ نہیں۔

امید ہے کہ آپ بخیریت ہوں گے۔

خاکسار
سعادت حسن منٹو

(۱۱۰)

ئیر آف ''مصور ویکلی''

بمبئی

(اوائل مئی ۱۹۳۷ء)

مکرمی مولوی صاحب

وعلیکم السلام ۔آپ کا گرامی نامہ ناسک میں مل گیا تھا چونکہ ہم دوسرے روز وہاں سے چلنے والے تھے اس لیے جواب فوراً نہ لکھ سکا۔

اسٹوری لکھنے سے پہلے اس کا خلاصہ قلم بند کرنا جیسا کہ آپ کو اس وقت عجیب سا معلوم ہوتا ہے ۔اسی طرح مجھے بھی پہلے ایسا محسوس ہوا تھا مگر فلم کمپنی میں کچھ دیر رہنے کے بعد مجھے معلوم ہوا کہ ایسا کرنا ضروری ہے ۔ساری اسٹوری سننے کے لیے ڈائریکٹر وقت نہیں دے سکتا۔اس کے علاوہ اسٹوری صرف ایک آدمی کی نظر سے نہیں گزرتی بلکہ ہر اس سرمایہ دار کی نظر سے گزرتی ہے جو اپنا روپیہ اس فلم پر لگاتا ہے ۔خلاصے میں تبدیلیاں آسانی سے کی جاسکتی ہیں ۔بعض اوقات ایسا ہوتا ہے کہ اسٹوری کے نصف مناظر تک دوبارہ لکھنے پڑتے ہیں۔

آپ خلاصہ لکھتے وقت حکیم احمد شجاع صاحب کے خلاصے کو سامنے رکھ لیجئے گا۔آپ نے ملاحظہ فرمایا ہوگا کہ ہر سین independent ہوتا ہے ۔اس لیے آپ کو ہر سین کا مفاد لکھنا پڑے گا۔تسلسل کا بھی خیال رکھیے گا۔جہاں جہاں آپ کوئی خاص touch دینا چاہیں آپ اشارتاً اس کو لکھ سکتے ہیں ۔اس سے افسانے کی خوبیوں کا اندازہ ہوسکے گا۔

آپ کی اسٹوری بہت اچھی بن سکتی ہے ۔بشرطیکہ اس میں تفریح کا عنصر اور زیادہ بڑھا دیا جائے اور دو ایک جگہ مزاح کی چاشنی بھی پیدا کی جائے ۔اس کے علاوہ افسانے میں کہیں کہیں suspense بھی ہونا چاہیئے ۔ساری کہانی میں کم ازکم آٹھ گانے ہوں ۔ہیرو بھی گا سکتا ہے، ہیروئین کا کام آپ کے افسانے میں ہیرو کے بعد بہت نمایاں ہونا چاہیئے ۔ہیروئین کے ساتھ ساتھ کسی شوخ وشنگ لڑکی (اس کی بہن) کا side کریکٹر

بھی بڑھا دیں تو مقبول ہوگا۔ افسانہ یوں لکھا جائے کہ واقعات وحادثات ایک ہی لڑی میں پروئے ہوئے معلوم ہوں۔

اسٹوری کہیں drag نہ کرے۔ اگر آپ کوئی اور جدت پیدا کرنا چاہیں تو زیادہ بہتر ہوگا۔ آپ کی اسٹوری ایک نیا ٹائپ پیدا کرے گی۔

ہماری یونٹ میں ہیروئین کے لیے ایک بنگالی خاتون موجود ہے۔ وہ نہایت اچھا ایکٹ کرتی ہے۔ مجھے امید ہے کہ وہ آپ کے افسانے کی ہیروئین کا پارٹ بطریق احسن نبھا سکے گی۔ اس لیے بہتر ہوگا کہ آپ اس کی اہلیت سے فائدہ اٹھائیں۔ وہ اس طرح کہ اپنی اسٹوری میں اسے ایکٹ کرنے کے زیادہ سے زیادہ مواقع بہم پہنچائیں۔

آپ نے دریافت فرمایا کہ میں خود فلمی افسانے کیوں نہیں لکھتا جبکہ یہ میری تکالیف کو دور کرنے کا موجب ہوسکتا ہے۔ میرے اخلاص سے آپ کے دل میں کسی قسم کا شبہ پیدا نہ ہوناچاہیے۔ آپ کے سوال کا جواب میں اس قدر کہنا ضروری سمجھتا ہوں کہ میں افسانے لکھ سکتا ہوں مگر ''منشی'' جو پچاس روپیے ماہوار تنخواہ حاصل کرے، افسانہ نہیں لکھ سکتا۔

''ہمایوں'' میں نوٹ پڑھا۔ بے حد شکریہ! مضمون مل گیا ہے۔ اس کا بھی شکریہ! میرے ایک عزیز دوست یہاں سے ہفتہ وار پرچہ ''سماج'' کے نام سے نکال رہے ہیں۔ پرچہ معیاری ہوگا۔ اس کے پہلے پرچہ کے لیے آپ کی نظم یا غزل کا چھپنا بے حد ضروری ہے۔ ناامید نہ فرمائیے گا۔ میں آپ کی نظم کا منتظر رہوں گا۔ نظم غیر مطبوعہ ہو۔ تاکید ہے ضرور بھیجئے گا۔

(نام ندارد)

(۱۱۱)

کیئر آف ''مصور ویکلی''

بمبئی

(مئی یا جون ۱۹۳۷ء)

مکرمی ومحترمی مولوی صاحب

السلام وعلیکم۔ یہ خط آج کئی دن سے لکھنے کا ارادہ کر رہا تھا مگر اس ارادے کی تکمیل اس لیے نہ ہوسکی کہ مجھ میں ہمت نہ تھی۔ میں کیا لکھتا، کیوں کر لکھتا۔ جب کہ مجھ سے آپ کا اتنا بڑا نقصان ہوگیا ہے۔ خلش صاحب کے ذریعے سے میں نے اس منحوس واقعے سے آپ کو مطلع کرا دیا تھا اور آپ نے کمالِ مہربانی سے مجھے معاف بھی کر دیا مگر اس کے باوجود میں خود میں اتنی ہمت نہ پاتا تھا کہ آپ کو خط لکھوں۔ اس وقت جب کہ میں یہ سطور قلم بند کر رہا ہوں، میرا دل دھڑک رہا ہے۔

جس وقت مجھے اپنے چرمی بیگ کی گمشدگی کا احساس ہوا تو سب سے پہلے میرا خیال آپ کے افسانے کی طرف گیا اور میرا دل دھک سے رہ گیا۔ اس سے ایک دن پہلے دو بجے تک اس افسانے پر نوٹ لکھتا رہا تھا اور مجھے اچھی طرح یاد ہے کہ رات کو سوتے وقت بھی بستر پر میں اسی کے متعلق غور و فکر کرتا رہا تھا۔ مگر کیا معلوم تھا کہ وہ افسانہ اور میری ڈیڑھ برس کی محنت برباد ہو جائے گی۔ مجھے اپنی محنت کی بربادی کا غم ہے مگر اتنا نہیں جتنا آپ کے افسانہ کی تلفی کا ہے۔ خدا کرے آپ کے پاس اس کی کوئی نقل ہو، میرا خیال ہے کہ آپ کے پاس اگر اس کی نقل نہیں ہے تو اس کا خلاصہ ضرور ہوگا۔ براہ کرم آپ اس کا خلاصہ روانہ فرما دیں۔ میرے ذہن میں وہ تمام چیزیں محفوظ ہیں جو میں نے اس کے متعلق سوچی تھیں۔ میں اس کو پیشِ نظر رکھ کر بہت جلد اپنے نوٹ لکھ کر روانہ کر دوں گا۔

آپ کے افسانے میں فلمی نقطہ نگاہ سے سب سے بڑی خامی جو مجھے نظر آئی تھی وہ مکالموں کی زیادتی ہے۔ واقعات بہت کم تھے، چنانچہ میں نے چند واقعات سوچے تھے جو اس میں کھپ گئے تھے۔ اب اگر آپ خلاصہ روانہ فرما دیں تو میری خدمات حاضر ہیں اور

یہ ہمیشہ حاضر رہیں گی۔

افسانہ کا موضوع نہایت فرحت بخش ہے۔اگر یہ فلمی شکل میں آگیا تو یقیناً مقبول ہوگا۔بات میں سے بات نکلتی ہے اور مجھے سخت صدمہ پہنچتا ہے۔میں کیا بتاؤں کہ اس افسانے کے متعلق میں یہاں دو فلم کمپنیوں میں کتنا پروپیگنڈا کر رہا تھا۔

مولوی صاحب! بیگ کی گمشدگی شاید میری زندگی کا سب سے بڑا صدمہ ہے۔ میں بیان نہیں کرسکتا کہ آٹھ دس روز تک میری کیا حالت رہی۔جس روز بیگ گم ہوا، اس کے دوسرے روز میں چوبی سیڑھیوں پر سے نیچے بازار میں آرہا۔بند بند ڈھیلا پڑ گیا۔ تیسرے دن میرا بٹوا کھو گیا جس میں بیس روپے تھے۔کچھ نہ پوچھئے کیا ہوا۔بیگ میں میری اسٹوری تھی ”call me a sinner“ اس کے دس پندرہ سین اس میں لکھے رکھے تھے۔ اسٹوری مع سینریو کے غائب ہوگئی اور ادھر اس کی شوٹنگ جاری تھی اور ڈائریکٹر تقاضہ کر رہا تھا۔

دوسرے کلر پکچر کی اسٹوری اس کے منظرنامے کا آدھا حصہ بیگ میں تھا۔وہ سب کا سب گم ہوگیا اور مسٹر گڈوانی مسودات مانگ رہے تھے۔آج میں نے لگاتار محنت کے بعد وہ تمام چیزیں لکھ کر ختم کی ہیں، جن کی اشد ضرورت تھی۔باقی تین اسٹوریاں جو اس میں تھیں وہ ہمیشہ کے لیے تلف ہوگئی ہیں۔مجھ میں اتنی ہمت نہیں کہ دوبارہ لکھ سکوں۔

ہمایوں کا سالنامہ ایک روز پہلے موصول ہوا تھا۔وہ بھی بیگ میں تھا۔اگر ہو سکے تو اس کی ایک کاپی روانہ فرما دیجئے گا۔بے حد ممنون ہوں گا۔

آپ کا خط اس روز ملتا ہے جب میں بیگ گما کر کرسی پر بے ہوشی کے عالم میں بیٹھا تھا۔آپ کے تعریفی کلمات نے میرے دل پر نشتر کا کام کیا۔نہ معلوم کیوں۔میں آپ کی ذرہ نوازیوں کا بے حد ممنون ہوں۔خدا جانتا ہے کہ میرا رواں رواں آپ کے لیے دعا گو ہے۔امید ہے کہ آپ ایک بار مجھے پھر معاف کر دیں گے۔اگر آپ کے نقصان کی تلافی مجھ سے ہو سکتی ہے تو میں اس سے کبھی دریغ نہ کروں گا۔

سعید ۸۱ کے خط سے معلوم ہوا کہ آپ نے بڑا افراخدالی کا ثبوت دیا ہے۔اس

کے لیے میں آپ کا پھر شکریہ ادا کرتا ہوں۔
امید ہے کہ آپ بخیریت ہوں گے۔

خاکسار
سعادت حسن منٹو

(۱۱۲)

۱۷۔اڈلفی چیمبرز
کلیئر روڈ بمبئی ۸
۱۰/جون ۱۹۳۹
مکرمی حامد علی صاحب

السلام وعلیکم۔تھوڑے روز ہوئے ''ہمایوں'' میں یہ افسوس ناک خبر پڑھی کہ آپ کی والدہ مکرمہ انتقال فرما گئی ہیں۔فوراً ہی ارادہ کیا کہ آپ کو خط لکھوں اور آپ کے غم میں اپنے آپ کو شریک کروں۔میں اپنے آپ کو آپ کے غم میں کیسے شریک کرسکتا ہوں۔جو صدمہ آپ کو پہنچا ہے، مجھے نہیں پہنچ سکتا۔ایک چیز براہ راست آپ تک پہنچی ہے، وہی چیز اگر میں اپنے پاس لاؤں تو اسے بہت سے ٹیڑھے بنگے راستے طے کرنا پڑیں گے اور ظاہر ہے کہ وہ اپنی شدت کھو دے گی۔

مجھے کسی کی موت پر غم کا اظہار کرنا نہیں آتا۔جب میں ایسا کرنے لگتا ہوں تو مجھے یوں محسوس ہوتا ہے کہ میں خود کو اس شخص کے مقابلے میں کھڑا کر رہا ہوں جسے اصلی غم ہوا ہے۔

کسی کی موت کی خبر سن کر مجھے ان لوگوں کی موت کا احساس ہوتا ہے جو میرے عزیز تھے۔اس کے بعد یہ احساس دوسری شکل اختیار کرتا ہے اور سچ پوچھیے تو موت کے بارے میں، میں سوچ ہی نہیں سکتا۔

مجھے آپ سے پوری ہمدردی ہے۔میں اچھی طرح سمجھتا ہوں کہ آپ کو اپنی ماں کی موت پر بہت دکھ ہوا ہوگا۔اس لیے کہ مجھے بھی اپنی ماں کے مرنے پر بہت افسوس ہوگا۔لیکن

یہ افسوس اور دکھ تو ہوگا... ہم ان سے بچ نہیں سکتے۔ میں اس سے زیادہ نہیں لکھ سکتا۔

خاکسار

سعادت حسن منٹو

(۱۱۴)

کیئر آف ''مصور ویکلی''

نیو ناگپاڑہ، بمبئی۔

(۱۹۳۹ء)

مکرمی مولوی صاحب

وعلیکم السلام۔ آپ کا گرامی نامہ ملا۔ جان میں جان آئی کہ آپ کے دل میں کسی قسم کی رنجش پیدا نہیں ہوئی۔ یہ آپ کی شرافت کا بین ثبوت ہے۔ خدا آپ کو جزائے خیر دے۔

آپ کی قنوطیت پسندی سے ایک حد تک میں اچھی طرح واقف ہوں، لیکن اس کے اسباب وعلل سے ناآشنا ہوں۔ معلوم نہیں کہ آپ کی طبیعت میں قنوطیت کس طرح داخل ہوئی۔ مجھے افسوس ہے کہ میں آپ کو بقول آپ کے نئی شاہراہ پر ڈال دینے میں کامیاب نہ ہوسکا۔ اگر میں کامیاب ہو جاتا تو یقیناً یہ بہت بڑی کامیابی ہوتی۔

آپ کا افسانہ میرے ذہن میں محفوظ ہے۔ میں خود اسے لکھنے کی کوشش کرتا ہوں۔ ایک افسانہ ''خان دی میگنی فی سینٹ''، جو فلم کے لیے منظور ہوا تھا اور تلف ہوگیا تھا اسے مکمل کر رہا ہوں۔ پندرہ بیس روز تک میں اس کا کام ختم کرلوں گا۔ اس کے بعد ''شامو کا بیاہ'' کا اسکیچ لکھوں گا اور اس میں زیادہ سے زیادہ واقعات بھرنے کی کوشش کروں گا۔ اگر ڈائریکٹروں نے اسے پسند کرلیا تو پھر آپ کو مکالمے لکھنے کے لیے روانہ کردوں گا۔ خدا کرے کہ میرا یہ ارادہ بروئے کار ثابت ہو۔

میں نے ابھی تک ہمت نہیں ہاری ہے حالانکہ میرا راستہ مشکلات سے پُر ہے۔ فلم لائین میں ہر طرف سے میری ہمت شکنی کی گئی اور کی جارہی ہے مگر میں اب تک ڈٹا ہوا

ہوں۔ دیکھیے انجام کیا ہوتا ہے۔ مجھ میں خلوص ہے اور اسی خلوص پر مجھے بھروسہ ہے۔

اس دنیا میں مجھے ہمت دلانے والا صرف ایک ملا ہے اور وہ آپ ہیں۔ میری موجودہ حیثیت صرف آپ کی رہین منت ہے۔ اگر آپ میری حوصلہ افزائی نہ کرتے تو بہت ممکن ہے کہ میں ادب سے کنارہ کش ہو جاتا۔ میں آپ کا بے حد ممنون ہوں۔

ایک افسانہ ''پھاہا'' لکھا ہے۔ میرا خیال ہے یہ ہمایوں میں نہ چھپ سکے گا۔ بہرحال اگر آپ ارشاد فرمائیں تو میں مطالعے کے لیے بھیج دوں

امید ہے کہ آپ بصحت ہوں گے۔

خاکسار

سعادت حسن منٹو

(۱۱۴)

خواجہ حسن عباس[۸۲] کے نام

۱۲ /محمد جعفر ہاؤس،

لیڈی جمشید جی روڈ ماہم بمبئی

اگست ۱۹۴۰ء

پیارے عباس

تمہارا خط انتظار کے بعد ملا۔تم نے جو کچھ کہا ہے ٹھیک ہے پر میں کیا کروں۔ دل پر میرا اختیار نہیں۔وہ برا نہیں بن سکتا۔جو کچھ ہے اس کی تفصیلات میں جانے سے کچھ فائدہ نہ ہوگا۔

خلش صاحب سے مجھے شکایت نہیں، مجھے کسی سے کوئی شکایت نہیں۔میرے پاس شکایت کرنے کا وقت بھی تو نہیں۔تم جانتے ہو ماہم،فورٹ سے کتنی دور ہے۔آنے جانے میں کمر ٹوٹ جاتی ہے اور پھر کام! کچھ پوچھو نہیں کیسی تکان طاری ہوتی ہے۔کاش تم یہاں ہوتے۔عباس تم میرے پاس ہوتے ہو تو مجھے ایسا معلوم ہوتا کہ میرے چاروں طرف ایسے کئی آدمی ہیں جو مجھے جانتے ہیں۔جو سعادت کی شرافت سے واقف ہیں۔

غموں نے مجھے موم بنا دیا ہے بالکل موم۔دن رات پگھلتا رہتا ہوں۔کسی دن سن لو گے کہ تمہارا دوست بمبئی میں چل بسا۔آہ! موت!!

میری کتنی خواہش ہے کہ مرنے سے پہلے اپنا ذہن کھول کر لوگوں کو دکھا سکوں، اپنا دل چیر کر پیش کر سکوں میں کامیاب ہوں... مجھے کامیاب بنانے والے تم ہی ہو... ''کارواں''،امرتسر کے پتے سے بھجوا رہا ہوں باری صاحب اور تم دونوں اگر اس کے لیے لکھو تو مجھے اور کیا چاہیے۔

''جنازہ'' عنوان اچھا ہے۔افسانہ بھی اچھا ہی ہوگا۔ابو سعید نے ابھی تک میرے خط کا جواب نہیں دیا۔بھئی عارف[۸۳] ابھی تک اچھا نہیں ہوا۔کل پھر ڈاکٹر کو دکھایا ہے اور ابھی ابھی دوا لے کر آرہا ہوں۔پھوڑے ابھی تک نکل رہے ہیں۔اللہ اپنا فضل کرے۔

میرا خیال ہے کہ میں نے اس کی علالت کا ذکر تم سے کیا تھا۔ تمہارے خط کے ساتھ ہی کرشن چندر صاحب کا خط موصول ہوا ہے۔ انہوں نے ''ہتک'' پسند کیا ہے۔ تم پڑھو گے تو اس میں تمہیں کچھ اور ہی نظر آئے گا۔

کل راجندر سنگھ بیدی کا خط آیا تھا۔ وہ چاہتے ہیں کہ میں لاہور چلا آؤں اور ''ادب لطیف'' کو ایڈٹ کروں۔ میں نے ان کو لکھ دیا ہے کہ ایسا ناممکن ہے۔

صفیہ کی طبیعت بھی ٹھیک نہیں۔ تمہیں سلام لکھواتی ہے (....؟) صاحب بھی سلام لکھواتے ہیں۔ باری صاحب کیسے ہیں؟

تمہارا

سعادت

(۱۱۵)

۱۷ / ایڈلفی چیمبر

کلیر روڈ، بمبئی۔ ۸

۱۹۴۶ء

پیارے عباس

تمہارا خط ملا۔

یہ معلوم کر کے خوشی ہوئی کہ تمہاری پریشانی اب دور ہو چکی ہے۔ میں یہاں بالکل مجبور تھا ورنہ کچھ نہ کچھ ضرور کرتا۔ یہاں کے فلمی حالات بے حد غیر یقینی ہیں۔ دیکھئے کیا ہوتا ہے۔ بہت ممکن ہے میں لاہور چلا جاؤں۔

تم نے اپنے مضمون کے متعلق پوچھا ہے۔ اس کے متعلق میں بہت کچھ کہہ سکتا تھا مگر چوں کہ تم اشارہ سمجھ سکتے ہو اس لیے اتنا ہی کہہ دینا کافی ہے کہ تم نے اپنے خط میں اپنی پریشانی کا ذکر جس انداز سے کیا ہے، اس سے یہی نتیجہ نکلتا ہے کہ انسان ابھی تک بہت سی معاشرتی اور مجلسی رسوم و قیود میں میں پھنسا ہوا ہے۔ یوں بھی ایسے مضامین لکھنے کا دستور

نہیں۔عام طور پر موت کے بعد ہی لوگ ایسے از حد ذاتی موضوع پر قلم اٹھایا کرتے ہیں۔

میرے ساتھ اگر چند بہت ہی نزدیک اور بہت ہی حساس آدمیوں کا رشتہ نہ ہوتا تو میں تمہیں بخوشی نپی تلی باتیں کہنے کی اجازت دے دیتا۔ویسے بھی یہ باتیں کچھ مفید ثابت نہیں ہوسکتیں۔روٹی، عورت اور شراب کے متعلق جو میرے نظریات ہیں، ان کی نقاب کشائی انسانوں کو کیا فائدہ پہنچا سکتی ہے جب کہ میں خود اس بات کا ابھی تک قطعی فیصلہ نہیں کرسکا کہ میرے افعال ایک برس یا ایک ماہ گزرنے کے بعد بھی ایسے ہی رہیں گے یا بدل جائیں گے۔

میں تمہیں یہی مشورہ دوں گا کہ تم یہ مضمون نہ لکھو۔ویسے تم اپنی مرضی کے مالک ہو۔

مجھے افسوس ہے کہ میں قادری سے مس واچا (؟) کے کپڑوں کے متعلق کوئی بات نہ کرسکا۔آج آئے گا تو اس سے پوچھوں گا۔

''آٹھ دن'' کے تعلق تمہیں چاہئے تھا کہ مفصل لکھتے۔لوگ گالیاں دیتے ہیں اور پھر دیکھتے ہیں۔اس سے میری بالکل تشفی نہیں ہوئی۔ویسے جو رپورٹ یہاں آفس میں پہنچی ہے وہ تو بہت حوصلہ افزا ہے۔کانپور، لکھنو، لاہور اور دہرادون سے بھی اچھی خبر آئی ہے کہ پکچر چل نکلے گی۔خدا کرے ایسا ہی ہو۔

خالہ جان اور ذکیہ یہاں پہنچ گئے ہیں صفیہ آتے ہی بیمار ہوگئی۔

مگر (اب) بفضل خدا بصحت ہے۔نگہت ۸۴؎ بھی خدا کے فضل سے تندرست ہے۔جوں ہی میں نے کچھ یہاں کیا، تمہیں مطلع کروں گا۔تم نے وہ افسانے لکھے؟ کیا ''سوارج کے لیے'' ساقی کے افسانہ نمبر میں روانہ کردوں؟ میرا مطلب ہے کیا ابھی وقت ہے؟

امید ہے تم بخیریت ہوگے۔

عائشہ ۸۵؎ بہن کو سلام۔بچی کو پیار۔

تمہارا

سعادت

(۱۱۶)

۳۱/لکشمی مینشن

ہال روڈ،لاہور

ماقبل اکتوبر ۱۹۵۲ء

پیارے عباس

فراموش کاریوں کا کچھ ایسا دور رہا ہے کہ تمہیں تک یاد نہ کرسکا،جس کا مجھے افسوس ہے۔ پچھلے دنوں بہت زیادہ لکھنے کے باعث ایک مختصر سا درد شدید تھکاوٹ کا بھی آیا تھا وہ بھی گزر گیا۔ اب کچھ ٹھیک ہوں۔

یہ خط تمہیں اس لیے لکھ رہا ہوں کہ میں اپنے متعلق ایک کتاب مرتب کر رہا ہوں جس میں ''منٹو'' کے بارے میں مختلف لوگوں کے impressions نظموں، فقروں مضمونوں اور اسکیچوں کی صورت میں ہوں گے۔

مجھ پر تم سے بہتر شاید ہی کوئی لکھ سکے۔تمہارے تاثرات کے بغیر یہ کتاب جس کا عنوان ''ناخن کا قرض'' ہے نامکمل رہے گی۔زیادہ وقت نہ لینا،اس لیے (کہ) مجھے پبلشر کو جلد از جلد کتاب دینا ہے۔ایک ہفتے کے اندر اندر جو کچھ تمہیں کہنا ہے اختصار کے ساتھ لکھ کر بھیج دو۔

یہاں سب خیریت ہے،امید ہے تم تندرست ہو گے۔بھابی کو سلام۔بچوں کو پیار۔ تمہیں خط سے معلوم ہوسکتا ہے کہ میں اس وقت اور باتیں کرنے کے موڈ میں نہیں۔مجھے سخت ندامت ہے کہ میں اتنی دیر تمہیں بھولا رہا۔

تمہارا

سعادت حسن منٹو

(۱۱۷)
غلام حسین مصطفیٰ خان [۸۶] کے نام

برادر عزیز

السلام علیکم۔ آپ کا خط ملا اور منی آرڈر مل گیا تھا۔ میں ان دنوں اس قدر پریشان ہوں کہ آپ کو اس کی رسید سے بھی مطلع نہ کر سکا۔ امید ہے آپ مجھے معاف فرمادیں گے۔

کچھ مقدموں اور کچھ مالی مشکلات نے اس قدر پریشان کر دیا ہے کہ میں اپنی حالت آپ پر اچھی طرح واضح نہیں کر سکتا۔

آپ کا منی آرڈر وصول ہوا تو اس کے دوسرے روز صبح سویرے ایک سمن آگیا۔ ہائی کورٹ کی طرف سے تھا کہ حاضر عدالت ہو کر وجہ بیان کریں کہ کیوں نہ تمہارا افسانہ ''ٹھنڈا گوشت'' تلف کر دیا جائے۔ حاضر عدالت ہوا مگر اس روز مقدمہ پیش نہ ہوا۔ چوتھے روز میری غیر حاضری میں فیصلہ سنا دیا گیا کہ ''ٹھنڈا گوشت'' تلف کر دیا جائے اور 'ٹھنڈا گوشت' (کتاب) اس سے پندرہ روز پہلے دوسرے ایڈیشن کی صورت میں مارکیٹ میں آئی تھی۔ اب اس کی رائلٹی پبلشر سے وصول کرنی مشکل ہوگئی ہے۔

مجھے افسوس ہے بلکہ میں سخت نادم ہوں کہ میں ''ڈان'' کے لیے آپ کو افسانہ ابھی تک نہیں بھیج سکا لیکن میں انشااللہ ایک ہفتے کے اندر اندر ضرور روانہ کر دوں گا۔

آپ کے خلوص اور آپ کی محبت سے ناجائز فائدہ اٹھا کر ایک درخواست کرنا چاہتا ہوں میں ان دنوں بڑی مشکلات میں گرفتار ہوں، کیا آپ مجھے سو روپے روانہ فرما سکتے ہیں؟ عنقریب کراچی آنے والا ہوں۔ خدا نے مجھے توفیق اور استطاعت دی تو آپ کا یہ قرض وہیں چکا دوں گا اور اپنے امتنان و تشکر کا ہدیہ بھی آپ کی خدمت میں پیش کر دوں گا مگر خدا کے لیے یہ بات آپ ہی تک رہے۔ اس لیے کہ میں جانتا ہوں کہ آپ سے کچھ مانگنے کا مجھے کوئی حق نہیں۔ خدا آپ کو خوش رکھے۔

خاکسار

سعادت حسن منٹو

(۱۱۸)

۳۱/لکشمی مینشن ,

ہال روڈ، لاہور

۶/جون ۱۹۵۲ء

بھائی جان

السلام علیکم ۔مجھ ایسا کم حافظہ اور زود فراموش آپ کو یاد رکھ سکا، یہ واقعی ایک معجزہ ہے ۔لطف یہ ہے کہ آپ کے دو خط ابھی تک میرے پاس محفوظ ہیں اور ’’نو چنن‘‘ کا وہ تراشہ بھی جس میں میرا افسانہ ہے ۔

آپ لوگ سمجھتے ہیں کہ میں ایک قلاش آدمی ہوں، حالاں کہ ایسا نہیں ہے ۔ یہاں پاکستان میں بھی میری آمدنی سات آٹھ سو روپے ماہوار کے قریب ہے لیکن یہ بالکل ناکافی ہے ۔کیونکہ میرا ذاتی خرچ تیس چالیس روپے روزانہ ہے ۔

بہر حال میں آپ لوگوں کا شکر گزار ہوں کہ آپ مجھ سے ہمدردی رکھتے ہیں جس کا شاید میں حقدار بھی ہوں ۔آپ کے پچاس روپے جو آپ نے میری بیوی کے نام ارسال فرمائے تھے میں نے خود وصول کیے تھے، ان کا شکریہ ۔

عید سے قبل جو کچھ آپ روانہ کرنے والے ہیں ان کا پیشگی شکریہ قبول فرمایئے ۔

بھائی میرے ۔مجھ سے میرا فوٹو کیا مانگتے ہو ۔میں اپنی شکل سے بیزار ہوں ۔ ہاں ! دیباچہ لکھنے کے لیے میں تیار ہوں ! لیکن کیا یہ اچھا نہیں ہوگا کہ آپ میری مختلف تصانیف کے دیباچوں میں سے کچھ ایسی سطور منتخب فرمالیں کہ وہ ایک جامع دیباچہ ہو جائے ۔ویسے اگر آپ چاہیں تو میں یہ کام خود کرنے کے لیے تیار ہوں ۔

میں جب بھی کراچی آیا، آپ سے ضرور شرف ملاقات حاصل کروں گا ۔اگر ہو سکے تو آپ میرے لنگوٹیے ’’حسن عباس‘‘ سے ضرور ملئے ۔اس سے آپ کو میرے متعلق بہت سی معلومات حاصل ہو سکیں گی، وہ آپ کو ’’جیمس فن لیمیٹیڈ‘‘ میں مل سکے گا ۔

اگر ہو سکے تو آپ میرے ایک عزیز خواجہ نصیر الدین سے بھی ملئے وہ ’’لیور برادرس‘‘ میں

لیگل ایڈوائزر رہیں۔امید ہے آپ بخیریت ہوں گے۔

خاکسار

سعادت حسن منٹو

نوٹ:مکرر آئندہ آپ ٹکٹ والا لفافہ ملفوف کرنے کی زحمت گوارا نہ فرمائیں۔

(۱۱۹)

۳۱/لکشمی مینشن، ہال روڈ، لاہور

۳۱/جولائی ۱۹۵۲ء

برادرعزیز

آپ کا خط ملا۔میرا خیال ہے اس سے قبل آپ کو میرا خط مل چکا ہوگا اور آپ کو میری جرأت رندانہ پر تعجب ضرور ہوا ہوگا۔اس کے لیے معذرت خواہ ہوں۔

اس دوران میں دو افسانے لکھے گئے ہیں۔ایک نقوش میں چھپ رہا ہے، وہ اس قابل ہے کہ گجراتی میں ترجمہ کیا جائے۔کیونکہ اس کا ماحول گجراتیوں کے لیے مانوس ہوگا۔

میں اس کی نقل کرا کے آپ کو بہت جلد بھیج دوں گا۔مصیبت یہ ہے کہ جب افسانہ لکھتا ہوں تو اسے دوبارہ پڑھ بھی نہیں سکتا۔بہرحال آپ کو اس افسانے کی نقل مل جائے گی۔اس کا عنوان ''ممد بھائی'' ہے۔

تصویروں سے متعلق یہ عرض ہے کہ یہاں کے فوٹوگرافر بہت بیہودہ قسم کے آدمی ہیں۔

خاکسار

سعادت حسن منٹو

(۱۲۰)

۱۳؍لکشمی مینشن، ہال روڈ، لاہور

۲؍اگست ۱۹۵۲ء

برادر مکرم

السلام علیکم۔آج بذریعہ تار سو روپے کا منی آرڈر وصول ہوا جس پر بھیجنے والے کا نام حاجی غلام حسین درج تھا۔آپ کے سوا اور یہ صاحب کون ہو سکتے ہیں۔

میری طرف سے دلی شکریہ قبول فرمایئے۔مجھے افسوس ہے کہ شکریہ ادا کرنے میں مجھ سے ہمیشہ بھونڈا پن کا مظاہرہ ہوتا ہے۔

افسانہ آپ کو بہت جلد مل جائے گا۔خدا آپ کو خوش رکھے۔

خاکسار

سعادت حسن منٹو

(۱۲۱)

برادر مکرم

السلام علیکم۔میرا خیال ہے کہ میں اس سے پیشتر آپ کے خط کا جواب دے چکا ہوں۔اب صرف اتنا عرض کرنا ہے کہ اگر آپ کچھ بھجوا سکیں تو میں ممنوں و متشکر ہوں گا۔

فوٹو کے متعلق جو آپ نے ارشاد کیا تھا اس کے لیے میں معذرت خواہ ہوں۔ اگر آپ دو ہفتے انتظار فرما سکیں تو میں روانہ کردوں گا۔

آپ کے خلوص سے میں بہت متاثر ہوں۔خدا آپ کو خوش رکھے۔

خاکسار

سعادت حسن منٹو

(۱۲۲)
ہاجرہ مسرور کے نام

خاتونِ مکرم

تسلیمات۔لاہور کی عدالت میں میرے ایک افسانے بعنوان ''دھواں'' پر فحاشی کے الزام میں مقدمہ چل رہا ہے۔میں نے آپ کو گواہِ صفائی کے طور پر بُلانے کی جرأت کی ہے۔

متذکرہ صدر افسانے کے متعلق آپ کی جو رائے بھی ہے مجھے منظور ہو گی اس لیے کہ فحاشی اور غیر فحاشی کے اہم موضوع پر آپ جیسی اہل الرائے خاتون کے خیالات نہ صرف میرے لیے بلکہ مُلکی ادب کے لیے مفید ہوں گے۔

مجھے اُمید ہے کہ آپ میری یہ دعوت قبول فرمائیں گی۔

نیاز کیش

سعادت حسن منٹو

۱۷۔اڈلفی چیمبرز، کلیئر روڈ، بمبئی ۸

(۱۲۳)

عبدالوحید[۸۷] کے نام

بخدمت محترمی عبدالوحید صاحب

علاوہ برایں معروض خدمت کہ فی الحال میرے پاس کوئی فوٹو موجود نہیں ہے۔ میں آج کل بمبئی کے ایک فلمی ادارے 'فلمستان' میں معقول مشاہرے پر ملازم ہوں اگرچہ دل کو اطمینان نہیں۔

مصروفیتوں کے مدنظر جلد تر تصویر نہ بھیج سکوں گا۔ لہٰذا فی الحال معذرت خواہ ہوں۔

نیاز مآل

سعادت حسن منٹو

نوٹ: اس خط کے ساتھ ایک تحریر بھی منسلک تھی۔

سوانح حیات[۸۸]

سعادت حسن منٹو

دوستوں......تم یہ سُن کر شاید حیران ہو گے کہ میں نے تاحال اپنی زندگانی میں اکتیس بہاریں دیکھی ہیں۔میری پیدائش پنجاب کے تجارتی مرکز امرتسر میں ۱۱رمئی ۱۹۱۲ کو ہوئی۔کھاتے پیتے گھر میں بچوں کی تربیت خوب ہو جاتی ہے۔لیکن میں اپنے گھریلو معاملات کی پیچیدگیوں میں کچھ اس طرح گھِرا تھا کہ امرتسر میں بمشکل انٹرنس پاس کر سکا،میرا ابتدائی دور اگر چہ خوش اثر تھا لیکن قبلہ والد ماجد کا سایہ سر سے اٹھ جانے کے بعد خاندانی حالات کے مدّنظر چند دشواریاں آ گئیں،جن سے بخوبی عہد برآ ہونا ایسے حضرسن کے لیے حد سے زیادہ مشکل تھا۔اسکول کی تعلیم حاصل کرنے کے ساتھ طبیعت میں آوارگی کی نمود ہو چکی تھی۔لیکن سایۂ پدری کا سر سے اٹھ جانا مجھے اپنی حیثیت جانچنے کا داعی ہوا۔

والدہ محترمہ سے اجازت حاصل کر کے اکنافِ کشمیر میں بغرض بحالی صحت گیا۔بٹوت میں کچھ مدت قیام کیا۔طبیعت میں رنگینیوں نے جھلک دکھلائی۔دل کو مضبوط کیا کہ کسی قیمت پر اعلیٰ تعلیم حاصل کر کے دنیا اور دنیاوالوں کو اپنی طرف جھکاؤں۔

گھر لوٹا تو والدہ ماجدہ سے حصولِ تعلیم کا ارادہ بیان کیا۔چنانچہ علی گڑھ میں مغرض متعادہ بھیجا گیا۔چند بچپن کی آزادی طبع ،کچھ آب و ہوا کی ناموافقت نے بسترِ علالت پر لٹا دیا۔چارو ناچار تعلیم پانے سے اجتناب کیا ۔امرتسر واپس آنے پر کتاب بینی کا شوق بدستور بڑھتا گیا،چنانچہ یہ بات کہہ دینے میں مجھے کوئی ہچکچاہٹ نہیں کہ میں نے روسی ادب میں زیادہ دلچسپی لینا شروع کر دی۔اسی اثنا میں اکثر مجھے اردو اخبارات میں

خدمتِ زبان سرانجام دینے کا اتفاق ہوا۔ بسا اوقات میرے مضامین کو سراہا گیا بلکہ بعض احباب (نے) میری حوصلہ بندی کے لیے تعریفی جملے بھی کہے، جن سے میری خواہش انشا پردازی میں معتد بہ اضافہ ہوا۔

میں آج ان مضامین کو نیم جان محسوس کرتا ہوں اور سمجھتا ہوں کہ صاحبِ نظر احباب نے میری حوصلہ افزائی کے لیے میرے مضامین کو سراہا......

مجھے محسوس ہونے لگا کہ میں اپنی تحاریر کے ساتھ کسی دوسرے شغل سے بھی مطمئن نہیں اور اگر اسے مبالغے پر محمول نہ کیا جائے تو آج بھی میں اپنی کسی کوشش پر مطمئن نہیں ہوں۔

ستاروں سے آگے جہاں اور بھی ہیں

اس میں کوئی کلام نہیں کہ میں نے ہر اس پرزہ کاغذ تک سے فائدہ اٹھایا جس میں کسی بنئے نے بے کار دیکھ کر سودا باندھ کر مجھے دیا۔

میں نے (مجھے) مغربی اور مشرقی ادیبوں کی سینکڑوں کتابیں پڑھنے کا اتفاق ہوا لیکن کوئی ایسی کتاب دستیاب نہ ہوسکی جس سے میرے تشنہ مذاق کو طمانیت حاصل ہوئی۔

میں نے کئی کتابیں خود لکھ دیں۔ کئی افسانے، کئی ڈرامے اور متعدد مضامین ریڈیو کے ذریعے سے نشر کیے گئے۔ اصحاب اور عوام کی طرف سے مجھے پے در پے خطوط موصول ہوئے۔ میری تعریفوں کے انبار لگا دیے گئے۔ بعض عقیدت مندوں نے مجھے صفِ اول کے ادیبوں میں لاکھڑا کر دیا۔ لیکن حقیقت یہ ہے کہ میں آج بھی اپنے دل میں اطمینان نہیں پاتا۔

میرا خیال ہے کہ جس منزل کی مجھے تلاش ہے، ہنوز میری نظروں سے اوجھل ہے۔ میں یہاں یہ بتانا بھول گیا ہوں کہ میں نے اردو زبان سے اسکول کے زمانے میں بے اعتنائی سے کام لیا تھا۔ مجھے اُس وقت اردو کی ہمہ گیریوں علم

تک نہ تھا جو ایک ہی صحبت میں صاحب دلوں کو گرویدہ بنالیتی ہے۔

میں اردو زبان کی اس مٹھاس سے نا آشنا تھا جو ذایقے کو مدتوں اپنی تلاش میں سرگرداں رکھتی ہے اور میں اردو کی اس دل عزیزی سے کورا تھا (جس نے) اس ایک تھوڑی سی مدت میں دنیا بھر میں تیسرے (نمبر) درجے کی زبان بن کر عوام کو اپنی طرف متوجہ (کرلیا) تھا۔ان سب کمزوریوں کے باوصف میں نے اپنے مطالعے میں کوئی فرد گزاشت نہ تھی (کی)

احباب نے مجھے سڑی چھچھورا اور ضدی تک کہنے گریز نہ کیا لیکن میں نے اپنے مذاق کی تکمیل میں دوستوں کی سُنی اَن سُنی کر دی اور اس وقت تک کرمِک کتابی بنا رہا۔جس وقت تک اپنی دوڑ دھوپ پر رائے زنی کر کے ندامت کا شکار ہونے سے بچ جانے کے قابل نہ ہوسکا۔

میرے ارادوں میں یہ بات داخل ہے کہ مجھے معراجِ ترقی کی طوالت ناپنے میں اپنی ساری زندگی صرف کرنا ہوگی اور تا حینِ حیات ،اس کوشش میں رہنا ہوگا کہ طمانیتِ قلب کے حصول کے لیے کوئی راستہ تلاش کرسکوں۔

(۱۲۴)

ممتاز شیریں کے نام

مکرّمی۔ تسلیم

"نیا دور" کا پہلا نمبر ملا۔ بنگلور جیسے دور افتادہ شہر سے ایسا کامیاب پرچہ نکالنا بڑی ہمت کا کام ہے۔ امید ہے آپ اسے جاری رکھیں گی۔ گو "نیا دور" اپنی قسم کی واحد چیز نہیں پھر بھی اردو ادب میں یہ ایک اضافے کا باعث ہوسکتا ہے۔ "نیا دور" کے لیے میں اپنا تازہ افسانہ یا مضمون بھیجنے کے لیے تیار ہوں مگر اصول کے مطابق میں ایک سطر بھی معاوضے کے بغیر نہیں لکھتا۔ اگر آپ میرا حق الخدمت ادا کرسکیں تو مجھے "نیا دور" کی معاونت میں کوئی عذر نہیں ہوگا۔

"نیا دور" کے لیے میرا یہ پیغام ہے کہ پرانے دور کے رندوں کا نئے دور کے شعلہ آشاموں کے ساتھ شراب کا رشتہ ہے۔ دونوں ایک دوسرے کے ہم زلف ہیں۔

امید ہے آپ بخیریت ہوں گی۔

خاکسار

سعادت حسن منٹو، بمبئی

(۱۲۵)

خاتون مکرم

تسلیمات!

مکتوب گرامی مورخہ ۵/اگست ۴۷ء ملا۔ جواب کا شکریہ۔ مگر آپ کا مختصر افسانہ ابھی تک موصول نہیں ہوا۔ آج کل ڈاک کی ترسیل بہت ہی ناقص ہے۔ خدا کرے کہ مل جائے۔

پاکستان کے رسالوں کی واضح اور قطعی پالیسی کے متعلق آپ کا ارشاد درست ہے مگر مصیبت یہ ہے کہ حکومت بھی ابھی تک کوئی واضح اور قطعی پالیسی متعین نہیں کرسکی۔ "نیا دور" میں شاہین صاحب[۸۹] نے جو طویل اداریہ لکھا ہے میں اُسے بہت غور سے پڑھوں گا۔

میں آپ سے قطعی وعدہ نہیں کرتا مگر میں "نیا دور" کے فسادات نمبر کے لیے کوئی افسانہ لکھنے کی ضرور کوشش کروں گا۔ اِدھر میں نے فساد کے موضوع پر چند افسانے لکھے ہیں مگر اِس

وقت ذہن میں کوئی چیز موجود نہیں۔ ممکن ہے لکھنے بیٹھوں تو کچھ سوجھ جائے۔ اگر ناکام رہا تو آپ کو مطلع کر دوں گا۔

فسادات نمبر کے مضامین کی فہرست کافی مرعوب کن ہے۔ محبوس عورتوں پر شاید اب میں اور کچھ نہ لکھ سکوں۔ شاہین صاحب کی خدمت میں آداب۔ عسکری آپ کو علاحدہ خط لکھیں گے۔

خاکسار

سعادت حسن منٹو

۲۳ اگست ۱۹۴۷ء

(۱۲۶)

خاتون مکرم

السلام علیکم۔ عرصہ ہوا آپ کا ایک خط ملا تھا جس میں درج تھا کہ آپ فسادات نمبر بھیج رہی ہیں۔ افسوس ہے کہ یہ ابھی تک مجھے نہیں ملا۔ اس لیے میں اپنی رائے لکھنے سے معذور ہوں۔

''اردو ادب'' کا عتاب زدہ پہلا شمارہ اب شائع ہو چکا ہے۔ امید ہے مل گیا ہوگا۔ مجھے افسوس ہے کہ یہاں کی پراگندہ ادبی فضا کے باعث میں اور عسکری کوئی خاص چیز پیش نہیں کر سکے۔ بہر حال جو کچھ بن پڑا ہے، حاضر ہے۔ ایک افسوس اور ہے کہ ''سویرا'' والوں نے دو مضمون چرا کر شائع کر دیے، ہو سکتا ہے یہ ترقی پسندی ہو۔

''اردو ادب'' کا دوسرا شمارہ زیرِ ترتیب ہے۔ براہ کرم فوراً ہی اپنے افسانے یا تنقیدی مضمون سے ممنون و متشکّر فرمائیے۔

لاہور کی عدالت میں ''ٹھنڈا گوشت'' کا مقدمہ پیش ہے۔ میں نے آپ کو اور صمد شاہین صاحب کو صفائی کے گواہ کے طور پر طلب کیا ہے۔ لاہور آئیے گا تو اسی بہانے آپ دونوں سے شرفِ ملاقات بھی حاصل ہو جائے گا۔

امید ہے آپ دونوں بخیریت ہوں گے۔ صمد صاحب کی خدمت میں سلام۔

خاکسار

سعادت حسن منٹو

(۱۲۷)

غلام عباس کے نام

۳؍نومبر ۱۹۴۹

پیارے عباس

تمہارا افسانہ ''دوسری بیوی'' (شاید عنوان کچھ اور ہو) خوب تھا۔ بہت ہی نازک ''نیا ارادہ''۔''نیا سال ۱۹۱۹'' کے نام سے ایک ضخیم مجموعہ مرتب کر رہا ہے۔ اس میں تمہاری شرکت بے حد ضروری ہے۔ تمہارے قریب قریب سارے افسانے ہی اچھے ہوتے ہیں۔ جو بھی نیا لکھو بھیج دو۔ ممنون ہوں گا، لاہور کب آؤ گے۔

تمہارا

سعادت حسن منٹو

(۱۲۸)

سلام مچھلی شہری کے نام

ایڈیٹر اردو ادب، مکتبۂ جدید، لاہور

سلام صاحب۔سلام۔

افسوس ہے کہ اس سے پہلے آپ کو خط نہ لکھ سکا۔میں سخت الجھنوں میں گرفتار تھا۔

میری رہائی کی خبر تو آپ نے اخباروں میں پڑھ لی ہوگی۔"اردو ادب"، نمبر تین زیرِ ترتیب ہے۔مہربانی فرما کر اس کے لیے کوئی طویل نظم ارسال فرمائیے۔شکریہ۔

خاکسار

سعادت حسن منٹو

(۱۲۹)
اختر الایمان کے نام

'اردو ادب' انارکلی، لاہور

۲۹ر اگست ۱۹۵۰ء

پیارے اختر الایمان

اپنے ایمان سے کہو میں نے کیا گناہ کیا ہے۔ کہ تم نے ''اردو ادب'' کی طرف توجہ نہیں دی۔ بھائی میرے تم ترقی پسند ہو لیکن میں کوئی تنزل پسند نہیں ہوں۔ مہربانی کر کے ''اردو ادب'' نمبر تین کے لیے اپنا کلام بھیجو اور میری دعائیں لو۔

امید ہے تمہارا کاروبار ٹھیک ہوگا۔

تمہارا
سعادت حسن منٹو

(۱۳۰)

مجید امجد کے نام

۳۱؍لکشمی منشن، ہال روڈ لاہور

۱۹۵۲ء

امجد صاحب

السلام علیکم۔ آج آپ کو ایک تکلیف دے رہا ہوں۔ فوراً قلم اٹھائیے اور نظم یا نثر میں میرے متعلق جو impressions آپ کے دماغ میں آئیں کاغذ پر منتقل کر دیجئے۔ یہ فوری طور پر ہونا چاہیئے۔

میں ایک عجیب و غریب قسم کی چیز مرتب کر رہا ہوں، جس کا نام ''ناخن کا قرض'' ہے۔ اس کا اول تا آخر منٹو سے متعلق ہے۔

میں واپسی ڈاک میں آپ کے impression کا منتظر ہوں گا۔

باقی باتیں پھر۔

خاکسار

سعادت حسن منٹو

(۱۳۱)

محمد طفیل (مدیر "نقوش") کے نام

مکرمی طُفیل صاحب

السلام علیکم۔ برادرم قتیل شفائی صاحب نے مجھے اپنا مجموعۂ کلام بعنوان "بازار" اس غرض سے دیا تھا کہ میں اس کا دیباچہ لکھ دوں۔ یہ مسودہ چوہدری نذیر صاحب کی دوکان یعنی "نیا ادارہ" میں پڑا رہا۔ اس دوران میں مَیں بیمار ہو گیا۔ صحت یاب ہونے پر جب میں نے نذیر صاحب سے مسوّدے کا مطالبہ کیا تو انہوں نے فرمایا کہ وہ کہیں گُم ہو گیا ہے۔

مجھے بے حد افسوس ہے کہ میری غفلت کے باعث قتیل صاحب کا مسوّدہ گُم ہو گیا۔ خُدا کے لیے آپ میری طرف سے ان کی خدمت میں معذرت پیش کر دیں۔

میں چوہدری نذیر صاحب سے پھر گزارش کروں گا کہ وہ تلاش کریں۔ شاید وہ مسوّدہ مِل جائے، بشرطیکہ کسی کو بغرض اِشاعت دے نہ دیا ہو۔

خاکسار

سعادت حسن منٹو

۱۲۔ دسمبر ۱۹۵۲ء

(۱۳۲)

برادرم السلام علیکم۔

کل رات مجھے صفیہ نے بتایا کہ آپ نے مجھ پر "نقوش" میں مضمون لکھا ہے...... زیادہ پینے کی وجہ سے مجھ سے ٹھیک پڑھا نہیں جا رہا تھا۔ چونکہ صفیہ کو مضمون پسند تھا اس لیے اُس نے میرے کہنے پر اِدھر اُدھر سے سنایا جو مجھے قطعاً پسند نہ آیا۔ یہی سبب ہوا کہ میں نے آپ کو آدھی درجن گالیاں دیں اور اس کے بعد مجھے نیند آ گئی۔

صبح اٹھ کر اپنی آنکھوں سے مضمون پڑھا تو مجھے پسند آ گیا...... آپ نے جو کچھ لکھا ہے اس

سے مجھے انکار نہیں۔ اپنی کمزوریوں کے باوجود بے حد خوش ہوں کہ آپ نے جو کچھ لکھا ہے اس میں ہچکچاہٹ کا شائبہ تک نہیں۔ جو کچھ میں ہوں، وہ اس مضمون میں موجود ہے بلکہ وافر موجود ہے...... اس مضمون میں بعض باتیں ایسی ہیں جو مجھ میں موجود تھیں، مگر میرے لیے محسوس کی حد سے باہر تھیں۔

خاکسار

سعادت حسن منٹو

(۱۳۳)
نصیر انور۹۰ کے نام

۳۱۔لکشمی مینشن

لاہور

پیارے نصیر

پرسوں کمرشل بلڈنگ گیا۔شیخ صاحب سے ملاقات ہوئی۔اتوار کو انہیں کھانے پر بلایا۔ اتفاق سے ڈاکٹر منیر بھی آ گئے۔بہت دیر تک محفل جمی رہی۔آخر میں تمہارا ذکر آیا۔میں اٹھا تو دیکھا کہ تمہارا خط ڈاکیہ پھینک رہا ہے......THINK OF THE DEVIL......

یہ کیا قصہ ہے بھئی۔یہ آپریشن کیا باقی رہ گیا تھا۔پہلے تو میں نے سوچا کہ تم حسب عادت مذاق کر رہے ہو۔مگر دوبارہ خط پڑھا تو سوچا کہ ہوسکتا ہے کہ ڈیرے کے پٹھان نے تمہارے جسم میں مزید جراحت کی ضرورت محسوس کی ہو اور اپنا دیسی ساخت کا پستول داغ دیا ہو۔کہیں یہ مردِ مجاہد چاند ماری کی مشق تو نہیں کر رہا تھا۔

تم نے خط لکھا مگر نہایت ہی مختصر اور وہ بھی شاعرانہ انداز میں۔میری جان! گولی کھانا تو بے قافیہ شاعری بھی نہیں ہوسکتا۔ازراہِ کرم فوراً تفصیلات سے آگاہ کرو۔تمہارے خط سے صرف اتنا معلوم ہوا ہے اور وہ بھی کئی دو اور دو جوڑ کر چار بنانے سے کہ تم ڈیرے سے چند میل دور خدا معلوم کس مار پر سیر و تفریح فرما رہے تھے کہ کسی پٹھان نے اپنی سابقہ روایات کے تحت تم پر گولی مار دی،تمہاری جیبوں کا بوجھ ہلکا کیا اور چلتا بنا۔زخمی حالت میں تم شاید بنوں پہنچے۔ وہاں وحیدؔ کے ہاں تم نے دو راتیں بسر کیں (دن کو شاید تم کہیں اور تھے) اس کے بعد تم راولپنڈی پہنچے جہاں ملٹری ہسپتال میں تمہارے بازو کے زخمی حصے جدا کر دیے گئے۔

میری جان! تمہارے جسم کا کون سا حصہ ہے جو زخمی نہیں ہے۔بہتر تھا کہ سب کا سب کٹوا دیتے۔

ڈاکٹر منیر کو میں نے خط دکھایا اور اپنی تشویش کا اظہار کیا۔انہوں نے مجھے تسلی دی کہ خاص بات کچھ نہیں سوائے اس کے کہ گولی لگی ہے۔انشاءاللہ چند روز میں ٹھیک ہو جائے گا۔ان کا یہ کہنا

ہے کہ دوست ڈاکٹروں کو بھول جانے کا انجام یہی ہوتا ہے۔

شمع پرویش صاحب اس حادثے کو پاکستان کی جنگی تیاریوں پر محمول کرتے ہیں۔

مجھے امید ہے کہ تم فوراً ہی مجھے اپنے تازہ ترین حالات سے ضرور مطلع کروگے۔

ججی تمہیں اکثر یاد کرتی ہے۔ شیام والی تصویر مل گئی تھی۔ شکریہ! اچھے ہو کر تم فوراً میرے ساتھ ایک فوٹو کھینچوالو۔ مجھے تمہارا کوئی بھروسہ نہیں۔ معلوم نہیں کب توپ دم ہو جاؤ اور مجھے بغیر فوٹو کے ''آفاق'' میں تمہارے اوپر مضمون لکھنا پڑے۔

صفیہ اور اقبال تمہارا حال دریافت کرتی ہیں۔

تمہیں یہ سن کر افسوس ہوگا کہ شیخ سلیم کا چند روز ہوئے مئو ہسپتال میں انتقال ہو گیا۔

تمہارا

سعادت

(۱۳۴)

محمد یوسف[۹۱] کے نام

۷۸۶

لاہور

یوسف صاحب

السلام علیکم!

مجھے بے حد افسوس ہے کہ میرے بار بار خط لکھنے پر بھی آپ نے میری درخواستوں پر کوئی توجہ نہیں دی...... آپ نے یہاں مجھ سے پانچ ہزار روپئے کا معاہدہ کیا تھا کہ آپ میری تمام کتابوں کے حقوق کی وہاں نگہداشت کریں گے اور جو کتاب وہاں چھپے گی اس کا معاوضہ وصول کرتے رہیں گے...... وہاں میری کتنی کتابیں شائع ہوئی ہیں، ظاہر ہے آپ نے کافی روپیہ وصول کیا ہوگا۔

اگر آپ میری شرافت سے زیادہ فائدہ نہیں اُٹھانا چاہتے تو ازراہِ کرم قتیل شفائی صاحب کو معاہدے کی رقم میں سے کم از کم دو ہزار روپے ادا کر دیں ورنہ مجھے کوئی دوسری صورت اختیار کرنی پڑے گی۔ یعنی مجھے خود وہاں آنے کی تکلیف برداشت کرنی پڑے گی۔

یاد رہے، میں ابھی تک بقیدِ حیات ہوں اور اپنا حق وصول کرنا جانتا ہوں۔

خاکسار

سعادت حسن منٹو

۲۰۔فروری ۱۹۵۴ء

مکرر: میں نے قتیل صاحب کو اپنی طرف سے مُکمل اختیارات دے دیے ہیں۔ وہ جو مُناسب سمجھیں گے کریں گے۔

سعادت حسن منٹو

(۱۳۵)
ڈاکٹر محمّد باقر[۹۲] کے نام

برادرم مکرّم جناب ڈاکٹر صاحب

السلام و علیکم!

میں نے بہت کوشش کی کہ آپ کے دولت خانے کا پتہ مل جائے مگر نہ مل سکا۔ آج اتوار ہے، اس لیے آپ سے کالج میں بھی ملاقات نہیں ہو سکتی۔ حامل رقعہ اسداللہ میرے عزیز ترین دوست ہیں۔ ان کو بورڈنگ میں داخلہ چاہیے اور اس کے لیے آپ کی سفارش کی ضرورت ہے۔

امید ہے آپ میری خاطر یہ کام کر دیں گے۔ کبھی حلقہ میں ملاقات ہوئی تو میں شکریہ ادا کروں گا۔ آپ کے خلوص کے پیشِ نظر چند سطور لکھی ہیں۔ خدا کرے آپ میرا یہ کام بغیر کسی تکلیف کے کر سکیں۔

امید ہے آپ بخیریت ہوں گے۔ اب اگر حلقہ میں مجھے افسانہ پڑھنا ہو تو آپ صدارت فرمایے گا۔ ذرا لطف آتا ہے۔

خاکسار

سعادت حسن منٹو

۵ فروری ۱۹۵۲ء

(۱۳۶)

عزیز احمد کے نام

پیارے عزیز

اسلام و علیکم۔ میں بہت عرصے سے بیمار ہوں، اس لیے ''ماہِ نو'' کے لیے کچھ نہ لکھ سکا۔ اور بھی کچھ وجوہ ہیں جو آپ کو معلوم ہو گئی ہوں گی۔

بہر حال اب آپ سے ایک کام لینا ہے۔ حامل رقعہ میرے عزیز دوست محمد اسد اللہ ہیں۔ وہ کراچی کے کسی ہوسٹل میں جگہ چاہتے ہیں۔ مجھے پوری امید ہے کہ آپ ان کی مدد کریں گے۔ دیکھیے مجھے مایوسی نہ ہو۔

امید ہے آپ بخیریت ہوں گے۔ میں ''ماہِ نو'' کے لیے دو افسانے بہت جلد آپ کی خدمت میں روانہ کروں گا۔

خاکسار

سعادت حسن منٹو

یکم اگست ۱۹۵۳ء

(۱۳۷)

بی ائے حلیم[۹۳] کے نام

مکرّمی و محترمی جناب حلیم صاحب

تسلیمات!

آپ کو شاید یاد نہ ہو میں کسی زمانے میں جب کہ آپ علی گڑھ یونیورسٹی میں تھے، وہاں کا ایک بدقسمت طالبِ علم تھا، کیونکہ مجھے علالت کہ باعث تین مہینے کے بعد یونیورسٹی چھوڑنا پڑی تھی۔

میں اس چھوٹے سے رشتے کی بناء پر آپ سے ایک عزیز دوست محمّد اسداللہ کی سفارش کرتا ہوں۔ یہ ایم ایم کالج میں داخلہ چاہتے ہیں۔ تفصیل وہ خود زبانی ادا کردیں گے۔ اگر ہو سکے تو ان کے لیے ہوسٹل کا بندوبست بھی فرما دیجیے گا۔ میں ممنون و مشکور رہوں گا۔

اگر زندگی ہوئی تو آپ سے نیاز حاصل کروں گا۔ آپ کو یقیناً اپنی یونیورسٹی کا سب سے شریر طالبِ علم سردار خان بلوچ یاد ہوگا۔ خدا جانے وہ کہاں ہے؟

خدا آپ کو خوش رکھے۔

نیاز کیش

سعادت حسن منٹو

یکم اگست ۱۹۵۳ء

(۱۳۸)
شاد امرتسری[۹۴] کے نام

پیارے شاد

حامل رقعہ کو گانے کا شوق ہے۔ان کا ٹسٹ لے لیں۔اگر تمہارے معیار پر پورے اتریں تو ان کو پروگرام ملنے چاہئیں۔مجھے افسوس ہے کہ تم سے اتنی دیر نہ مل سکا۔دراصل میں بہت مصروف تھا۔اس دوران دو کتابیں لکھ چُکا ہوں۔

غالباً کل ریڈیو اسٹیشن آؤں گا۔سوچا ہے کہ ملازمت کرلوں۔

تمہارا

سعادت حسن منٹو

(۱۳۹)
مہدی علی صدیقی کے نام

مکرمی و معظمی مہدی علی صدیقی صاحب،

تسلیمات!

مجھے افسوس ہے کہ اس دوران میں آپ سے خط وکتابت نہ کر سکا۔ دراصل میں علیل تھا۔ میں آپ سے کوئی نہ کوئی سفارش کرتا ہی رہتا ہوں صرف اس لیے کہ مجھے آپ کے خلوص اور آپ کی محبت نے بہت متاثر کیا تھا اور میں اپنی دانست کے مطابق یہ سمجھتا ہوں کہ آپ میری سفارش کو رد نہیں کریں گے۔ حامل رقعہ ہٰذا رفیق چوہدری صاحب میرے عزیز ہیں۔ ان پر آپ کی کرم فرمائی مجھ پر بہت بڑی کرم فرمائی ہوگی۔ یہ آپ کو زبانی تمام حالات بتادیں گے۔ میرے لائق کوئی خدمت۔ میرا ارادہ ہے کہ چند دنوں کے لیے کراچی آؤں۔ امید ہے آپ سے ملاقات ہوگی۔

نیاز کیش

سعادت حسن منٹو

۱۷ جنوری ۱۹۵۵ء

(۱۴۰)

عمومی خط

بمبئی

۳۰ ستمبر ۱۹۴۴ء

مکرمی!

تسلیمات!

لاہور کی عدالت میں میرے ایک افسانے ''دھواں'' پر فحاشی کے الزام میں مقدمہ چل رہا ہے۔ میں نے آپ کو گواہِ صفائی کے طور پر بلایا ہے۔ متذکرہ صدا افسانے کے بارے میں آپ کی جو بھی رائے ہو، مجھے منظور ہو گی، اس لیے کہ فحاشی اور غیر فحاشی کے اہم موضوع پر آپ جیسے اہل الرائے ادیب اور صاحب قلم کے خیالات نہ صرف میرے لیے بلکہ ملکی ادب کے لیے مفید ہوں گے۔ مجھے اُمید ہے کہ آپ میری یہ دعوت قبول فرمائیں گے۔

شکریہ۔

نیاز کیش

سعادت حسن منٹو

(۱۴۱)

31,laxmi Mansions,
Hall Road,Lahore,
29 March 1954

I gave you the authority to publish the following books of mine under the titles specified hereinafter from time to time, but as I have with immediate effects transferred all my rights and interest of whatsoever type I possess the said publications to my wife Mrs. Safiya Manto resident of 31, Laxami Mansions, Hall Road, Lahore including the rights of reprinting and publishing therefore.

Under the circumstances stated above, I hereby revoke the authority granted to you earlier to print and publish the books named hereinafter.

To ensure the protection of the rights and interests of my wife.

To obliged if you will as well as my own I shall please within a week hereof intimate to me the number of copies of the publications mentioned herein after in your stock remaining unsold: failing which I shall presume that you have no unsold copies in your stock. I may mention here that in case in your copies are found in your possession thereafter , you will render yourself open to legal process

Yours faithfully
Sd/-
Sadat Hasan Manto

ضمیمہ

احمد ندیم قاسمی کے خط منٹو کے نام

(۱)

سعادت بھائی

سلام محبت

یہ تو آپ کو معلوم ہی ہے کہ میں ۲۴/اپریل سے علیل ہوں۔آپ کی مجوزہ دو اشتہار مجھ تک پہنچ گیا تھا۔بہر کیف اس امر کا مجھے افسوس رہا ہے کہ آپ مجھے پوچھنے تک نہ آئے۔آپ کو اس بات کا یقیناً احساس ہو گا کہ یہ شکایت کرتے ہوئے میں حق پر ہوں۔

۱۵/اگست کو ''نقوش'' کا ضخیم آزادی نمبر آرہا ہے۔اگر اس لیے آپ کوئی کہانی دے سکیں تو یہ آپ کا بہت بڑا کرم ہو گا۔میں یہاں کوئٹہ ہی میں آپ کی عنایت کا منتظر ہوں گا۔

احمد ندیم قاسمی

کوئٹہ

(۲)

برادرم سعادت،

سلام مسنون

مجھے معلوم ہوا کہ آپ میرا وہ خط جو میں نے کوئٹہ سے لکھا تھا،اپنے رسالہ ''اردو ادب'' میں شائع کر رہے ہیں،میرے اس خط کی اشاعت روک لیں۔جب میں نے آپ سے افسانہ طلب کیا تھا تو ہماری انجمن (ترقی پسند مصنفین) نے ایسی کوئی پابندی عائد نہیں کر رکھی تھی کہ وہ رسالے جنہیں ترقی پسند ادب کی نمائندگی کا دعویٰ ہے،ایسے ادیبوں کی تحریر شائع نہ کریں جنہیں ترقی پسند تحریک سے اتفاق نہیں۔اب یہ فیصلہ ہو چکا ہے اور میں انجمن کے منشور،آئین اور فیصلوں کا پابند ہونے کے باعث یہ نہیں چاہتا کہ ہماری تحریک کے ہمدرد الجھن میں پڑ جائیں۔

اُمید ہے آپ میرا وہ خط روک لیں گے اور اگر ایسا ناممکن ہوا تو یہ خط بھی شائع کر دیں۔
شکریہ

والسلام

احمد ندیم قاسمی

لاہور، ۱۹ ستمبر ۱۹۴۹

(۳)

۱۳، ملک بلڈنگ،

میو روڈ لاہور

بھائی جان سلام شوق!

برادرم آغا خلش (کاشمیری) صاحب کا گرامی نامہ پرسوں ملا تھا۔ آپ کی علالت کا علم ہوا۔ اللہ کرے آپ اب اچھے ہوں۔ جب آپ کو اپنی صحت کا اندازہ ہے تو اتنا زیادہ کام کیوں کرتے ہیں کہ دنوں صاحبِ فراش رہتے ہیں۔ مجھے لوٹتی ڈاک میں اپنی صحت سے مطلع کیجیے اور اللہ اتنی محنت نہ کیجیے کہ آپ انجکشنوں کے کانٹوں میں گھرے رہ جائیں۔ ابھی برسوں تک آپ کی ضرورت ہے۔

لیجیے ''خیام''، ''آئینہ'' اور دیگر مہربانوں سے ''ادبِ لطیف'' کا سالنامہ زیر دفعہ ۲۹۲ تعزیرات ہند اور ۳۸ ڈیفنس آف انڈیا رولز ۲۹ مارچ کی شام ضبط ہو گیا۔ ابھی پرو پرائٹر اور ایڈیٹروں کی گرفتاری عمل میں نہیں آئی لیکن افواہ ہے کہ ہم بہت جلد گرفتار کر لیے جائیں گے۔ یہ ضبطی آپ کے مضمون اور افسانے کی وجہ سے عمل میں آئی ہے۔

احمد ندیم قاسمی

ایڈیٹر ''ادب لطیف''

حواشی

اختر شیرانی کے نام

۱ منٹو خطوط پر تاریخ لکھنے کے عادی نہیں تھے۔ یہ تاریخیں لفافوں کی مہروں سے اخذ کی گئی ہیں۔

۲ ایک ادبی و علمی ماہ نامہ تھا، جس کے مالک و مدیر اختر شیرانی تھے۔

۳ معروف ادیب بشیر ہندی، جنہوں نے نذرالسلام، ٹیگور اور جبران کے بہت اچھے ترجمے کیے تھے۔

احمد ندیم قاسمی کے نام

۴ بمبئی کا ایک فلمی ہفت روزہ جسے منٹو عرصے تک مرتب کرتے رہے۔

۵ یہ تحریریں انگریزی میں تھیں۔ کیونکہ ان دنوں سینریو انگریزی میں لکھا جاتا تھا، صرف مکالمے اردو یا ہندی میں لکھے جاتے تھے۔

۶ احمد ندیم قاسمی اُن دنوں گریجویشن کرنے کے بعد بے کاری کی زندگی بسر کر رہے تھے۔

۷ اُن دنوں احمد ندیم قاسمی کی عمر بیس سال کے آس پاس تھی۔

۸ عبدالمجید سالک احمد ندیم قاسمی کے ادبی رہنما تھے۔

۹ احمد ندیم قاسمی نے مختلف اوقات میں منٹو کو متعدد گیت بھیجے، جن میں سے چند اُن کے ڈراموں اور ریڈیو فیچرس میں شامل ہیں۔

۱۰ ہفت روزہ ''مصور'' کے علاوہ منٹو ہفت روزہ ''سماج'' پیر خان اسٹریٹ بمبئی کے بھی ایڈیٹر رہے۔

۱۱ احمد ندیم قاسمی نے غالباً رائٹر رینبگر ڈیا آڑ ایل اسٹیونسن کا ذکر کیا تھا۔

۱۲ شاید یہ نام بلیمور یا برادران کے تھے۔

۱۳ احمد ندیم قاسمی ان دنوں اپنے ایک عزیز کے ہاں منٹگمری میں مقیم تھے۔ منٹگمری اب ساہیوال کہلاتا ہے۔

۱۴ احمد ندیم قاسمی کی ایک نظم۔

۱۵ ممکن ہے احمد ندیم قاسمی نے منٹو سے ''مصور'' میں کوئی تعریفی نوٹ لکھنے کی درخواست کی ہو۔

۱۶ منٹو نے احمد ندیم قاسمی سے شاہ دولہ کے چوہوں کے حالات پوچھے تھے، جو قاسمی صاحب نے روانہ کرادیے تھے۔ بعد میں احمد ندیم قاسمی صاحب نے تصویریں بھی بھجوائی تھیں، جو بقول قاسمی صاحب فرانس کے کسی اخبار نے ان حالات اور تصویروں کو استعمال بھی کیا تھا۔ منٹو نے بعد میں اس موضوع پر ایک افسانہ بھی بہ عنوان ''شاہ دولہ کا چوہا'' بھی تحریر کیا تھا۔

۱۷ بقول احمد ندیم قاسمی یہ اتاترک کا مرثیہ تھا جو روزنامہ ''انقلاب'' لاہور میں شائع ہوا تھا۔

۱۸ فیض مجدّد، ایک آرٹسٹ، جو منٹو کے دوست تھے اور ہفت روزہ ''مصور'' سے بھی وابستہ تھے۔

۱۹ ہفت روزہ ''مصور'' کے مالک

۲۰ آغا خلش کاشمیری ہفت روزہ ''مصور'' میں منٹو کے معاون تھے۔ مصور میں مزاحیہ نظمیں اور فکاہیہ کالم لکھتے تھے۔ منٹو کی شراب نوشی انھیں بمبئی میں ہی پسند نہ تھی مگر لاہور میں منٹو کی شراب نوشی نے ان کے جن دوستوں کو مضطرب کر دیا تھا خلش ان میں سے ایک تھے۔

۲۱ سیّد ذولفقار علی بخاری (جو اُن دنوں آل انڈیا ریڈیو بمبئی کے اسٹیشن ڈائریکٹر تھے۔

۲۲ کرشن چندر کا منٹو سے تعارف نہیں ہوا تھا۔ اس لیے بقول احمد ندیم قاسمی اُس نے مجھ سے تعاون چاہا تھا۔ چنانچہ میں نے منٹو کو نئے زاویے کے لیے افسانے کی بہت تاکید کی تھی۔

۲۳ منٹو نے اپنا طویل افسانہ ''ہتک'' قاسمی صاحب کو بھجوایا، جسے انہوں نے کرشن چندر کے

حوالے کیا اور جو ''نئے زاویے'' میں شامل ہوا۔

۲۴ منٹو کے ایک بزرگ دوست، جو دہلی سے ایک فلمی رسالہ انگریزی میں نکالتے تھے۔ منٹو کے ان کے ساتھ باپ بیٹے کے سے مراسم تھے۔ بعد میں کسی وجہ سے ان دونوں میں غلط فہمی ہوگئی۔ احمد ندیم قاسمی نے اس ضمن میں ثالثی کا رول ادا کیا۔

۲۵ احمد ندیم قاسمی ۱۹۳۹ء میں ملتان میں محکمہ آب کاری میں سب انسپکٹر مقرر ہوئے تھے۔

۲۶ افسانہ نگار اور منٹو کے عزیز دوست

۲۷ احمد ندیم قاسمی کے عزیز دوست

۲۸ ہفت روزہ ''مصور'' کا منظوم مزاحیہ کالم

۲۹ یہ او پیرا ''قاضی کا فیصلہ'' کے عنوان سے رسالہ ''ادب لطیف'' میں شائع ہوا تھا۔

۳۰ ماٹھی ادیب وی سی کھانڈیکر کی کہانی پر بنائی گئی فلم۔ اس فلم کے مکالمے اور گیت احمد ندیم قاسمی نے منٹو کی مدد سے مکمل کیے تھے۔ مگر یہ کہانی فلمائی نہ جاسکی۔

۳۱ مارچ ۱۹۴۲ء میں احمد ندیم قاسمی ملتان سے دہلی آگئے اور ادھر منٹو بمبئی سے دہلی۔ بقول قاسمی صاحب منٹو کی نگرانی اور رہنمائی میں ''دھرم پتنی'' کے مکالمے اور گیت میں نے مکمل کیے۔ منٹو اور احمد ندیم قاسمی کی یہ پہلی ملاقات تھی۔

۳۲ ایک اخباری کالم۔

۳۳ احمد ندیم قاسمی کو یہ خط تلاش بسیار کے باوجود نہیں ملا جس میں منٹو نے اپنے پہلے بیٹے کی پیدائش کی اطلاع دی تھی۔ دہلی میں اس کے بچے کا انتقال ہوا۔

۳۴ منٹو کی والدہ مرحومہ

۳۵ بمبئی سے نکلنے والے ایک پرچے کا نام

۳۶ احمد ندیم قاسمی کے کہنے پر منٹو نے اپنا معروف افسانہ ''ہتک'' کرشن چندر کے رسالے ''نئے زاویے'' کے لیے بھجوایا تھا۔

۳۶ احمد ندیم قاسمی کے ایک عزیز دوست پیرزادہ محمد افضل بی اے ایل ایل بی (ملتان)

۳۷ جدید اردو شاعری کے دس نمائندہ شاعروں کے مشاعرے میں شرکت کے لیے احمد

ندیم قاسمی دہلی تشریف لائے تھے اور منٹو کے یہاں ٹھہرے تھے۔

۳۸ نائب مدیر ''ہمایوں''

۳۹ احمد ندیم قاسمی اُن دنوں ہفت روزہ ''پھول'' اور ہفت روزہ ''تہذیبِ نسواں'' کے مدیر تھے۔

۴۰ ایک وکیل کا نام

۴۱ یہاں منٹو کا ہیروشما کی طرف اشارہ ہے۔

۴۲ چودھری اقبال (ریڈیو کے ایک اعلیٰ افسر)

۴۳ مراد ممتاز مفتی اور فکر تونسوی

۴۴ لاہور کے دو ناشرین کے نام جنہیں احمد ندیم قاسمی نے مصلحتاً قلم و کر دیے۔

۴۵ منٹو کی فلم جس میں منٹو نے اداکاری کے جوہر بھی دکھائے تھے۔

۴۶ منٹو اپنے ایک دوست کے ہمراہ پشاور تشریف لائے تھے اور قاسمی صاحب کے یہاں قیام کیا تھا۔ بقول قاسمی وہ کسی سینما کے الاٹمینٹ کے سلسلے میں آئے تھے مگر اس کا کوئی انجام نہ نکلا۔

سردار بیگم کے نام

۴۷ منٹو کی والدہ۔ والدہ کو لکھے گئے منٹو کے یہ دو خط منٹو باقیات سنگ میل پبلی کیشنز، لاہور میں شامل ہیں یہاں وہیں سے نقل کیے گئے ہیں۔

۴۸ مسلم یونیورسٹی، علی گڈھ میں تعلیم کے دوران ہی منٹو کو تپ دِق کا مریض قرار دیا گیا اور ڈاکٹروں نے انھیں تبدیلیِ آب و ہوا کے لیے کشمیر جانے کا مشورہ دیا اور منٹو لگ بھگ تین مہینے وہ کشمیر میں رہا۔ یہ خط اسی دوران لکھا گیا تھا۔

۴۹ مراد ناصرہ اقبال، منٹو کی بہن

۵۰ منٹو کی بہن ناصرہ اقبال کی بیٹا، جو بعد میں فوت ہو گیا۔

۵۱ مراد حسن عباس

۵۲ مراد منٹو کی والدہ

۵۳ منٹو کی سوتیلی بہن امیر بیگم کے دوسرے صاحب زادے کی بیٹی

۵۴ منٹو کا بھانجا

۵۵ یہاں مراد صفیہ منٹو کے والد صاحب سے ہے۔ یہ وہی صاحب ہیں جب منٹو صفیہ سے ملنے ان کے گھر گیا تھا وہاں مردانے میں ان کا استقبال محمد حسن ملک نے کیا جو پولیس محکمہ میں فنگر پرنٹ ایکسپرٹ تھے۔

۵۶ اس فلم سے منٹو بحیثیت مکالمہ نویس منسلک تھے

۵۷ امپیریل فلم کی بنائی گئی کمپنی میں منٹو بحیثیت منشی ملازم تھے۔

ناصرہ اقبال کے نام

۵۸ منٹو کی بہن جسے منٹو نے کئی خطوط لکھے مگر اب تک چار خطوط ہی دریافت ہوئے ہیں۔ یہ چاروں خطوط منٹو باقیات ''سنگ میل'، پبلی کیشنز، لاہور سے نقل کیے گئے ہیں۔

۵۹ ڈاکٹر علی ثنا بخاری کی تحقیق کے مطابق ایم او کالج کی پڑھائی کے دوران منٹو اپنے دوستوں ابو سعید قریشی اور حسن عباس کے ساتھ کالج کی ادبی و ثقافتی سرگرمیوں میں پیش پیش رہے۔ تینوں دوستوں نے مل کر ایک انجمن بھی قائم کی تھی اور کالج میگزین کا اجراء بھی کیا۔ منٹو اس رسالے کے مدیر اور ابو سعید قریشی اور حسن عباس معاون مدیر مقرر ہوئے تھے۔

۶۰ اس سے اندازہ ہوتا ہے کہ منٹو کی ہمشیرہ ناصرہ اقبال کو بھی لکھنے کا شوق تھا۔

۶۱ منٹو نے باری علیگ کو اپنا ادبی گرو تسلیم کیا تھا اور منٹو کی ذہنی تربیت میں ان کا اہم ترین حصہ رہا ہے۔ باری صاحب اپنے دور مشہور صحافی، دانشور اور اشتراکی ادیب تھے

۶۲ منٹو کی سوتیلی بہن۔ بادشاہ بیگم کی صاحب زادی۔

۶۳ ایم یو خان خان، ناصرہ اقبال کے شوہر، جو ریلوے میں ملازم تھے۔

۶۴ فریدہ نعیم، منٹو کی بہن ناصرہ اقبال کی اکلوتی اولاد

۶۵ مراد نذیر لدھیانوی۔ ہفت روزہ ''مصور'' کے مالک

۶۶ منٹو کی سوتیلی بہن شاہ بیگم کی صاحب زادی

۶۷ منٹو کی بھانجی

۶۸ مراد حامد جلال، منٹو کی بڑی بہن کے بیٹے اور ریڈیو پاکستان میں نیوز ایڈیٹر تھے۔ صفیہ منٹو کی بہن ذکیہ حامد جلال سے بیاہی گئی تھیں۔

۶۹ منٹو کے سوتیلے بھائی، پیشے سے انجنیر تھے۔ ڈاکٹر علی ثنا بخاری کی تحقیق کے مطابق منٹو کے خاندان کا جو "شجرہ خاندانِ منٹو" دستیاب ہے، وہ سلیم حسن نے ہی مرتب کیا تھا۔

۷۰ ثریا نصیر الدین، صفیہ منٹو کی بھابھی

۷۱ منٹو کی سالی اور عائشہ جلال کی والدہ

۷۲ اصغر حمید، منٹو کی سوتیلی بہن امیر بیگم کے صاحب زادے۔

ایم یو خان کے نام

۷۳ ناصرہ اقبال کے شوہر اور منٹو کے بہنوئی۔ اپنے بہنوئی کو منٹو نے ایک خط لکھا تھا۔ ریلوے میں ملازم اپنے بہنوئی سے منٹو کا رشتہ کبھی خوشگوار نہیں رہا۔ یہ خط منٹو باقیات "سنگ میل" پبلی کیشنز، لاہور سے نقل کیا گیا ہے۔

حامد علی خان کے نام

۷۴ حامد علی خان "ہمایوں" کے ایڈیٹر اور منٹو کے محسن۔ حامد علی خان منٹو کو بہت عزیز رکھتے تھے، دونوں کے رشتے کا کس قدر اندازہ ان کو لکھے منٹو کے خطوط سے بھی ہو جاتا ہے۔ منٹو کے لکھے گئے یہ خطوط فاروق اعظم کی کتاب "منٹو کے نادر خطوط: کچھ اپنوں اور کچھ اوروں کے نام" سے نقل کیے گئے ہیں۔

۷۵ مدیر "زمیندار" لاہور، انقلابی صحافی

۷۶ علی گڑھ مسلم یونیورسٹی کے سر سید ہال کے نگراں۔

۷۷ لاہور کے صحافی و ڈراما نگار

۷۸ حکیم احمد شجاع کی کہانی پر بننے والی فلم کا نام

۷۹ حامد علی خان کی ہمشیرہ زیب صاحبہ کی لکھی ہوئی کہانی کا عنوان

۸۰ موتی بی گڈوانی، فلم ڈائریکٹر و پروڈیوسر

۸۱ مراد ابوسعید قریشی

خواجہ حسن عباس کے نام

۸۲ خواجہ حسن عباس، ابوسعید قریشی کی طرح منٹو کے بچپن کے دوست تھے۔ کہتے ہیں منٹو نے ابوسعید قریشی کو بہت سے خط لکھے تھے مگر سارے خطوط فسادات کی نذر ہو گئے حسن عباس کو بھی منٹو نے ظاہر ہے کئی خطوط لکھے ہوں گے مگر ان میں صرف تین خطوط ہی دریافت ہوئے ہیں یہ خطوط فاروق اعظم قاسمی کی مرتب کردہ کتاب ''منٹو کے نادر خطوط: کچھ اپنوں، کچھ اوروں کے نام'' میں سے نقل کیے گئے ہیں۔

۸۳ منٹو کا بیٹا

۸۴ منٹو کی بڑی بیٹی

۸۵ حسن عباس کی بڑی بہن

غلام حسین مصطفیٰ خان کے نام

۸۶ غلام حسین مصطفی خان کا شمار ان لوگوں میں کیا جا سکتا ہے جنھوں نے منٹو کی بہت مدد کی۔ وہ امراوتی میں پروفیسر رہے اور بعد میں ہجرت کر کے پاکستان چلے گئے۔ لاہور میں منٹو کی بڑی مدد انھوں نے کی جس کا اندازہ ان کے نام لکھے منٹو کے لکھے خطوط سے کیا جا سکتا ہے۔ سنگ میل کی پیش کش ''منٹو باقیات'' میں سے غلام حسین مصطفی خان کے نام تحریر کردہ منٹو کے جو پانچ خطوط نقل کیے گئے ہیں۔

عبدالوحید کے نام

۸۷ ڈاکٹر عبدالوحید ادارہ ''فیروز اینڈ سنز لمیٹیڈ'' کے مالک تھے۔ عبدالوحید کے نام منٹو کا یہ خط پہلی بار نیشنل یونیورسٹی آف لنگوجز، اسلام آباد کے جریدے ''دریافت۔ ۴'' میں ڈاکٹر سید معین

الرحمٰن کے توسط سے شائع ہوا تھا، جسے ''اردو ادب۔ ۳۲۰'' نے دوبارہ شائع کیا۔ یہ خط ''دریافت'' اور ''اردو ادب'' کے شکریے کے شائع کیا جارہا ہے۔

۸۸ ڈاکٹر عبدالوحید اپنے ادارہ ''فیروز اینڈ سنز لمیٹیڈ'' کی جانب سے ادیبوں اور شاعروں کا انتخاب شائع کرنا چاہتے تھے اور اس سلسلے میں متعدد قلم کاروں سے مختصر اًسوانح لکھنے کی درخواست کی تھی۔ منٹو نے اُن کی درخواست پر مختصراً اپنے سوانحی حالات کے بعد چند سطری خط لکھا تھا۔

ممتاز شیریں کے نام

۸۹ ''نیا دور'' بنگلور کے مدیر اور ممتاز شیریں کے شوہر

نصیر انور کے نام

۹۰ رسالہ ''جاوید'' لاہور کے مالک، جس کے خاص نمبر میں منٹو کا افسانہ ''ٹھنڈا گوشت'' شائع ہوا تھا۔ منٹو کا یہ خط ''سویرا'' لاہور سے نقل کیا گیا ہے۔

محمد یوسف کے نام

۹۱ رسالہ ''شاہرہ'' دہلی کے مالک۔

محمد باقر کے نام

۹۲ اورینٹل کالج پنجاب کے پروفیسر۔

بی ائے حلیم کے نام

۹۳ وائس چانسلر کراچی یونیورسٹی۔

شاد امرتسری کے نام

۹۴ شاعر اور ریڈیو پاکستان، لاہور میں پروگرام ایگزیکیٹو۔

مرتبہ کا مختصر تعارف

نام: محمد اسلم پرویز

والد: محمد ابراہیم

والدہ: نورالنساء

تعلیم: بی۔اے

پیشہ: ملازمت (ایڈیٹر"اردو لوک راجیہ"حکومت مہاراشٹر)
میڈیا رائٹنگ اور پروفیشنل گجراتی ڈراما نگاری

مطبوعات:

پکنک	(بچوں کے لئے فل لینتھ ڈراما)
پنکھ ہوتے تو...	(فل لینتھ ڈراما)
آپ کا سعادت حسن منٹو	(مرتب: منٹو کے خطوط)
ملتے ہیں بریک کے بعد	(یک بابی ڈراموں کا مجموعہ)
افسانوں کے درمیان	منٹو کے افسانے اوران کے تجزیے
دو پہر اور دوسرے ڈرامے	(مرتب: ساجد رشید کے یک بابی ڈراموں کا مجموعہ) زیرِ طباعت

وابستگی:

ایکجوٹ تھیٹر گروپ ممبئی، ارپنا تھیٹر گروپ
نیا ورق فاؤنڈیشن، ممبئی ، اسٹیڈیو تماشا

تحریر کردہ فل لینتھ ڈرامے (اردو):

سوگندھی	منٹو کے خلق کردہ کردار پر مبنی	ہدایت کار: وِٹھل جاد
آؤ پکنک چلیں		ہدایت کار: نادرہ ظہیر ببّر
پنکھ ہوتے تو...		ہدایت کار: نادرہ ظہیر ببّر

بات لات کی... ہدایت کار: درپن مشرا

دستک ہدایت کار: چیتن داتار

ایک مادھو باغ ہدایت کار: چیتن داتار

اسٹوری ان دی سانگ ہدایت کار: سنیل شان باگ

اگنی پنکھ ہدایت کار گنیش یادو

آوارہ ہدایت کار: شبر وجیوتی

یک بابی ڈرامے (اردو):

جلیان والا باغ (یہ ڈراما اقبال نیازی کے اشتراک سے لکھا گیا) ہدایت: اقبال نیازی، اسلم پرویز

سوگندھی ہدایت کار: پرمود شیلار ہدایت کار: ابھجیت ساٹم

دستک ہدایت کار: چیتن داتار ہدایت کار: پرمود شیلار

دستک ہدایت کار: صغیر احمد ہدایت کار: پریادرشن جادھو

جینتی لال ہدایت کار: وپل مہتا

ٹھاکر کا کنواں (پریم چند کی کہانی پر مبنی) ہدایت کار: صغیر احمد

کولاژ ہدایت کار: پریادرشن جادھو ہدایت کار: سندیش ونائک

سومو... دی پاگل ہدایت کار: وپل مہتا

ناٹ فارسیل ہدایت کار: پریادرشن جادھو ہدایت کار: بھیم راؤ

فریز پوائنٹ ہدایت کار: صغیر احمد ہدایت کار: وٹھل جادھو

ریٹرن آف ایک لوئیہ ہدایت کار: پرمود شیلار ہدایت کار: رجب علی جعفری

ویل کم رام (سریندر پرکاش کی کہانی "بن باس" پر مبنی) ہدایت کار: دیپل جوشی

چالان (منٹو کی کہانی لائسنس پر مبنی ڈراما) ہدایت کار: وپل مہتا

فار دی سیک آف گاڈ ہدایت کار: پریادرشن جادھو

تب تاریخ کچھ اور ہوتی... ہدایت کار: گریش ڈھوکے ہدایت کار: رجب علی جعفری

منٹو... دی بلیک مارجن ہدایت کار: رجب علی جعفری ہدایت کار: سنیل شان باگ

ترجمہ و اڈاپٹیشن:

ادھانتر	مصنف: جینت پوار	ہدایت کار: پرمود شیلار
ہم لے گئے تم رہ گئے	مصنف: کیدار شندے	ہدایت کار: وپل مہتا
دھرم پتر	مصنف: مہیش ایلکنچوار	ہدایت کار: پریادرشن جادھو
یاری ہے...	مصنف: چیتن داتار	ہدایت کار: کپل بھوپٹکر
جلوس - 2007	مصنف: بادل سرکار	ہدایت کار: گریش ڈھوکے
دریا کے پار	مصنف: بادل سرکار	ہدایت کار: سنیل شان باگ
دریا کے پار	مصنف: بادل سرکار	ہدایت کار: دیپک راج ادھیکش

گجراتی زبان میں لکھے اور کھیلے گئے ڈرامے:

۱) جلسہ کرو جینتی لال (۲) کارن کے ہوں پریم کروں چھوں (۳) منجولا مارفتیا بی۔اے وتھ گجراتی (۴) توچھے لاجواب (۵) چھانونے چھپنو کوئی تھائے نہیں (۶) آگن تک (۷) چیری بیری (۸) نٹوائے لویو... (۹) امارو سرنامو تمے (۱۰) این آر آئی امٹھالال (۱۱) پرنی نے پچھتایا (۱۲) ایک آکرشن تیجابی (۱۳) ماں ویس نی ڈکری چالیس نی...

۱۴) پپاپدراہوساودھان

مراٹھی زبان میں لکھے اور کھیلے گئے ڈرامے:

۱) گوپالہ رے گوپالہ (۲) چہرہ پھیری (۳) مسٹر اینڈ مسز

۴) پرشن چنھ ارتھاتھ فار دی سیک آف گاڈ (۵) کولاژ ۶) ناٹ فارسیل

انعامات (اردو، ہندی، گجراتی اور مراٹھی):

جلیان والا باغ: اپٹا کے انٹر کالجیٹ ڈراما مقابلے میں بیسٹ اسٹیوڈینٹ اسکرپٹ کا ایوارڈ

جینتی لال: اپٹا کے انٹر کالجیٹ ڈراما مقابلے میں بہترین ڈراما کا اول انعام اور دیگر یوارڈ کے

علاوہ بیسٹ اسکرپٹ کا ایوارڈ اور خواجہ احمد عباس ٹرافی

سوموڈی پاگل: اپٹا کے انٹر کالجیٹ ڈراما مقابلے میں بہترین ڈراما کا اول انعام اور دیگر ایوارڈ

ویل کم رام: اپٹا کے انٹر کالجیٹ ڈراما مقابلے میں بیسٹ اسکرپٹ کا ایوارڈ اور خواجہ احمد عباس ٹرافی

فریز پوائنٹ: بھارتیہ ودیا بھون کے اردو ڈراما مقابلے میں بیسٹ اسکرپٹ کا ایوارڈ

کولاژ: انڈین نیشنل تھیٹر (آئی این ٹی) کے مراٹھی ڈراما مقابلے میں بہترین ڈراما کا اول انعام اور دیگر ایوارڈ کے علاوہ بیسٹ اسکرپٹ کا ایوارڈ، امرت کمبھ کے مراٹھی ڈراما مقابلے میں بہترین ڈراما کا اول انعام اور دیگر ایوارڈ کے علاوہ بیسٹ اسکرپٹ کا ایوارڈ، وسئی ڈراما فیسٹیول میں بہترین ڈرامے کا اول انعام اور بہترین ہدایت کار کا اول انعام

دستک: چتر لیکھا گجراتی فل لینتھ ڈراما مقابلے میں "آگنتک" کے نام سے کھیلا گیا اور بہترین ڈراما کا اول انعام ممبئی یونیورسٹی کی طرف سے انٹر یونیورسٹی کے نیشنل اور زونل راونڈ میں بہترین ڈراما کے لئے اول انعام حاصل کیا اور سارک ممالک کے لئے بھارت کی نمائندگی کی۔

ناٹ فار سیل: بھارتیہ ودیا بھون کے مراٹھی ڈراما کمپیٹیشن میں اول انعام کے علاوہ دیگر انعامات کے ساتھ بیسٹ اسکرپٹ کا ایوارڈ بھارتیہ ودیا بھون کے اردو ہندی مراٹھی انگریزی اور سنسکرت ڈراما مقابلے میں اول انعام اور منشی ٹرافی کے علاوہ دیگر انعامات کے ساتھ بیسٹ اسکرپٹ کا ایوارڈ انڈین نیشنل تھیٹر (آئی این ٹی) کے مراٹھی ڈراما کمپیٹیشن میں بہترین ڈراما کا تیسرے انعام اور دیگر ایوارڈ کے علاوہ بیسٹ اسکرپٹ کا ایوارڈ

تب تاریخ کچھ اور ہوتی...: بھارتیہ ودیا بھون کے اردو ڈراما کمپیٹیشن میں اول انعام

ٹھاکر کا کنواں: ممبئی یونورسٹی کے ڈراما فیسٹول میں بہترین اسکٹ اور اسکرپٹ کا اول انعام، ملہار ڈراما فیسٹول میں بہترین اسکٹ کا اول انعام

ریٹرن آف ایک لوئیہ: ممبئی یونورسٹی کے ڈراما فیسٹول میں بہترین اسکٹ اور اسکرپٹ کا اول انعام ملہار ڈراما فیسٹول میں بہترین اسکٹ کا اول انعام

جلسہ کرو جینتی لال: ٹرانس میڈیا کے پروفیشنل ڈراما کمپیٹشن میں بہترین ڈراما اور بہترین اسکرپٹ کا اول انعام

www.ingramcontent.com/pod-product-compliance
Lightning Source LLC
LaVergne TN
LVHW050848051026
849532LV00006BA/2159
* 9 7 8 9 3 8 9 4 5 5 4 3 4 *